上海市人文社科基地建设项目
上海市教委高水平建设项目
上海市教委法律翻译学项目

美国法精要中译本
Nutshell Series

*Historical Introduction to Anglo-American Law*

# 盎格鲁-美利坚法律史

[美] 腓特烈·坎平 著
屈文生 译

法律出版社
LAW PRESS · CHINA

著作权合同登记号
图字:01－2009－4728

# 目　录

# 第一部分

# 普通法的背景

# 第一章　法律史是什么

正如过去所说，穷人们命由天定，法律也总是陪伴着我们。大约在基督纪元前2000年，汉谟拉比就为古巴比伦王国制定了著名的法典。[①] 在《汉谟拉比法典》颁布约800年后，古以色列人制定出了《摩西法典》。[②] 在这些古老法典得以颁布之前，原始人的实践与习惯虽不能称为现代意义的法，但几乎等同于法律。实际上，有些一直保存至今的原始部落仍然受这种未定形的法的调整。

每一条法律规则、理念、规范都有着各自的起源；它们都有各自的发源地，它们的存在亦有某种理由。有些规则的出现完全是因为机缘巧合，而有些规则是深思熟虑的产物。有些规则是因人

① 《汉谟拉比法典》(*Hammurabi Code*)有时亦被译为《汉默拉比法典》。公元前18世纪由古巴比伦王国第6代国王汉谟拉比(约公元前1792～前1750在位)颁布的法律。是古代楔形文字法中最具代表性的一部法典，也是世界上迄今完整保存下来的最早的一部法典。法典原文刻在一座黑色玄武岩石柱上，故又称“石柱法”。1901年为法国考古队在伊朗古城苏萨遗址发现。石柱上端是汉谟拉比王站在太阳神夏马西面前接受权杖的浮雕，下端刻满法典条文。其中有35条已经磨损，但根据在苏萨及其他地方发现的泥板文书上的法典抄本片断，大部分得以补上。石柱现存巴黎卢浮博物馆。参见《中国大百科全书》总编辑委员会编：《中国大百科全书·法学卷》，中国大百科全书出版社2006年版，第232页。

② 《摩西法典》(*Mosaic Code*)是古希伯来法律制度的精华所在。关于希伯来法律产生情况的主要资料是依据《圣经》中的《旧约》部分。公元前1320年，埃及内乱，先知摩西率领希伯来部众逃生，路经西奈山时，为整顿部众纪律，以“十诫”相互约许，并订审判法，于是顺利地完成了远征。据记载，希伯来人最原始的法律渊源是“摩西五经”，即《圣经》中“创世纪”、“出埃及记”、“利末记”、“民数记”和“申命记”所记述的法律内容。参见由嵘主编：《外国法制史》，北京大学出版社2000年版，第9页。

的弱点发展而来，而有些是人类优点的成果。有些规则仍是对远古争斗的喧嚣的回应，而随着时间的消逝和习惯的变化，形成了一些其他规则。

今天，同历史上其他任何时刻一样，法律充斥在人们生活的各个方面。这是法的本性，因为法律指引人与人之间的关系。它告诉人们如何会因犯罪而受到惩罚；它要求人们须因其过错或无过错伤害他人的行为付出代价；它告诉人们要使许诺具有合同的强制力，应该做些什么；它督促人们纳税；它要求人们在从事商业活动、结婚，或甚至在做钓鱼这样的田园式消遣时必须获得许可。

每一种成熟的法律体系从其远古起源到它形成体系之前都会经历漫长的历史时期。在经历800多年的发展之后，盎格鲁－美利坚法体系（或称英美法体系）已经相对成熟，它也一直是许多法律人所研习的对象。盎格鲁－美利坚法的前身是古老的、已经几乎失传的盎格鲁－撒克逊法，我们可以在约公元500年时居住在英格兰的日耳曼人部落法中找到其更为古老的渊源。

现代英美法中的大多数法律概念是在过去800年之内形成的。只有少数法律概念可能源自盎格鲁－撒克逊时代。而若要从原始的日耳曼法制度中找到英美现代法的渊源，可能就需要花费大量的精力和想象力了。不过，英美法的发展从不是独立于西方世界其他法律制度而发展的。英美法从罗马法中获益良多；同时，教会法也为英美法的发展贡献出了一份思想。

所以，要对盎格鲁－美利坚法律史进行一番讨论，切合实际的时间起始点应是它发展成为普通法——即它首次成为独立法律职业群体所研究的对象之时；当然，考察这一时间点以前的历史事件或探讨其他制度也很有必要，它们必将有助于解释某些问题。综上，本书研究的时间起点是13世纪初期。

## 第一节 “法律史”的含义

通常意义上的“史”是什么？这是一个很模糊、很难回答的问题。“法律史”的意思同样棘手。一切历史里均有“什么时间、什么地点以及为什么特定事件会发生”这样一系列的问题。此外，还有与这些事件有关的思想的发展。

以战争史研究为例。我们要知道特定战争开始的时间、发生的地点以及发生的原因。例如，对“美国内战”的研究已有100多年的历史，有些人几乎弄清楚了内战期间每场主要战役和冲突，他们可以告诉大家是谁、何时以及怎样发生。这个研究过程肯定是一项痛苦的、需要付出极大努力的任务。除此之外，还有不少研习战术的学人，他们会得出为什么某一战役会失利的理论，他们还会得出哪些战略及策略是成功的，哪些是不成功的缘由。从事实中，他们得出无数理论。当然，还有一些人则会研究冲突的原因——社会的、政治的、经济的、哲学因素、物性因素及行为因素。

法律史研究是相似的。当然，我们研究的不是战争，而是判例以及立法，其本身是冲突的人或群体之间“斗争”的结果。对这些“斗争”进行的研究会得出事件前因后果的关系理论。

与“一般史”的研究者一样，法律史研究者首要关心的问题亦是，发生了什么。研究者其次的问题是，为什么会发生。第一类问题的结论常因新的发现而被推翻；第二类问题的结论也不怎么稳固，因为辅助解释的知识领域在不断扩大。第一类问题的准确性在某种程度上可通过历史学成果的客观标准来衡量。但是，因为我们使用的现代社会科学或是自然科学的方法或手段对于那些历史事件亲历者而言闻所未闻，所以猜度和主观臆测的因素难免会不断出现。有些学者经常是在资料并不充分的情况下就得出了研究结论，甚至于有时根本是在无中生有。这些总是屡有发生。

大多数法律思想是在法庭的审判程序和立法委员会制定法律的过程中形成的，是集体智慧的结晶，而非由某一个人发展起来。当然，个人思想有时也被采纳成为法律的一部分。政治学思想及近年来的经济学思想和社会学思想常常是由个人思想发展而成。我们现行宪法[①]即是最初由个人发展而来，进而为制定者及司法解释机构所接受。我们的反托拉斯法接纳了经济学思想；在解决种族关系的问题上，则一定程度地反映了社会学思想以及一般行为科学思想。法哲学（legal philosophy），或应更精确地说法理学（jurisprudence），常常影响到司法及立法的决定。法理学本身并不是法律，它是个人关于法是或应该是什么的思想。

那么，说到“法律史”，我们最低程度是指一直用于维护我们社会秩序的法律概念、法律原则及法律规则的发展过程。因为这些概念、学说及规则是在特定环境和特定时期产生，因此研究者应在可能的限度内，尽量设身处地依据当时的环境和时期来对它们加以考察与解释。而最好的，法律史应该告诉我们事件为什么发生。至于这一问题的答案，我们有时能够得知，有时则需要靠猜测，而有时一无所知。

尽管变化的社会是法律发展的大背景，但是我们绝对不能说社会形势是造成法律变化的唯一原因。自从法律职业出现以来，法律人对法律的思考就一直是这种变化的主要原因之一。在某些历史时期，法律人对法律的思考看起来甚至完全与社会形势脱节。有时这种思考就像一场为思考而思考的游戏，这样设置的法律一般是由已被接受的法律观点的理论上合乎逻辑的推导发展起来的。

社会形势会影响制定法。制定法的出台一般旨在纠治某种明显的罪恶或提供某种救济。虽然法律人在立法过程中未必会占据

---

① 是指美国宪法。——译者注

主导地位，但是他们的思维在制定法的解释上毫无疑问发挥着作用。在司法解释过程中，法律可能会变得同立法者的本意相去甚远，从而，司法解释可能造成一部新法。无论是在私诉案件还是在公诉案件中，双方律师都可能根据需要竭力对制定法的范围作出扩张解释或缩小解释而由法官必须依据先例及基本法理做出选择。不管哪方获胜，法律都会发生改变。即便是在基于普通法所确立的原则而裁决的诉讼案件中，也会发生上述这一过程。用律师的话来形容这一程序，即“法律随着它的适用而变更”。

## 第二节　诺曼征服前

13 世纪早期的法学家们的努力在创造出一套新的法律体系，即普通法体系，时到达了顶峰；这是诺曼征服的产物。作为法兰西西部征服者的斯堪的纳维亚人的后裔，诺曼人担任着管理人(administrator)的角色。他们并未将成文法带到英格兰来，而是改造了当时的盎格鲁-撒克逊法。诺曼人的管理才能最终发展出了诺曼法院及立法机关，而上述机构中采用的程序则创造出了最早的英格兰法体系。

诺曼征服者于 1066 年踏上的土地并不是一片未开发的荒野，他们征服的民众也并非是一帮野蛮人。他们征服的是一个有着良好政制(包括法律与法院)的国家。征服者威廉(William the Conqueror)藉称为王位的占有人而进入英格兰。而他颁布的第一批法案中就有一条是承诺继续执行忏悔者爱德华国王(King Edward, The Confessor,1043～1066)时期的法律。事实上，诺曼法同盎格鲁-撒克逊法在概念以及实践中并非截然不同。在管理上，诺曼人远远领先于他们的英格兰臣民；但在法律上，诺曼人并不存在这样明显的优势。

在诺曼征服前，英格兰社会的基本价值观与所有日耳曼国家的一致。附庸封臣（vassal）与其领主（lord）的关系是主要关系。领主负有保护附庸生命安全的责任，如附庸非正常致死，还有替其复仇的义务。这种关系与人们在其家庭成员被杀后有责任进行复仇或获得赔偿极为相似。血亲复仇的规则受法律和习惯的严格规制，会明确规定复仇可以采用的方式、赔偿可以要求的数额、赔偿金应支付的地点以及不需支付赔偿的情形等。假如一名“被逐出法外者”（outlaw）遭杀害的，其亲属不可以实施复仇，同样的例外规定还适用于为保护领主或保卫女性近亲属而杀人之人。由于教会提倡赔偿而非粗野的身体复仇，这在缓和暴力方面发挥了重要影响；然而，血亲复仇在诺曼征服之后仍存在于英格兰各地，尽管程度不同。

在诺曼征服前，（英格兰）政府尚未集权。郡（县）在诺曼征服前一直是行政的基本单位，有些郡（县）早在日耳曼征服者统治时期就已存在，日耳曼征服比诺曼征服还早500年。一郡由郡长（sheriff）、方伯（ealdorman）还有主教（bishop）管制。王室政府很少对这些郡县给予扶持或干涉。当时的英格兰确有国王，但是国王通常协同贤人会议①统治；优柔寡断的君主会经常召集此会议，而一些强势的君主可能根本不召集。但无论属于哪一种情形，国王的权力还称不上大，王位也非世袭，因为贤人有权选举王位继承人。以艾尔弗雷德（Alfred）国王为例，他在其兄死后成为国王，而将其兄之众子（尚未成年）排除出了王位继承人之列。

每一郡（县）又被细分为若干叫作“百户区”（Hundreds）的行政单位。百户区大体上相当于今天的镇（township）或地方自治区（parish），它们仅对郡（县）负责。最小的行政单位叫作“村”（vills），它们是老百姓生活居住的地方。

最后，还有大小不等的市镇（boroughs，一译自治市），在盎格

---

① witan，意为精通法律之人。

鲁－撒克逊时代，它们曾是筑堡设防的地方。后来当贸易日渐发达，当新式的战争方式需要新的筑墙的城堡时，这些市镇遂成了举行集市的地点。

## 第三节　诺曼人带来的变化

诺曼征服者在管理国家方面做出了一些变革，他们意在获得显著的效果，但事实上并没有在多大程度上改变英格兰固有的习惯。诺曼人并没有采用盎格鲁－撒克逊时代由国王挑选的或国王被迫召集的、不确定的贤人会议。他们创设了“大谘议会”①或称为“大库里亚”（Magna Curia）这样的议事机构。大谘议会以国王为首，成员主要包括大领主（国王授予大领主大片土地以作为效忠他的回报）和高级教士（持有教会土地，参加会议是他们部分义务）。库里亚最终发展成为了英格兰的贵族院（House of Lords），后来又在这一基础上增加了平民院（House of Commons）。这些都为后来的美国两院制立法机构提供了明确的模型。

诺曼国王仅通过任命郡（县）的郡长便取得了对各郡（县）的控制。郡长一职不再是世袭的，它受到国王以及财政署（the Exchequer）行政官员的紧密控制。北部、西部的特权县②例外，因为它们处于对抗威尔士人与苏格兰人军事缓冲地带，所以，作为回报，国王给予它们以实质上的独立地位。为了获得教皇对于征服的认可，诺曼征服者同意主教不再负责郡县的管理工作，而专门为他们设立了单独的教会法院以处理教会事务。上述措施完成了两大目标：教会如愿以偿从世俗事务中抽身；教会事务不再受世俗人

① the Great Council，一译“大会议”。

② palatine counties，一译“巴拉丁郡县”；有时也拼为“county palatine”，多译为“特权领”。

的干涉，完全留给了教会自己处理。

盎格鲁－撒克逊社会中显赫一时的方伯(ealdorman)职位在诺曼征服后消失了。

在管理上，诺曼国王启用个人亲信，国王对这些人委以特定职责，有时是司法方面的职责、有时是使节性的工作、有时则完全是行政性职责。这些官员在他们的一生中有可能会完成多种不同类型的任务，他们或组成王廷小谘议会(the Lesser Council)，[①]或组成王室内府(Household)，同大谘议会一起成为"国王法院"(King's Court)或称"御前会议"[②]的组成人员。

盎格鲁－撒克逊时代就有松散的领主－附庸关系存在。拥有大片土地的领主请一批塞恩[③](thane)(他们原来是勇士)作为他的随从。每一位塞恩都会被委以一小片土地，该土地通常不可以继承。塞恩通过使用隶农[④]在土地上的劳作来维持他们的生活。但是，诺曼人将这一关系改变成了欧洲大陆式的封建主义(Continental Feudalism)。封建主义是一种建立在个人关系基础之上的土地持有制度。作为宣誓效忠的回报，国王将大片的土地赐予享有特权的大领主，条件是他们要向国王永久服役(services)。本质上，国王是在购买领主的役务。国王向领主支付的不是金钱(在非货币化经济中，金钱支付几乎不发生)，他向领主们支付的是土地的使用权，通过土地，领主可以维持他们的生活。然后，这些大领主们可以将他们得到的部分土地再赐予小领主；小领主要对大

① 王廷的会议有两种，一种称为"大谘议会"或"大会议"，由国王、大领主、高级教士参加，处理重大政务；一种称为"小谘议会"或"小会议"，由一小批国王比较亲信的官员组成，主持日常工作。The Lesser Council 与 Great Council 相对应，分别指小会议与大会议。

② Curia Regis，一译"王廷"。

③ 塞恩是指盎格鲁－撒克逊时代的大乡绅，是一种旧式荣誉称号，类似于男爵。

④ villein。

领主宣誓效忠,亦须永久服役。这种制度在其最初发展阶段是军事性质的,因为这种封建关系的最高一级是建立在领主向他的更高一级的领主提供兵役这一基础之上的。诺曼人的其他改革包括将土地案件的管辖权从百户区法院移至县(郡)法院。在郡法院里,通过郡长的管理,关于土地所有权的争议可以依据王室的政策得以判决。威廉公爵(Duke William)①还废除了奴隶制以及死刑,但是他的儿子在20年后恢复了死刑。② 更为细小的变化,就是引入法语作为法律的口头语言。

## 第四节 盎格鲁-撒克逊时代以及早期诺曼法

在盎格鲁-撒克逊时代,法就是习惯,习惯就是法。盎格鲁-撒克逊时代既没有律师与法官意义上的法律职业,也没有法律知识的技术体系。有几位盎格鲁-撒克逊国王将他们自己统治区域内的习惯整理形成了文字,叫作"法令"(doom),它们规定了对非法行为的刑罚。

基于这些书面的"法令",我们了解了盎格鲁-撒克逊时代的"刑法"(如果我们可以这样称呼的话)。它列举了暴力犯罪与不忠不信犯罪:如叛国罪、杀人罪、伤害罪、企图伤害罪(assault)、强奸罪以及盗窃罪等。对叛国罪所处的刑罚是死刑。对杀人罪,被

① 公元1066年,英王爱德华逝世,诺曼底公爵威廉率军进攻英格兰,英军战败,威廉进入伦敦,加冕称王,史称"诺曼征服"。诺曼征服标志着英格兰进入了一个全新的时代,因而被誉为不列颠历史上最革命的事件。威廉虽是英格兰的王,但亦是法国的公爵。

② 威廉一世(1028~1087)(英格兰国王1066~1087在位)去世后,其次子威廉二世(1060~1100)(英格兰国王1087~1100在位)即位。这里所说的儿子即指威廉二世。

告人可以支付赔偿金，毒杀或者是设陷阱杀害的除外。对于公开决斗中的杀人行为，可支付一笔赎罪金（bot），赎罪金中的一部分交给国王，剩余部分支付给死者的亲属。[①] 对于重要人物、教会人员、修道院修女的伤害，即使是较轻的伤害也要支付比普通人更高比例的赔偿金。盎格鲁－撒克逊时代的盗窃罪不但可能使偷盗之人，还会使他的家人沦为奴隶。如果盗窃犯当场被抓或在带着赃物逃跑中被抓的，可能会被当场处决。将监禁刑作为一种对犯罪行为的惩罚或为犯罪之人提供忏悔之地或作为改造犯罪分子手段的法理念在当时还不存在。监狱仅是羁留被告人等待审判的地方。英格兰各地的刑罚也不尽相同。以强奸罪为例，罪犯在有些地方会被处以死刑，在另一些地方则只需支付金钱赔偿。

因为当时几无商业，所以几无商法。对于商法的内容，研究者只能在某种程度上猜测一番。现代意义上的合同法并不存在，买卖以交付出售物品的形式发生。如果交付行为在将来进行，通常需要交纳保证金（deposit）或典押物（wed）来确保支付，如未交付，则这些物品将丧失。以宣誓形式作出的承诺并不罕见，倘若行为人在宣誓后违反承诺的，教会就会对此具有管辖权。

土地通过买卖或遗赠而留给继承人的情况几乎没有，所以从这点来看，土地的所有权概念尚未形成。虽然有部分土地是从国王或贤人处以书面许可状形式获得，而且这种土地可通过立遗嘱的形式遗赠，但这种情形十分少见。

---

① 上交给国王的部分叫作 *wite*，支付给死者亲属的叫 *wer*。分别译作“伤害罚金”与“伤害赔偿金”。原作中称，上交给国王的部分叫作 *wer*，支付给死者亲属的叫 *wite*。原作此处似有误，有待商榷。

## 第五节　几个基本概念

同其他学科领域一样，法学中的特定词汇、特定短语有着专门的意思。有些术语会反复使用，在本书的开始，我们有必要在此先对下列几个（组）术语的意思进行解释。

**（一）普通法与大陆法**

“普通法”（Common Law）是指在英格兰发展起来、后来传播到大多数英语国家的法律体系。普通法系与欧洲大陆以及其他被大陆国家所征服或统治的国家使用的大陆法系（civil law system）不同。一些独立的国家，比如日本，自主地选择了继受大陆法这一形式。

许多古老的法系，如埃及法系、古巴比伦法系以及希腊法系已经完全消失。其他一些法系，如印度法系、日本法系以及中华法系等都已或多或少融入了现代法律体系。留存下来的非西方体系中，穆罕默德法系（the Mohammedan）最为重要：伊斯兰法以《古兰经》为基础，以传统和司法论著解释法律。但在一些法律与宗教分离的伊斯兰国家，则倾向于遵循非伊斯兰法系模式。

大陆法可追溯到罗马法，它适用于罗马帝国境内的市民。但随着罗马帝国的瓦解，罗马法失去了其普遍性。以后，无论在哪里适用罗马法，它都同当地的习惯混到了一起，因此在欧洲各地，它的内容都有较大的差异。19 世纪早期，由拿破仑·波拿马直接领导下的法学家们创造出了法国民法典，它给大陆法以巨大的动力。但是，普通法则完全是英格兰宪政发展的产物。

这两种法系最基本的区别在于它们所依据的法律渊源不同。普通法系首先认为判例是最高的法律渊源。遵循先例原则（doctrine of *stare decisis*）（意思是让判例持久）是普通法系的精髓。这一原则表明，下级法院要遵循某一法域内最高法院所作的先前判决，只要从这些已决案例中引出的原则能使判决合乎逻辑并且符合现实情况即可。不同的法院适用遵循先例原则的严格程度不尽相同；比如英格兰法院在适用这一原则时，比美国法院要严格得多。

但是，大陆法的导向是将法律立为法典，即将一国的基本法律都囊括于法典之内。当某一争议提交至法庭之上或律师之前时，当务之急就是找出合适的法律条文，再将这一条文适用于目前的情形之中。法院有时通过参考学术著述来帮助解释法典条文。大陆法系对判例并非弃之不理，只不过判例对法官并无任何约束效力。

**（二）制定法在普通法司法管辖区①**

当然，普通法司法管辖区既依赖于法院判决，也依赖于制定法。现代立法极大地扩大了制定法的作用，它们覆盖很大比例的法律问题。美国有些州甚至将它们的制定法编纂入所谓“法典”。此外，在所有的司法管辖区中，法律中的特定部分都“法典化”了。美国如今已有《刑法典》、《可流通票据法》、《买卖法》以及最近的《统一商法典》，后者涵盖了商法的许多领域。

普通法法院与大陆法法院一样，有权解释制定法，但是制定法解释的规则有很多，使用起来很困难。在美国，法院须按照立法机关的本意来解释制定法。但在英格兰，通常认为制定法应按字面解释而不受立法本意的干扰。

**（三）合宪性**

美国的法院以及西德、②澳大利亚的法院更向前迈出一步。这些法院可以宣布某一制定法因与成文宪法相冲突而无效。

---

① 普通法司法管辖区（common law jurisdiction）指一个司法管辖区，其法律在实质上是以普通法为基础的。Jurisdiction 在本书有时还译为“管辖权”或“法域”。

② 西德（West Germany），此处依照原著。

美国联邦最高法院以及低一些等级的联邦法院可以宣布州制定法、联邦制定法因与联邦宪法相违背而无效；不仅如此，州法院也可以宣布州制定法因与州宪法或联邦宪法相违背而无效。

立法的司法审查对于大多数大陆法系国家而言是陌生的。因此，在这些国家中，立法机关负责做出制定法是否合宪的最终决定。西德是个明显的例外，此外，巴西、缅甸以及日本均有不同程度的司法审查。法国于 1958 年成立了“宪法委员会”（Constitutional Council），该委员会具有一定的类似权力，但是它并不是法国司法体系的组成部分。

英格兰并无成文宪法，但习惯与古老制定法（即英格兰“不成文”宪法）混合影响下形成的英格兰政府，并不比美国的缺少确定性。英格兰政府的关键所在是其内阁制度——它是纯粹的习惯法形成的，并不依赖于制定法的授权。限制政府权力是英格兰政府的基本元素，美国成文宪法中的那部分我们称之为《权利法案》（*Bill of Rights*）[①]的内容，也可在英国许多具体法律中找得出对应的条文。

通常认为，英国任何法院不可因某一制定法违宪而宣布其无效。不过，这并不阻止英格兰法院对制定法的实施进行控制。比方说，不管是大陆法系还是普通法系的法院都可以通过法律解释这一途径，使制定法与一般认可的原则保持一致；在有些情况下，法院甚至可以完全抛开某一制定法。

**（四）区别于“刑法”概念意义上的“民法”概念**

在某一特定的法律体系（大陆法系或普通法系）之中，“civil

---

① 美国联邦宪法于 1787 年 9 月 17 日通过，但是直到 1789 年 3 月 4 日第一届国会开会之日才正式生效，这中间实际上还经历过一段漫长而有意义的辩论时期。制定于 1791 年的《权利法案》即是《美国宪法修正案》的前十条。

law"一词通常用来区别私人行为和公共违法行为(public wrongs)——前者属于民法的范畴,而后者属于刑法的范畴。如自然人、组织、公司或是政府部门对另一方提起诉讼,以获得损害救济的,则这类案件属于民事案件,案件结果可能是金钱损害赔偿或命令被告做某一行为或不做某一行为的命令。当国家因个人或公司违反立法制定的行为规则而对其提起公诉时,则该类案件属于刑事案件,案件结果可能是罚金或监禁。

一种行为既可能引致民事诉讼,也可能引致刑事诉讼。例如,简单的殴击(assault and battery)案件,既可能因受害人要求获得损害赔偿而成为民事诉讼,也可能因国家给予罪犯以罚金或监禁惩罚而成为刑事诉讼。

**(五)普通法与衡平法**

"Common law"一词还被用来区别于盎格鲁-美利坚法中被称为"衡平法"的另一部分。今天,这两组术语用来指称两种不同的法律原则。

几百年来,英格兰的法律体系中并行有两种类型的法院。普通法法院更为古老。另一种法院设置,具体包括有大法官法院(Courts of Chancery)和星座法院(Star Chamber),发展出我们今天的衡平原则(equitable)。

基本上,当普通法法院无法做出判决或普通法法院得出的判决过于严苛且技术性极强以至于导致不公时,衡平法院即适用衡平原则。这种活动的最终结果是:一系列的衡平法原则得以创立,当普通法不能够为某个特定的违法行为提供合适的救济时,则适用这些衡平法原则。但是,在可以得到充足的普通法救济的情形下,不得请求衡平救济,这仍是基本原则。

衡平法也包括实体法与程序法两个方面。假定信托(自然人或公司被委托为第三人的利益而管理财产)的执行中出现了法律问题,则这一问题受衡平法调整。信托法是由英格兰古代的大法官法院发展出来的，当时普通法法院并不能执行这些信托。

假定一房屋的卖主（卖方）不履行协议，买主（买方）可依照普通法原则提出损害赔偿之诉；但是，如果买方想让法院强制卖方出售房屋（实际履行），则须依照衡平原则。

美国的一些司法管辖区，例如联邦辖区以及纽约辖区，已经废除了普通法法院与衡平法法院之间的差别，同一法院内既执行普通法案件，又执行衡平法案件。还有少数州，如新泽西州，则保留了完全独立的衡平法法院和普通法法院。其他州，如宾夕法尼亚州，同一名法官可交替作为普通法法官与衡平法法官。

普通法和衡平法的差别已经过时了。但是，即使是在普通法院与衡平法院已经合并的地方，它们的原则仍必须是区分开的。原因在于，美国宪法保证仅在适用普通法原则的民事案件中使用陪审团。英格兰古代的大法官法院并不使用陪审团审判。在今天，运用到衡平原则的案件之中亦同样不使用陪审团。要么将民事案件中陪审团废除，要么将陪审团的使用扩展到衡平案件之中，只有这样，才能消除衡平法与普通法之间不必要的差别。然而，这两种方案均不可能马上得以实现。

**（六）“Court”的含义**

“Courts”一词有多层意思。该词源于拉丁语“库里亚”（*curia*），最初用来指中世纪时期房屋封闭的矩形院子。后来指正式的或非正式的群众集会，比如说，女王座法院举行的接待会。早期的英格兰皇家会议通常被称为 *curiae*（拉丁语“法庭”）或 courts。由于最早的大法官是“御前会议”的成员，因此，他们是国王法院的一部分。Court 作为“民众大会”（assembly of persons）这个意思在马萨诸塞州仍在使用，马萨诸塞州的立法机关被称为“公众大会”（General Court）。早期的英格兰普通法法院由一定数量的“封臣裁判官”①(suitors)组成,这些法院之所以被称为法院(courts)亦在于它们的群众集合性质。在只有一名法官主持审判时,court一词还指他或他所主持审判的地方。当法官之职从御前会议中分离出去、并获得宪法性独立地位后,“法庭”这一术语得到沿用。

**(七)初审法院与上诉法院**

任何现代法院制度中都既有初审法院,又有上诉法院。初审法院是第一审级的法院,它有两大功能:其一,认定事实;其二,针对事实适用恰当的法律。但是,上诉法院只有一个功能:决定初审法院适用的法律是否正确。

在初审法院中,通常只有一名主持审判的法官,他负责裁定下列问题,比如律师书面诉讼文书是否合适、证据的可采性以及案件中的法律等。如果是陪审团审判,陪审团依据诉讼双方提交的证据判定事实的真相,并且通常按照法官的指示针对事实适用法律。如果不是陪审团审判,法官既判定事实又适用法律。

上诉法院通常包括3名或更多名法官。如果上诉法院发现初审法院发生了错误,它可以在合适的情形下,或者要求初审法院对案件进行重新审判,或者撤销初审法院判决而无需其重新审判。举例说明,如果上诉法院认为初审法官错误地采纳或排除了证词,或者给陪审团错误的指示,则上诉法院可以命令初审法院对

---

① 在中世纪,封臣对其领主举行的法庭负有到庭参与诉讼的义务(suit of court)。理论上,每一封臣都负有这种封建义务,他们就被称为“(封臣)裁判官”(suitors)。然而,我们须知道,这种义务是附着在土地之上的,它并不指向特定的人,而是指向特定的土地。如果土地出卖、转让,则这种诉讼义务也随之转移。到13世纪,(封臣)裁判官可以由代理人出庭替其承担判决的义务。司法中央化之后,(封臣)裁判官必须为错误的判决承担个人责任,事关财产名誉,甚至可能被判监禁,所以当时的司法判决并不是贵族垄断司法权压迫人民的工具,判决一般比较公正。这种原始的法庭判案方式也反映了court含义的变化,因为suitor的机制就是一群人集会处理事务。

案件进行重新审判。假使没有陪审团,法官对事实认定以及证据采信的结果没有错误,而只涉及初审法院的法官错误适用法律的,则上诉法院完全可以撤销下级法院的判决,并做出有利于另一方的判决。

# 第二章 法院组织

因为法律是在法律职业群体的努力下，从法院以及立法机关的程序中发展而来，所以我们必须对这些机构的起源及程序作一番详细的考察。某一机构的形式往往同其活动的实质紧密交织在一起。比如说，如果棒球运动只有两垒，它的情况会是什么样？我们玩的就可能成为了板球。或者假使代理行为不受法律保护，那么企业管理的情况会是什么样？如果国会委员会（congressional committee）主席的任职资格不论资历，委员会将表现得如何？如果国会可依制定法推翻联邦最高法院关于诸多宪法问题的判决，那么还会有多少判决具有约束效力？形式与实质间这种相互关系使得讨论法院、陪审团以及法律职业的起源具有重要意义。在很多情形下，法律的发展，从其概念、原则或规则生成起，曾被上述制度的组织机构深切影响。

今天，我们认为法官认定法律；在过去的700年中亦是如此。但是，法官这一职业为大家所知应是诺曼征服后好长时间以后的事。当时有"法院"，但是法院由门外汉——"（封臣）裁判官"（suitors）——组成。"（封臣）裁判官"以他们掌握的地方习惯为依据回答"法律"问题。这种机构的负责人，如百户长（reeves）、郡长（sheriffs）、领主（lords）以及审判执事（stewards）仅负责主持审判而已。这是因为当时的法律还没有发展成为一门专门之学，尚不需要专业的法官。

## 第一节 古代法院

在王室法院实施普通法（即在王国范围内适用统一的法律）之前，王室法院必须取代当时存在的法院体系。在诺曼征服时期，这些法院包括社区法院（百户区法院和郡法院）、领主法院及市镇法院。

**（一）百户区法院与郡法院**

百户区法院由"封臣裁判官"所组成。作为他们拥有土地的条件，"封臣裁判官"负有参加诉讼的义务。百户区法院由百户长主持审判。有些百户区法院在经国王及谘议会（council）①同意后可被领主购买，领主可将郡长排除在法院之外。这种被购买的百户区法院就是所谓的"采邑刑事法庭"（courts leet）。封建领主之所以愿意购买法院，完全是出于经济的考虑——领主可以得到全部赔偿额的三分之一，这还不包括其他各种收费。

诺曼征服后，百户区法院对土地纠纷的管辖权移转到了郡法院，同时百户区法院还丧失了原本享有的刑事案件管辖权，而只剩余对普通公民之间上述纠纷之外的管辖权。

但是，作为刑事司法制度中的第一级，百户区法院仍然十分重要。在没有职业警察的时代，抓捕被指控有犯罪的人（若未能在犯罪现场抓获）往往困难重重。人们从某位盎格鲁－撒克逊祖先那里继承并发展了一种叫做"十户联保制"（frankpledge）的程序。②"十

---

① Council 一般译为"谘议会"，它是帮助国王治理国家的顾问班子，后经托马斯·克伦威尔（Thomas Cromwell）大约在1536年改组，成为"枢密院"（Privy Council）。

② 据莫里斯考证，"frankpledge"这个词源于法语"franc plege"，意为"自由人的担保"，因为在盎格鲁－撒克逊后期，"任何人若希望被视为自由人，就应当加入十户联保组织"，所以说它是一种强制性的集体担保制度。参见李云飞："论十户联保制与中世纪英格兰的王权制"，载《暨南学报》（哲学社会科学版）2007年第2期，第41页。

户区”(tithing)由“户”(family)构成，每个十户区都是一个大约以十户为单位的小组。十户区负责交出被指控犯有罪行的十户区成员。郡长或采邑刑事法庭的领主会出席半年一次的百户区法院大型会议，目的在于确定百户区内的所有居民都在各自的十户区内。这就是所谓的“十户连保审查制”(view of frankpledge)。那些被指控犯有轻罪的人会在现场得到审判，但被控犯有严重罪行的人会被移交至郡法院。

准确地说，郡法院覆盖的地域内通常会有若干百户区法院。在郡法院，“封臣裁判官”与诉讼当事人(litigants)均是郡内较为重要之人。郡法院是享有普通民事及刑事管辖权的法院。郡法院的全盛时期是诺曼征服后的头一个世纪。

为加强刑法的实施，英格兰于1166年颁布了一部叫作《克拉伦登敕令》(*Assize of Clarendon*)的制定法。该法要求每一村出12人，每一个百户区出4人参加郡法院半年一次的会议，并向会议报告其所在地区内发生的犯罪行为，如果有可能，还要交出罪犯。如罪犯未被交出的，郡法院会签发传唤令，如果被告人在连续5次传唤后仍未出庭，就会被宣布为“法外之徒”(outlaw)。法外之徒没有权利，不受法律的保护。

依照同一部1166年制定法，对最为重要刑事案件——即“王室之诉”(Pleas of Crown，一译“重罪之诉”)的司法管辖从郡法院转移到了新出现的王室法院。郡法院对土地纠纷案件的管辖在亨利二世(1154～1189)统治期间同样转移到了王室法院。这两大发展都是英格兰政府中央集权的部分体现，政府的权力逐渐集中到了位于威斯敏斯特(Westminster)的王室的手中。

郡法院保留对许多民事纠纷及轻罪案件的司法管辖权。但是，从1236年起，郡法院开始允许“封臣裁判官”派人替代他们参加郡法院审判，郡法院威信的下降由此可见一斑。13世纪晚期，新的法律规则禁止郡法院管辖标的超过40先令的案件。连年通货膨胀不可避免地带来了货币贬值，这就意味着郡法院最终审理的只能是标的额最小的案件。

### （二）领主法院

领主法院并没有社区法院的历史悠远，但是到诺曼征服时期，领主法院就已经存在。领主既有权利也有义务为其属臣主持审判，领主法院正是建立在这一理念之上。

在征服者威廉引入的欧洲封建主义形式下，每一片王室土地的受让人都会再将其土地的一部分分配给较小的领主封臣（tenant lords），依此类推一直分封下去，这样的分封阶梯直至最小的领主，最小的领主依靠最终在土地上劳作的“隶农”生活。这一过程就是所谓的“次级分封”（subinfeudation）。授让土地的人叫作“受贡领主”（tenant in service），因为他并不实际使用土地，而只享用来自小领主的贡俸。最终在土地上通过其隶农劳作而生存的领主则叫作“地上领主”（tenant in demesne）。

每一位“受贡领主”均有权利及义务为其的次级领主封臣主持审判。所有领主都是这种法庭的组成成员，审判的目的通常意在决定封臣之间的纠纷，就双方都关心的问题，法院还可应要求向领主提出。最大的领主法院是国王法院，因为国王位于封建金字塔的顶端。国王法院即所谓的“御前会议”（Curia Regis）。位于封建等级阶梯中层的法院有所谓的“爵位法院”（Honors）或“贵族法院”（Courts of Baron），例如在这些法院之中，一位直接封臣（tenant in chief，直接从国王接受封地的人）总会与直接授其封地的贵族会面，以听取他们的建议，并主持他们间的纠纷。

为小领主或地上隶农而设的领地法院①叫做地上领主法院。在这种处理隶农间纠纷的法院中，法官由领主或其审判执事（steward）充任；但在对自由民纠纷负有管辖权的法院中，领主或

① 对应英文为manorial court，也有人翻译为“庄园法院”。

其审判执事充任的是审判主持人的角色，自由民充当“裁判官”。

根据领地的（不同）习惯，各领地法院的权力存有差异。有些法院对领地内制造或出售的商品有定价权——这是一项极为重要的权力，因为领地是一个相对自给自足的经济单位，它们自己生产衣食。所有的领地法院都可以审判领主与隶农之间的民事案件，对部分刑事案件也具有管辖权，但这种刑事管辖权在各领地的范围不尽相同。

领主法院的行政职能，如分配各级领主应对大领主的贡俸，一直延续到18世纪；领主法院记录土地上的副产权①（copyhold）这一行政职能则一直延续到1925年，然后议会通过的一则法案使该法现代化了。

**（三）市镇法院**

每一市镇（borough）都有其各自的法院，在这种法院中，市镇的公民——市民充当“裁判官”。市镇法院对刑事案件并无管辖权。如果市镇中有人在某一领主名下拥有一片土地，那么就负有到该领主法庭参与诉讼的“义务”（suit）。

因为市镇是贸易与商业中心，所以市镇法院对涉及贸易与商业活动的部门法律十分擅长。当王室法律最初形成时，其首要的目的就在于解决有地贵族间主要涉及的不动产的问题；市镇法可以说反映了中产阶级的许多问题。市镇法院在某种程度上推进了商法的发展，因为诉至其的纠纷很多是商人及工匠之间的纠纷。

几个世纪以来，市镇法院抵制了王室管辖权的侵入，及至北美

---

① copyhold 副产权，经官方登记的不动产；英格兰早期的房地产一式，原是由分封领主授予属下佃农、兵丁或工匠的房地产占有权，受者以提供各种不同的服务代替租金，而授者对房地产仍保有控制权并且可随时收回。其后，受者陆续取得分封领主授出房地产的记录的副本为产权凭证，故称彼等为副本持有人，其所享有的产权就简称为副产权。参见李宗锷、潘慧仪主编：《英汉法律大辞典》，法律出版社1999年版，第74页。

殖民地建立时期，它们仍是一支强大的力量。事实上，有些权威学者甚至认为市镇法是美国早期殖民者们所最为熟悉的一种法律，并且早期的美国法中混含有大量的市镇法内容。

## 第二节　王 室 法 院

国王的“大库里亚”(Magna Curia)或“大谘议会”(Great Council)曾是最为庄严的英格兰法院。它由全体直接封臣、除直接封臣外的其他大贵族以及大牧师所组成。国王的个人顾问也参与该法院的审判。“大谘议会”履行很多职责，并无行政、立法、司法的现代权限划分。它针对国内许多事务向国王提出建议，对直接封臣之间的案件做出判决，实现教会与国家之间的调和，同时还可作为一种立法机关负责制定法律。

当国王的全体个人顾问单独集会时，他们便单独组成另一独立的法院，称为“小库里亚”(Lesser Curia)或“内府”(Household)。国王从“小库里亚”中挑选出若干名法官处理国王的全国性事务，包括正义(特别是刑事正义)的实施。国王法官在密切监视各郡方面起着尤为重要的作用。他们对郡长的征收赋税工作负有监督职责，并对“王室之诉”[①]案件中日益增多的犯罪分子之刑罚的执行负有监督的职责；当这些法官巡视郡法院时，还接替郡长主持审判。我们不应忘记的是，在诺曼征服后的大约四百年间，英王同时还是法兰西大片土地的公爵，因此这些法官也巡视上述地方。

随着时间的推进，这些国王钦差被赋予更多专门的职责。他

① “王室之诉”(Pleas of the Crown)的管辖归于王座法院或女王座法院；它区别于郡法院管辖的郡长之诉(Pleas of the Sheriff)和普通民事诉讼(Common Pleas)。一译“国王之诉，刑事诉讼”。

们有的充任提审法院(Gaol Delivery)[1]法官,负责审判轻微刑事案件;有的充任听审与裁决巡回专员(Commissioner of Oyer and Terminer),负责裁决重要的刑事案件;在14世纪以前,国王钦差还充任"一般巡回审判法官"(General Eyre of the Justices in Eyre),他们对郡行政的各个方面都进行了深入调查。

1195年以后,王室任命了一些当地公民来帮助司法公正的实现(administration of justice)。[2] 他们受《温彻斯特法》[3](*Statute of Winchester*,1285)规制;一般而言,他们负有对因被指控犯罪之人进行羁管的义务,直到国王法官开始审理案件为止。1327年后,这一职位被正式固定了下来。到1344年,他们被赋予同郡内其他"精通法律"的人一起对被指控犯有重罪或破坏治安而被羁押之人进行审判的权力。到1368年,他们被赋予独自审判被羁押人的权力。正是在这一时期,他们获得了"治安法官"(Justice of the Peace)的称号。

在美国,"治安法官"的现代替代物是小额索赔法院。即便到近些年,美国仍有许多州并不要求治安法官必须是法律人出身。他们除了对小额索赔案件享有管辖权之外,还对一些轻罪(如违反交通法规案件)具有管辖权。在保留大陪审团的一些州,他们位于刑事司法程序众多步骤中的第一步。被控犯罪并被逮捕的人首先须被带至这些基层司法官员之前,他们负责判定是否有足够的证据来扣留(hold)被告人以进行大陪审团听审。

---

① 也拼为"jail delivery"。

② 这些公民正是"治安法官"(justice of peace,也译为"太平绅士")的前身。

③ 该法是关于警察与治安方面的法律,于爱德华一世(Edward I., King of England, 1239~1307)在位时通过。

## 第三节　亨利二世改革与中央法院的起源

亨利二世统治期间(1154～1189)一系列事件的发生最终产生了王室法院体系以及一种在全英格兰普遍适用的法律。这一运动始于王室对英格兰境内的全部土地享有所有权的落实。

在讨论王室法院之前,我们有必要对令状制度进行一番简要论述。时至今日,任何人如提起民事诉讼,可能仅需要向一有管辖权的法院递交相关诉讼文书(papers①)即可。原告提起的诉讼文书称为“请求陈述书”(statement of claims)、“诉状”(complaint)或类似的名称。副本则以这种或那种方式送达被告。

但是,在12世纪,人们提起诉讼需首先得获得谘议会的同意。人们不得不从“文秘署办公室”(Chancellor's Office)购买一式签发至处理争议法庭的令状。所谓“令状”,也不过一纸信笺而已,令状命令法院审理案件。谘议会决定可签发令状的类型,而国王以及谘议会面对的事实情况是,任何从社区(地方)法院和领主法院攫取司法执行权的尝试都将是有悖传统的。因此,司法执行权的中央集中过程是渐进的,且主要集中至那些中央政府有强烈兴趣的案件上。在这些案件中,最为主要的当属土地方面的案件,因为土地实际上是当时财富唯一的渊源。

国王法院曾一直有权决定直接封臣之间的土地案件,直接封臣直接对王室负责。较小领主之间的纠纷由授予他们土地的领主(同时是受贡领主)的法院裁决。但在12世纪早期,国王开始借助一项法令干涉这一管辖权,这一法令规定只有在国王给予领主

---

① paper通常有文件、流通票据的意思;但是其复数形式即papers的意思则指“诉讼文书”,指当事人向法院提供的各种文书,也称为court papers或suit papers。

“权利令状”[①]后,领主的法院才可以审理有关土地重要权益的案件。这一令状,或信笺,由国王签给领主,目的在于实现原告(要求占有土地的一方)与被告(实际占有土地的一方)间的正义分配,令状中还会说明假如正义没有实现的,则国王会审理该案件(事实上,国王的确经常审理)。后来,在假定领主已向国王交出了其开庭权力[②]这一“拟制”(fiction)[③]原则的基础上,令状被直接签发给被告,由此,令状的签发绕过了领主的法院,土地案件直接归王室法院管辖。

由于权利令状所涉程序的复杂本质、中间过程所带来的延误、证据的原始方式以及第三方在一年零一天之内可以对判决结果提出异议这一事实,所有这些使得权利令状成了一种并不十分理想的救济。

---

① 一般而言,令状有两种主要类型,即“权利令状”(writs of right)以及“非常令状”(extraordinary writ)。“权利令状”又称为“过程令状”(writs of course)是指理所当然签发的或出于权利而准许的令状。权利令状是与非常令状相对应的令状,它有别于国王出于恩典或法庭自由裁量所签发之非常令状。权利令状又可分为两种,即“诉讼开始令状”(original writ)与“司法令状”(judicial writ)。

② 国王法院对下列三种类型的案件拥有无可争议的管辖权限:(1)发生争议的土地属于国王所封赐,即土地保有人是国王的直接封臣(tenant held of the king in capite);(2)发生争议地的领主尚未设立领主法庭;(3)发生争议地的领主主动放弃了法庭审判权。参见屈文生:《令状制度研究》,华东政法大学 2009 年博士学位论文,第 95 页。

③ 拉丁文 *fictio*,一般翻译为“拟制”,指法律上假定为真的原则,包括把本来为假的事假定为真,这种假定是不容反驳的。起初英格兰的王室法院主要靠拟制获取管辖权,例如王座法庭可以假称被告由于实施了某种他实际上并未实施的侵害行为而被拘留,因而获得债务诉讼的管辖权,允许原告起诉被告要求其偿还债务。财税法庭也可以提出原告是国王的债务人,且由于被告拖欠债务的原因而不能偿还这一拟制的对国王的债务,因此获得它本身不具有的审判权。英国法中拟制比较丰富,在罗马法上,拟制的定义较狭窄,只是一个辩诉的名词。参见薛波主编:《元照英美法词典》,法律出版社 2003 年版,第 548 页。

在1166年，亨利二世设计出了被称为“回复占有诉讼”(possessory assizes)[①]系列新令状的第一种。它们旨在弥补权利令状的不足。第一种新令状叫做“新近侵占土地令状”(*Novel Disseisin*, newly dispossessed)，该令状要求土地所在地的郡长召齐同在一地区的12名男子，以确定实际占有土地的一方是否如被诉所称以不当的方式从原告手中获得了该土地。这里所涉及的是非法剥夺他人占有(dispossession)问题，而非所有权(ownership)问题。如果裁定的结果是被告确实非法剥夺占有了原告的土地，则被告需将土地归还原告；如果被告依然坚持他是土地真正的所有人，则他反过来必须提出另一权利令状。这一程序最终解决了绝大多数的案件。其他类型的令状也得到了发展。

**(一)普通诉讼法院(The Court of Common Pleas)**

“回复占有诉讼”令状如此受欢迎，以至于国王谘议会对接到的案件应接不暇。1178年，五位国王的近臣被指任为国王法官，以审理这些案件。这五位法官隶属于谘议会并向谘议会负责，但是他们的职位同其他国王的法官不同，这体现在他们获得的是一种持续性的任职令(continuing commission)，而并不是依据某一特定(*ad hoc*)案件的任职令来行使审判。他们的结论最终会呈至谘议会，在理论上，谘议会做出实际决定。

---

① 也翻译为“不动产占有确权诉讼”等。Assize一词有数个意思。其一，敕令、诏令、法令、条例，如Assize of Clarendon(《克拉伦登敕令》，也翻译为《克拉伦登法令》)；其二，(为解决土地占有而进行的)审判或诉讼；其三，陪审团的裁断；其四，衡量标准，衡量尺度；其五，(苏格兰)陪审团，咨审团等。此处取其二之意。另，据陈绪纲所著《法律职业与法治——以英格兰为例》一书(清华大学出版社2007年版)第91页注2，assize原意是指国王与贵族一起所开的封建会议，随之，它也指这样的封建会议上所制定的敕令，而根据这样的敕令所创立的机构也被称之为assize，如grand assize和petty assize。参见Sir Frederick Pollock & Frederick William Maitland, *The History of English Law Before the Time of Edward I* (2d ed.), Cambridge University Press, 1923. p. 12。

1178 年后的一个世纪，(由上述 5 位近臣组成的)法院逐渐脱离了与谘议会的隶属关系，在最初被称为"座"(bench,[①] 王室法官的意思)。在 1234 年，这一法院开始保留自己的案卷(records)，到 1272 年，该法院开始设有首席法官(chief justice)。1215 年《大宪章》(*Magna Carta*)颁布以后，该法院的地址固定在了威斯敏斯特。13 世纪 30 年代最终得名"普通诉讼法院"。

普通诉讼法院除了管辖土地案件之外，还很快取得了对其他一些民事纠纷的管辖，如依"违反盖印合同请求赔偿令状"(writ of covenant)提起的盖印契约下应履行义务之诉，以及依"债务令状"(writ of debt)提起的因货物买卖成交并已交付的货款之诉。当然，发明这些令状的并非普通诉讼法院。这些令状是由文秘署的"秘书长"(chancellor[②])在谘议会许可后签发的。

**(二)王座法院(The Court of King's Bench)**

其他案件的审理则归谘议会中的国王。例如，那些重要的被称作"王室之诉"的刑事案件仍然在国王的掌握之中。但是，因为"王室之诉"案件不断增多，且它们往往占用大量时间，所以这些案件的管辖权在后来转移至一些常设机构。

---

① 王室法官最初为显示身份而坐橡木椅，后来就称此类法官以及王室法院为"bench"；最初法庭用栅栏将法庭官员与诉讼当事人隔开，后来凡是代理当事人出庭的律师都同样站在栅栏后，于是便统称律师为"bar"。

② 根据我国台湾地区学者潘维大、刘文琦所著《英美法原理》一书，"令状"以国王的名义签发，但是实际执行审核的是"国王秘书处"(Court of Chancery)的主管，称为"秘书长"(Chancellor)。国王秘书处代表国王盖国王大印发给令状。早期的 Court of Chancery 不具备"法院"功能，而是指国王秘书处，因国王赋予秘书处审理司法案件的职权，因此秘书处的功能如同法院一样，才将 Court of Chancery 译为"衡平法院"。"衡平法官"(Chancellor)本是秘书处的首长，在秘书处具备法院功能后，由于他是衡平法院的首席，所以译为衡平法官。

刑事案件所移至的机构其全名称为“御前受权审判法官”(The Justices Assigned for the Holding of Pleas before the King Himself),通常称为“王座(法院)”。决定案件者在理论上是国王,但实际上是接受授权的法官。王座法院曾是国王谘议会十分重要的组成部分,谘议会很多显贵们也参加部分审判工作。到爱德华一世统治期间(Edward I,1272～1307),该法院完全脱离谘议会,而被认为是独立的法院。

王座法院可颁发“权利开示令状”(writ of *quo warranto*)来对国王的其他官员行使权力,“权利开示令状”询问国王的官员“依何权力”位居官职或实施某一特定行为。王座法院还可以通过“禁止令状”(writ of prohibition)、“训令令状①”(writ of mandamus)以及“调卷令状②”(writ of certiorari)等令状对其他法院行使权力。“禁止令状”可用来命令某一法院停止对某一案件的审理。“训令令状”可用来命令公共官员或公共机构履行某一特定行为或恢复某一特权。“调卷令状”可用来命令某一法院上交其案卷供审查。为审查普通诉讼法院案卷上的

---

① 训令令状,*Mandamus* 在拉丁语中是“我们要求(命令)”的意思,这样的令状是由法院发出的敦促行政官员来履行法定的义务。根据美国最权威的《布莱克法律词典》(*Black's Law Dictionary*,第973页)中的解释,“训令令状是高等法院签发的,强制低等法院或政府官员正确履行强制性的或纯行政性义务的令状”。

② 根据权威的《布莱克法律词典》第220页,调卷令状是指由上诉法院签发、并在其自由裁量之下指令下级法院移送案卷记录以供审查的一种非常令状。*Certiorari* 一词系拉丁语,本意为“为被进一步全面知晓”(to be more fully informed)之意。

错误,"纠错令状"[①](writs off error)以及"异议书[②]"(bills of exception)在王座法院均得到了发展。

王座法院审查普通诉讼法院所做出判决案件的权力源自于这一事实——普通诉讼法院的判决过去一直受谘议会的审查,而当时王座法院则是谘议会的一个有机组成部分。当(谘议会)将司法职责移至王座法院时,审查普通诉讼法院判决的权力也包括在了其中。当王座法院最终从谘议会完全分离出来后,这一管辖权也随之归在了王座法院名下。王座法院对普通诉讼法院的错误审查对象主要集中在技术性的错误或程序性的错误之上,这里的"审查"同现代意义上的"上诉"并不对等。

王座法院最初形成时,它既是刑事法院,又是对普通诉讼法院民事案件作出审查的法院。大多数刑事案件,特别是暴力型案件,

---

① 美国后来继承了英国的部分令状,但其中一些已被废除或早已不再存在,比如说本法院纠错令状(writ of *coram nobis*)已被"提起动议权"(right to file a motion)所取代。

*coram nobis* 翻译为"本法院纠错令状",该词的本义是"在我们自己面前"。在英国古法中,指在王座法院纠正已判决案件存在事实上的错误的令状,与要求王座法庭以外的其他法庭[尤其指民诉法庭(Court of Common Pleas)]纠正错误的令状(*coram vobis*)相对。美国《联邦民事诉讼规则》(Federal Rules of Civil Procedure)第60(b)条已经废除了此种令状。参见《元照英美法词典》,法律出版社2003年版,第324页。

另据美国学者,尽管《联邦民事诉讼规则》已经废除了这一令状,"本法院纠错令状"在刑事诉讼方面,仍不失是一种合适的救济,当别无其他救济形式时,法院可借此令状纠正刑事定罪中的错误。参见 John C. Duncan, Jr., Two "Wrongs" Do/Can Make A Right: Remembering Mathematics, Physics, & Various Legal Analogies (Two Negatives Make A Positive; Are Remedies Wrong?) The Law Has Made Him Equal, But Man Has Not, 43 *Brandeis Law Journal*, Summer, 2005. p. 571。

② 异议书是普通法上民事诉讼中的一种上诉方式。在庭审中,如果当事人认为法官对某一问题所作的裁决(如对证据的接受、排除)或对陪审团作的指示不当,则在陪审团做出裁断前,当事人可随时要求法官盖印确认其提出的异议书,并提交复审法院(court of error)来审查法官的裁决或指示是否正确。参见《元照英美法词典》,法律出版社2003年版,第149页。

会同时涉及民事方面的纠纷。例如，如果有人犯了“企图伤害和殴击罪”，他可能会被提起刑事指控并支付罚金，如果被判有罪还有可能被关入监狱。受害者同时还可能会对他提起金钱赔偿的民事诉讼。王座法院对这类案件的刑事方面享有管辖权，在爱德华一世统治期间（1272～1307），如果受害方有请求的，王座法院的管辖权也可延伸至这一案件的民事方面。王座法院之所以对被告人享有管辖权，是因为被告人实施了“违反国王宁静”（breach of king's peace）的行为，有刑事方面的管辖权限在前，其享有民事诉讼审判的权限在后也就自然而然了。

**（三）财政诉讼法院（Exchequer of Pleas）**

财政诉讼法院是第三种普通法法院。“财政署”（The Exchequer）是国王的财政部门。作为其职能的一部分，财政署负责判定王室纳税责任中的法律问题。

此外，财政署约在1326年发展出一种著名的“减少之诉令状”（writ *quo minus* [1]）程序，这一令状的出现情形可能是这样的：某人被诉至财政署，要求其对税务事宜做出回答。此人辩称他愿意缴付税负，但却无力缴付，因为张三（John Doe）[2]欠他的钱并拒绝归还。这样财政署可传唤张三，以调查其是否确实欠该王室债务人（Crown's debtor）的债。如果张三欠债属实，则财政署会命

---

① *quo minus*，拉丁语，意思是“by which the less”。正如作者所论述的一样，在早期普通法实践中，民事诉讼的管辖归于“普通诉讼法院”，财政法院最初只管辖与国王财政税收有关的案件。但是，现在财政诉讼法院通过一种拟制，即原告声称他是国王的债务人，但被告滞留原告应得财产而使其更无力清偿对国王债务。这样，在案件事实与财政诉讼法院的管辖之间就建立了一种联系。即便原告对国王负债的声称是虚假的，法院也不允许被反驳。基于这样的一种令状，财政诉讼法院可以扩大其管辖权限。

② 在普通法上，约翰·多伊（John Doe）、理查德·罗（Richard Roe）和威廉·斯泰尔斯（William Stiles）等人名常作为拟制人物。就如同我们的“张三”、“李四”、“王五”或者“某甲”、“某乙”、“某丙”等。

令张三做出支付行为。

没过多久,这一制度的设计者们发现,这一方法果然是收回债务的好办法。通过利用财政诉讼法院,原告拥有了其背后王室的全部权力。张三所负原告的债务,如果发现确已到期的,变成了对法院所负的债务;因此,原告不必遵循判决执行的通常模式,他可依靠王室为其收回钱款。原告向王室负有债务的这一申明后成为完全拟制性的,且这种拟制是不容反驳的。财政诉讼法院的管辖权扩大到所有的民事领域正滥觞于此,这一过程直到 1579 年才告结束。财政诉讼法院还具有一定的衡平法职能,直到 1842 年后,它的这一职能才与“衡平法院”(Court of Chancery)①的衡平职能相融合。

**(四)大法官法院——衡平法院**

普通诉讼法院、王座法院以及财政诉讼法院发展出了大部分的民事与刑事法律。部分上,这要归功于许多新令状的创制,但是更多的发展还是来自对现存概念的挖掘延伸。

到 15 世纪,由上述法院发展而来的法律制度已经十分发达。但是,很多情形结合到了一起,减慢了法律进一步发展与成长的进程。动荡的政治形势和内战(internecine warfare)使新救济的创制失去了可能。法律本身的重力使得它的变化十分缓慢。普通法法院设立的目的曾在于满足有地贵族的需要,但贸易和商业的发展产生了对新的救济和理念的需要,而它们很难与旧的、建立在土地法之上的救济方式与理论相一致。

无论何种形势之下,对于“非常救济”的诉求均会直接到达国王及谘议会处。根据通常的行政实践,谘议会常将某些事项交由该机构的一位成员来完成,这一成员就是文秘署的“秘书长”——他是谘议会中最为重要的成员。在 1474 年以前,秘书长会在审理

① 也翻译为“大法官法院”。

非常救济的诉求后，再将他的建议交给谘议会，由谘议会做出最终行动。有时，"秘书长"在接受指导后，也会处理某些案件，但在更多的时候，他仅向谘议会提出建议。

作为谘议会的一名代表，"秘书长"享有非同寻常的权力。比如他可以签发"传唤令状"(writ of subpoena)命令双方当事人出庭参加诉讼，当事人如若不从，可以对他们施以监禁刑处罚。另外，"秘书长"还不受诉答程序的技术性规则及普通法法院的程序所约束。衡平法院从未有过陪审团。衡平法官可将审理案件的任务委托给由他任命的"法官助理"(masters)，但审理结果要受衡平法官的审查。衡平正义(Chancery justice)可能要比普通法法院提供的技术性正义(technical justices)更加灵活，这是因为衡平法院具有相对非正式性特征，具有作为提供非常救济法院的背景，衡平法官在宗教改革运动前还具有神职性背景。衡平法院发展出来许多独立的原则，并以它们这些"衡平的"(equitable)而非"法律的"(legal)原则而闻名于世。

到1474年，衡平法院成为独立的法院，其广泛的司法管辖权继续存在。因为衡平法院的首要任务是给予普通法法院不能得到的救济，普通法法院或在理论上或在救济上还存在不足，因此，这两种法院间的冲突是不可避免的。首先，衡平法院在普通法留下的空白领域创设了新的立法，如信托的执行、欺诈法、合同法中采用"惩罚条款"(penalty clause)以外的救济；其次，衡平法院创设了新的救济方式，如"实际履行"①(specific performance)与"禁制令"②(injunction)；第三，衡平法院对普通法程序进行更为直接的

---

① 实际履行是指强制被告实际履行其合同义务，它是衡平法上对违反合同的一种救济。也翻译为"特定履行"。

② 禁制令是指法院签发的要求当事人做某事或某行为或者禁止做某事或某行为的命令。

干涉。例如,根据在普通法法院原本被指控的申请人的请求,衡平法院可以命令一方诉讼当事人不要在普通法法院将诉讼继续进行下去。有时,它会重新审理已在普通法法院得到判决的案件,而且判决结果又往往大相径庭。在这样的案件中,衡平法院会针对已在普通法法院获胜的一方签发一份"禁止令状",禁止他依照法院的判决进一步采取措施。这些至上的主张在17世纪早期得到了"王室委员会"(royal commission)的维护。尽管王室委员会的考虑中可能掺有政治顾虑,但是就衡平法院有权给予非常救济这一点而言,无疑,王室委员会的立场从历史的观点来看是正确的。

因为衡平法官是王室官员,职责使然,衡平法官支持詹姆斯一世(James I, 1603 ~1625)以及查理一世(Charles I, 1625 ~1649)对特权(prerogative powers)的主张——即政府所有的权力都来自国王,议会和普通法法院都是国王的附属。但议会当然反对这种主张。这场斗争达到了顶点,最终导致查理一世于1649年被处死,君主政体被废除。在所谓的共和国时期,①一段时间里,理论上议会拥有至高的权力,在1654年,奥里弗·克伦威尔(Oliver Cromwell)的摄政政体(Protectorate)形成,克伦威尔拥有了"护国公"(Lord Protector)头衔,尽管理论上不是如此,但实际上克伦威尔建立的是独裁统治。克伦威尔死于1658年,随后英格兰出现的基本上是无政府状态,直到查理一世的儿子复辟了君主制。1660年,查理一世的儿子被加冕为查理二世(Charles II)。在共和国时期,衡平法院曾黯然失色,但随着君主制的复辟,它重新获得了原来的权力。

---

① 英国历史上的Commonwealth Period(共和国时期)指1649 ~1660年克伦威尔父子统治时期。从1653年到1658年,克伦威尔使用"护国公"的头衔统治着英格兰、苏格兰和爱尔兰。克伦威尔的长子理查德·克伦威尔继承了父位,但是他统治的时间极为短暂。1660年查理二世复辟。

18世纪以及19世纪早期，衡平法院在程序上的僵化以及实体上的技术性与普通法法院相比有过之而无不及。此外，衡平法院中只有一位主要官员——即衡平法官——他经常需要审查衡平法院中法官助理们所审判完结的案件，这使得衡平法院的效率缓慢得让人无法忍受。到19世纪中叶，衡平法院的程序得到改革。

衡平法院中的诉讼是通过"诉状"(bill)开始的，它与令状具有两大不同之处。首先，它没有固定的格式而且可以只是一个一般的救济请求；其次，它直接由法院签发而并不需要其他任何机构的批准。这种"诉状"设计在王座法院中的一些案件中也同样被使用。

**(五)星室法院**①

出现于17世纪议会革命之前的最后一种主要法院是星室法院。星室法院的起源尚无法确定，但似乎应是衡平法院从中世纪时的"国王谘议会"分离出来时保留下来的部分。② 上议院在1474年很就早已自"大库里亚"中发展而成，而下议院的历史在当时也至少已有一个半世纪。亨利七世(Henry VII，1485～1509)——都铎③王朝第一位国王——曾通过两部或授予星室法院管辖权或承认星室法院管辖权的法令。很明显，"星室法院"的名称源于法院所在房间的名称。④ 16世纪30年代，旨在协助处理行政事务的枢密院被创设后，星室法院成为纯法院。它主要处理涉及大贵族的案件——因为他们可能会藐视普通的法院——它还处理有关威胁到王国安全的案件，例如诽谤罪、密谋罪、伪造罪，后来还扩大到欺诈罪和对法官失职行为的惩罚。

---

① Star Chamber，也翻译为"星座法院"。

② 因此，星室法院又有"刑事衡平法院"的别称。

③ 都铎王朝(1458～1603)，是英国从封建社会向资本主义社会的过渡时期。

④ 爱德华三世时，王室枢密院定期召开会议处理各种事务。这种活动据传有时在星宫举行。星宫是威斯敏斯特宫的大殿之一。柯克认为，星宫是星室法院称谓的来源。

最初,星室法院在本质上属于一种衡平法院。换言之,星室法院依据自然正义原则给予其他法院无法做出的救济。但到17世纪时,星室法院与国王特权联系在了一起、将衡平法传统的宽泛而不受制约的自由裁量权运用于刑事以及政治案件之中、还刑讯逼供、还常使用非人道的刑罚,所有这些均使得其声誉大打折扣。在1641年军事革命前,议会在其与国王的斗争过程中最终废除了这一法院。星室法院被废除之后,国王谘议会对法律问题的初审管辖权最终消失。星室法院的管辖权被转移到了其他法院的手中。

**(六)教会法院**

在宗教改革之前,教会法院一直对违反宗教及道德的犯罪、婚姻事务、死亡人的动产(chattels)等享有管辖权。到宗教改革时,它们失去了对刑事犯罪的管辖权,宗教改革后,教会法院对死亡人动产的管辖权转移到了衡平法院。

**(七)议会高等法院**①

大致来讲,上议院开会审判案件,议会高等法院受理王座法院误判的诉讼案件。上议院在同国王谘议会分离时,继承了国王谘议会的误判管辖权,高等法院的权威恰建立在这一原理之上。从理论上讲,财政诉讼法院的上诉案件首先需诉至1357年创设的"财政署内室法院"(Exchequer Chamber),议会高等法院负责审理来自后一法院的上诉案件。至于衡平法院的上诉案件,直到17世纪以后,才确定由议会高等法院审理。

《大宪章》规定,公民有获得同等地位者审判的权利②,在某种

---

① The High Court of Parliament.

② 这里的"同等地位者"有时被误译为"同级贵族",它对应的英文是peer。peer兼具"同等地位者"与"贵族"二义,按照旧译,peer为"贵族",但实为"同等地位者"。因为依英格兰古制,人们遇有纷争,受同等地位者之裁判,名之曰"参与裁判制";但旧时译者按中国古制(由贵者审判贱者),将其译作"贵族",属误译。此误长期流传,近年始被译正。参见高鸿钧主编:《清华法治论衡》(第4辑),清华大学出版社2004年版,卷首语。

程度上，它亦明确了王国内的王公贵族有获得国王谘议会审判的权利。当议会高等法院继承了谘议会剩余的司法权威时，它同时还继承了对王公贵族之重罪与叛国罪的司法管辖权，这一权利直到1948年才被一部制定法废除。

## 第四节 结 论

法院的发展历程基本上折射出了政府职能的分离。古代的国王谘议会需要处理全部的政府事务。但在上议院被分离出去、下议院得以增设后，立法职能随即从国王谘议会分离了出去。然后，在司法职能向普通诉讼法院、王座法院及财政诉讼法院的转移后，这些法院分走了国王谘议会很大一部分的司法职能。剩余的一部分司法权在衡平法院成为独立法院后，又被交至衡平法官的手中。最后，国王谘议会将仅剩的司法权留给了星室法院。但星室法院的废除意味着中世纪谘议会的司法权的最终消失。后来的枢密院属于新政制理论的产物，在英格兰它并无司法权。然而，枢密院确有对殖民地法院判决进行审查的司法权，在这点上，它实际上为殖民地与宗主国之间的冲突埋下了祸根。

到18世纪政治理论家时期，英格兰宪政体制已十分稳固。英格兰的宪政制度并非纯理论构思的产物，它为"三权分立"原则的确立奠定了基础。理论家们的贡献就在于他们为已经存在的政治体制提供了一个更为合理化的理论框架，并希冀能够将之转变成为又一个现实的、新的政制框架。

## 第五节 现代英国法院

1873年的《司法法》(*Judicature Act*)整合了一系列制定法，它是对1925年的《最高司法法院(综合)法》[*Supreme Court of Judi-*

*cature*(*Consolidated*)*Act*]的重新修订,且由此推翻了英国法院整个古老的框架结构。现代英国的上诉法院有两个分支,一个分支处理民事案件,另一个分支处理刑事案件,但两个法院分支经常由同一名法官来主持审判。

## 第六节　美国殖民地的法院

美国各殖民地以及各州创设的法院框架与英国的法院体系状况并不相同。美国殖民地时期的法院体系和法律,均未直接从其母国全盘托来,但是他们又没有其他经验可供借鉴。殖民地的人民大多是下中层人士,他们曾经到过的法院通常也只是领主法院或市镇法院,因而他们对王室法院的诉讼实践细节知之甚少。殖民地的法律不容许同英国法相违背,因此殖民地的法律程序恰好证明了一点,英国实际存有的法律远比在其王室法院能够实施的法律要多。

殖民地并不存在一个统一的法院组织体系。有些殖民地是敕许的,有些殖民地则是特许独占的,还有些殖民地是按照合股贸易公司的模式而建的。殖民地的模式也不尽相同,有些殖民地是由异教信徒组成的同族社会所构成,有些殖民地中的人口则由那些寻求新机会以获得财富的人组成,还有些殖民地中则不乏许多犯罪分子,他们之所以被遣送至殖民地是因为英国政府不需要这些人的存在。

尽管我们很难在13个被英国统治达175年的殖民地中找到一种普适的东西,但仍可以找出几点共通之处。很多殖民地通过许多途径遵照了英国的做法。例如,许多殖民地保留了为大家所知的治安法官或司法官(magistrates)。在许多殖民地,治安法官每年分几次组成"四季法院"(Courts of Quarter Sessions)这样的小型刑事法院来审判案件。同英国一样,他们也不必精通法律。

在有些地方，法律术语的使用也遵随英国的用法。例如，宾夕法尼亚州曾经用过，现在也用“普通诉讼法院”来称呼民事审判法院；宾夕法尼亚以及弗吉尼亚的主要刑事法院曾被称为“听审与裁决法院”(Courts of Oyer and Terminer)。

在许多殖民地，国王及国王谘议会作为最高法院的职能被复制并被赋予了殖民地的总督(Governor)及其谘议会。另外，殖民地的这一制度有其特殊之处，负责审理殖民地最高法院的判决上诉的是位于英国的枢密院。

但从另一方面来说，英国的做法也为殖民地的法律状况带来了许多新变化。在英国，衡平法院或大法官法院在后来发展成为了独立的法院，而早期的殖民地法院是在同一法院中并行使用衡平法(equity)和普通法(law)的。在对待程序以及证据问题上，殖民地追求简单——因为殖民地的法律人缺乏良好的训练，因而不欣赏带有高度技术性特点的英国做法——弹性取代了僵化，实质倾向于先于形式。

但是，到19世纪时，受过良好教育的法律人开始增多，因而法律的形式与程序重新变得复杂了一些。英国法律书籍的输入——从利特尔顿到布莱克斯通的书籍——加速了这一变化。不过，有些“司法意见”(judicial opinions)表明，由于早期法官的学识仍然不够，所以尽管他们对英国的早期法官抱有尊敬，但早期法官判决的重要性还是要弱一些。此外，在一些新生的西部殖民地立法机构中，人们对遵循英国法的这种趋势感到十分憎恨，甚至禁止在法院中引用英国判例。但是，在美国法的形成阶段，人们对于英国法相关案例迫切考察的心理是不可能抵制的。就现实来讲，当时的确没有其他先例可以遵循，当时人们的主导思想认为，法律应是超越了法官意见的一种东西——世界上应有一种“普适的普通法”，应得到所有法院的遵循——依此来讲，这种东西可能在英国案例之中找到。

到 19 世纪中期,法学(jurisprudence)在美国作为一门独立、专门的学问的前提条件已经得到满足:大量的美国先例已得到形成、法律文本实现了书面化、法律人也得到了良好训练。尽管在美国法仍然缺位的某些领域中,英国法持续被人们作为先例来研究,但是随着时间的推进,这些领域最终变得越来越少。

# 第三章　陪审团及其他裁定事实的方式

事情的经过到底是什么？在所有的案件中，这个问题通常是最为关键。如果双方当事人能对争议事实形成统一的意见，法官即可适用法律并做出裁决。但是，如果当事方对争议事实的看法存有分歧，则须用到法律制度所形成的裁定事实的方法。

今天，在美国，负责裁定事实的主体是陪审团或法官。有些案件中是没有陪审团的，例如，在轻微的刑事案件或仅判处罚金和短期监禁刑的轻罪案件中、在向行政机关提起的诉讼中及在衡平诉讼中，均无陪审团。在刑事案件中，被告人完全可以放弃陪审团而由法官来对事实作出裁定。在民事案件中，如果双方当事人能共同接受法官审这种审判方式，则裁定争议事实的主体也是法官。不管案件事实是由法官还是陪审团来裁定，都可能得出错误的结论。完全不出错的制度是不存在的。

要了解英美法律制度中事实裁定方法的历史沿革，我们须将民事案件与刑事案件分开考虑。虽然这两种案件的审判最终都采用了陪审团制度，但那是16世纪以后的事了。

## 第一节　宣誓断讼法[①]

在中世纪时期，追溯到威廉征服之前，在民事案件之中，最普

① 一译“宣誓采证法”。

通的认定事实方法①是“宣誓断讼法”(Wager of Law),也称为“宣誓无罪”(Compurgation)②。由于这一裁定方法常在教会法院中使用,因此也被称为“教会的涤罪”。举例说明,在到期应付款的诉讼案之中,被告可以否认其所欠的债款并建议采用“宣誓断讼”的方法来认定事实。如果法院同意,被告要在法庭上宣誓债款并未到期(not due),而且还要有11名“宣誓帮助人”或由法院决定其他数目的“帮助人”在场。“宣誓帮助人”不是“证人”,他们并不需要知悉争议之中的有关交易的任何事情,他们只需在《圣经》前发誓,并证明被告所讲的话是事实以及被告的宣誓是可信的。如果他们都发誓了,被告便即刻赢得诉讼。

这种证据方式看似离奇,但是在小社区之中,人们互相认识,如果被告不值得信任,要找11个人为他发誓也是一件很困难的事。作假证构成对圣灵的冒犯,行为人将会被开除教籍。开除教籍意味着此人不仅要受到精神上的制裁,而且任何人均不得与此人来往或以任何方式来帮助此人。这种惩罚的震慑是实实在在的。

即使是在人口数量得到增长或是在社会中越来越普遍地出现人们或为朋友或为金钱而撒谎等情形以至于法官拒绝运用宣誓断讼法时,在商业领域这一密切往来的群体中,人们仍旧喜欢适用宣誓断讼这一裁决方法。例如,在债务诉讼案件中,商人们认为,在原告提出账目证据的情况下,被告使用宣誓断讼法来拒绝承认其负债是合理的。1364年,伦敦的商人们曾获得过一部制定法,该法保留了商业纠纷中的“宣誓断讼法”。财政法院曾使用过陪审

① 关于英国宣誓断讼、决斗断讼、神明裁判等事实认定方法,还可见F. W. Maitland, *Equity Also the Forms of Action at Common Law: Two Courses of Lectures*, Cambridge University Press, 1929. pp. 308 – 310。神明裁判大概使用到1215年止,决斗断讼到1819年止,宣誓断讼到1833年止。

② 一译“共誓涤罪”。

团，但于1376年应立法部门的提议以“宣誓断讼”取代了陪审团。尽管“宣誓断讼”在16世纪时被新的诉讼程序所替代，但是在英国，这种断讼法直到1833年才被正式废除。

在威廉征服之后的一个世纪里以及后来在像伦敦这样的一些地区，“宣誓断讼法”也曾在刑事案件之中使用。但是，“宣誓断讼法”的使用仅限于证据已不可能得到的及被告人的宣誓被认为可信的案件。“宣誓断讼法”不可用于某些情形——如被告人被发现占有赃物的案件，或者被告人属于可获得领主的担保且处于被奴役阶层的案件。王室并不赞成在刑事案件中运用“宣誓断讼法”。1166年的《克拉伦登敕令》规定，经“宣誓断讼法”解除了刑事犯罪指控的人，如果守法之人认为被解除指控的人声誉不佳的，曾被解除指控之人必须在8日之内离开英格兰并横渡海外，除非为恶劣的天气所滞留。非经许可，不许他们回到英格兰；如果不顾规定回到英格兰的，则会被视为“法外之徒”。

## 第二节　决斗断讼法

决斗断讼(Trial by Battle)是诺曼人的舶来品。决斗断讼法在两类案件中使用，一是私人的重罪指控案件，二是土地权益的纷争案件。

“私人的重罪指控”称为“重罪之诉”，是一种个人指控另一方当事人犯下了与自己或家人有关的重罪，如抢劫罪或谋杀罪。这种诉讼不属于官方公诉。双方当事人之间的决斗受司法监督。倘若被指控者(被告)是妇女、老人、体弱病残的人，或者法院可以确信原告是出于“憎恶和恶意”[①](hate and spite)而提起的这种指控，则决斗断讼法不会被用到。

---

① 拉丁文拼为 *de odia et atia*。

“土地权益纷争”(因为当时并无清楚记录产权归属的证书)引起的决斗并非在双方当事人本人间展开,而是在被雇用的勇士之间展开。每一名勇士都要发誓:他的父亲在其病榻上曾经告诉过他这片土地属于他的雇主(庇护人)。同样是在司法监督之下,直到一方喊出“我服了!”几个字或到可以看到天上的星星的时候,决斗才见分晓。如果决斗的结果是双方打成了平手,则被告方获胜。

作为一项具体事项,这种由决斗断讼法解决土地问题的民事审判方式后来被1166年制定的及后来发展出来的新法院诉讼程序所取代。由于很少被使用,重罪之诉也消失了。在几百年来不曾使用的情况下,决斗断讼在1819年受到了人们的强烈谴责,后被立法机关迅速废除。

## 第三节 陪 审 制

不管曾受到过的是诅咒、辱骂,还是保佑、赞誉,陪审制已然存在了700余年。美国人的先辈对陪审制推崇有加,我们知道,美国联邦宪法以及各州宪法中均牢固确立了陪审团审判的权利。

陪审团共有两种。一种是“小陪审团”(petit jury),它在刑事、民事案件中都可被采用。在刑事案件中,小陪审团的主要任务是判定当事人是否犯有应受惩罚的犯罪,它所起的作用通常很少受到非议。它作为自由的堡垒、反抗暴政的保护者角色以及减轻严刑峻法模式的地位十分稳固。刑事案件的被告人可以行使放弃陪审团审判的权利而仅依赖于法官的判决,放弃陪审团在英国常见,但在美国并不常见。

在民事案件中,小陪审团的主要任务通常是判定赔付金钱损害赔偿的责任。但值得注意的是,无论过去还是现在,衡平法案件中从未使用过民事陪审团,尽管少数州规定,在极有限的情况下可以使用“衡平陪审团审判”。衡平案件不使用陪审团审判的原因将在本章后面作专门论述。

“民事陪审团”是受到人们较多非议的对象。它在其诞生地英格兰已经被废除50多年。澳大利亚和新西兰紧步英格兰后尘，也废除了它。陪审团受到谴责的原因主要是，在公司作为被告案件中，它给予原告过多偏袒。人们认为陪审团无力处理证言，特别是在处理技术性事务时明显不能胜任。人们发现，对于陪审团有无认真遵循了法官就法律问题的指示这一问题，其实很难确定；同样难以确定的是，陪审团作裁决时有无遵循自身的法则。人们之所以有这样的疑问，是因为几乎所有的陪审团裁决都是“概括裁决”(general verdict)，即陪审团只裁定原告或被告胜诉，但并不给出作出裁决的理由。不过，在美国，对于“民事陪审团”而言，人们很少将它的偏倚、无能、反复无常、耗时过长及耗费过大等问题当做批评的靶子。

第二种类型的陪审团是大陪审团。大陪审团并不判定(被告人)有罪或无罪，它的功能是在于指控。当一名疑犯被带到司法官面前且司法官认为犯罪证据充分时，该案便会提交给大陪审团做调查。只有公诉人才能向大陪审团提交证据。大陪审团的任务在于确定公诉方提交的证据(如果没有争议)是否可以确保有罪裁决的形成。如果大陪审团认为证据的确能够保证有罪裁决结果的形成，它便会签发“准予起诉书”(bill of indictment)，案件即可进入审判程序。如果证据不能保证有罪裁决结果形成的，案件就会被驳回。

有时，大陪审团也会受法官的命令来调查老百姓或者政府官员中可能存在的特定类型的犯罪活动。这种调查也可能归于公诉。

英国已废除了大陪审团，美国一半的州也废除了大陪审团。但是，由于受到《联邦宪法》的保障，在联邦法院大陪审团仍继续存在。

这两种陪审团都十分符合弗雷德里克·梅特兰[①]对陪审团所下的经典定义:陪审团是由公共官员召集的一群宣誓后回答问题的邻人。初审陪审团(trial jury)回答有罪或无罪、有责任或无责任的问题;大陪审团确定是否有足够的证据的问题来支持刑事审判。这两类陪审团不但符合同一定义,而且,追根溯源,它们有着同样的起源。

## 第四节 陪审团的起源

陪审团最直接的起源可以追溯到一千年前加洛林王朝(Carolingian)的法兰西帝国时期。[②] 尽管当时的君主们与后来才发展起

---

① 梅特兰(Frederic William Maitland, 1850. 5. 28 - 1906. 12. 19)是公认的英国法律史学奠基人、开创者,曾任剑桥大学唐宁英国法教授。在中国,陈灵海博士还将他比作"无与伦比"的贝多芬第29号钢琴奏鸣曲"汉马克拉维"。参见陈灵海:"英国法史学的'汉马克拉维'——纪念弗里德雷克·梅特兰逝世100周年",载《中外法学》2006年第4期。除陈灵海博士外,李红海博士等学者也曾就梅特兰先生的生平和学术经历有过十分细致、精彩的叙述。参见李红海:《普通法的历史解读——从梅特兰开始》,清华大学出版社2003年版,第2~40页。

② 当然,这实际上是一个有争议的问题。一般认为,陪审制可能的源头大概有5个。一是诺曼征服前英格兰本土的盎格鲁-撒克逊司法实践说。公元997年,英国的《埃塞雷德二世法典》在英国旺蒂奇(Wantage)地区设立了"十二乡绅制度"(Twelve Thegns),由该地区的具有良好声誉的"乡绅"在宣誓后负责起诉本地区内所发生的所有犯罪行为。二是欧洲大陆特别是法兰克人的司法实践说。三是斯堪的纳维亚说。有人认为,陪审制来自于斯堪的纳维亚的某种类似制度。四是古希腊罗马说。有人说陪审制源自古希腊罗马的民众审判制度。五是多元起源说。英国法学家甄克思认为,令状和"调查陪审团调查程序"(Inquest)同是中世纪英国王室最为有力的统治工具。"调查陪审团调查程序"后来演变成了我们熟悉的"陪审团审判制"。他说:经他深入研究后,这一制度同之前许多普遍为人们熟悉的制度并不相同。斯堪的纳维亚法中的"纳姆斯制度"与之最为相似;而盎格鲁-撒克逊法中的"宣誓帮助人"和德国法中的"团体担保"(*Gemeindezeugniss*)则与之实不相同。上述论述可参见Edward Jenks, *Law and Politics in the Middle Ages*, London, John Murray, Albemarle Street, 1919. p. 125;施鹏鹏:《陪审制研究》,中国人民大学出版社2008年版,第8~14页;屈文生:《令状制度研究》,华东政法大学2009年博士学位论文。

来的立法机关之间并不存在竞争关系,他们也并不拥有若干世纪后在君权神授的名义下才出现的不受约束的恣意的权力。相反,他们要受到习惯的制约,习惯就是当时盛行的法律。查理大帝(Charlemagne)在其成功统一帝国期间,曾运用过一种叫做"调查陪审团的调查"(inquest)或"调查"(inquisition)的程序,以确定王室权利的性质和范围。查理大帝将乡村的人们聚集起来,并要求他们讲述自己知道的国王自古以来拥有的权利。这些权利经查实后,即得到了追认。这一程序的重要性在于它确定了国家从其臣民处获得信息的正当性。

**(一)诺曼人对"调查陪审团调查程序"的使用**

同样是出于王室目的,诺曼侵略者征服英国不久后便运用了"调查陪审团"。他们借此来完成《末日审判书》(*Domesday Book*)的编纂。《末日审判书》是对英国所有土地所有权的一项统计调查。它将土地所有人,即按照封建理论持有土地的人,地上动产及其他一些信息造册登记;目的在于为征税税赋以及封建义务(feudal dues)建立依据。它被称为《末日审判书》的理由,大概得名于百姓的看法,因为调查陪审团的调查十分详细,好比在"末日审判日"中对人们的审判。

对于"调查陪审团调查"的另一种用途,我们只有在社区法院的刑事管辖权中才能找到答案。因为任何人不得受刑事审判,除非有人先对他提起了诉讼——每一村镇须有4名男子、每一百户区须有12名男子,他们必须到郡法院出庭,并自愿指控某些人犯有某些特定罪行。但是,由于这些人并非受公共官员召集,所以他们并不属于梅特兰所指的陪审团。

1166年《克拉伦登敕令》将这一自愿程序规定为一种义务。

它被称为“起诉陪审团”[1](presenting jury),因而被认为是现代大陪审团的先祖。

**(二)回复占有诉讼**

1166年,亨利二世创立了“回复占有诉讼”制度(详见本书第二章相关论述),并将之作为一种解决土地案件纠纷的新程序。在当时,土地的转让依靠“转让封地占有权”[2]仪式来实现。这种仪式在被转让的土地上举行,转让人在若干证人的见证下,伴有恰当的言语,将象征土地占有权的一块草皮或一根树枝交给土地新的受让人。

诺曼征服一个世纪之后,古时的所有权无法再依赖提供证人来证明,因为证人都已全部去世。因此,当事人只能依据权利令状(一种解决土地所有权的古老程序),并通过在各自雇佣的勇士来举行决斗而进行争议裁决。据说,当时有不少修道院因为拥有大量土地,它们的诉讼不断,所以它们干脆豢养了大量勇士,以应付可能发生的诉讼。

很明显,上述情况急需纠正。“回复占有诉讼”规定,原告如今仅需证明他是争议土地的“最近占有人”(last possessor),而且他已由被告剥夺了实际占有。依回复占有诉讼令状,“最初所有

---

① Presenting jury 翻译为“起诉陪审团”或“刑事大陪审团”,有时和“grand jury”混用。相关的一个英文术语是 presentment,译为“起诉报告”,指大陪审团在未有申请公诉书(bill of indictment)的情况下根据自己对案件的调查和了解主动提出的书面报告,相当于申请公诉书。参见薛波主编:《元照英美法词典》,法律出版社2003年版,第1082页。

② 原书拼为“lievery of seisin”。但“lievery”应为“livery”笔误。它是指让与人将封地或保有物转让给受让人的一种仪式。在1535年《用益法》(*Statute of Uses*)颁布之前,非限嗣继承土地保有人转让其地产只能通过分封(feoffment)的方式,而具体操作则要经过封地占有移交之仪式。它包括两种:封地占有权事实上的转让(livery in deed)和封地占有权法律上的转让(livery in law)。参见薛波主编:《元照英美法词典》,法律出版社2003年版,第858页。

权”(earliest ownership)无须证明,决斗审判也无须举行。该令状会指令举行一次“调查陪审团的调查”,或召开一次“为解决土地占有而进行的审判”(assize)——即由若干假定完全了解事实的邻人来裁决“强占行为”发生与否的程序。在这种新制度下,当事人需将“强占行为”关键问题交至的对象是最有可能了解事实真相的人,即邻人,而不再是充满未知的、赌博式的决斗。

“调查陪审团的调查”制度与我们今日运用的陪审团制度并不相同,因为当事人没有放弃“调查陪审团的调查”的权利。如果“调查陪审团的调查”认为原告确实被被告剥夺了实际占有,被告必须恢复原告对土地的占有。案件不会判定哪一方当事人是土地的“真正所有人”,它仅裁定被告是否确实剥夺了原告的实际占有。假若被告在败诉后认为土地的所有权问题仍存异议的,可依权利令状提起诉讼。但是,这种情形不会经常发生。

大约在1179年时,在依原有权利令状提起的诉讼中,被告获得了选择权,被告可以选择采用“回复占有诉讼”,也可选择采用决斗来进行诉讼。原告则不仅需要证明被告的“非法剥夺占有行为”,还要证明他对土地拥有“更为古老的所有权”(older title)。

虽然我们似乎可将“回复占有诉讼”及依新权利令状提起的诉讼中的12人陪审团视为现代小陪审团的起源,但是这种推测其实不够准确。因为“回复占有诉讼”备受欢迎,因此在接下来的几百年中得到运用。但是,到16世纪时,“回复占有诉讼”被一种更为简捷、更加经济的诉讼——“驱逐之诉”(ejectment)所代替。“回复占有诉讼”中的陪审团是今日小陪审团的“前身”,但不是它的“起源”。

**(三)小陪审团及神明裁判**

要讨论现代审判或小陪审团的“起源”,我们必须再回过头来看看1166年《克拉伦登敕令》开创的“起诉陪审团”制度。假如被告人已受到起诉的,他们又将得到怎样的审判呢?

正如已在上文宣誓断讼法中讨论过的,一些被告人在若干名宣誓帮助人的支持下,靠他们自己的宣誓而被宣告无罪。但是,大多数被告人是依神明裁判而得到审理的。

神明裁判是请求超自然力量来判定被告人是否有罪的一种方式。神明裁判被称为"*Judicium Dei*"(神的裁判)或直接称为"*Judicium*"(神判)。法兰克人在6世纪的记录中提到了一些神明裁判。神明裁判随着基督教的传播而传播到了欧洲东部、英格兰和爱尔兰。神明裁判使用最多的时期是在9~12世纪。在欧洲大陆,神明裁判不仅用于审判被指控犯罪的人,还用来实现政治目的(例如,由对土地享有王权的人用来证明他享有土地),还有一些妇女愿意通过神明裁判来反证对她们贞操的指控,神明裁判还用来判定某一土地到底归谁所有。但是,在英格兰神明裁判只用于刑事案件之中。

神明裁判的形式概有四种:热水审(常称为"热锅/开锅审")、冷水审、热铁审及食物审。热水审是最为古老的神明裁判形式。水审(包括热水审和冷水审)是12世纪用来审判穷人及不自由人的。热铁审是用来审判世俗自由人的。"食物审"(ordeal of the morsel)是用来审判被起诉犯有罪行的神职人员的。

每种神明裁判均按照庄严的宗教仪式来进行。在冷水审中,被告人屈膝而蹲,把手放在膝盖的下方,用一根绳子绕过他的膝盖与身体将其捆绑起来,然后再将其抛入一池塘之中。如果水接受了他,他沉了下去,就证明他是无罪的,便要尽可能尽快将其拖出水面。在热铁审之中,被告人在其手中握住烧红的烙铁走9英尺远,烙铁的重量随罪行的严重度而增加。随后,被告人的手将被绷带包上。如果3天过后,伤口未感染,就证明被告人是清白的。在热水审中,水被烧到很高的温度后,被告人要将其胳膊伸入开锅之中,去取回用线悬在锅中的一块石头。罪行越重,石头在锅中的位置就越深,深度从腕部到胳膊肘不等。在食物审中,被告人须吞食一块面包或奶酪，也许会将一根羽毛嵌入食物之中。如果被告人能将食物吞下，他便是无辜的，但是如果卡住了的话，他就是有罪的，来自早期的案例证据表明，(食物审中)无罪释放的占多数。

尽管自查理曼[1]以来，神明裁判得到过不少世俗权力机构(lay authorities)的大力支持，但另一方面，对于神明裁判的批评早在9世纪就已经出现。到12世纪，这种批评变得十分普遍。理由是神明裁判未必能够给出正确的判断，尽管这种判断来自上帝。这种意见基于人们的一种看法，即神可能有惩罚无辜之人的希冀，但不是因为他目前被指控的罪行，而可能是因为其他一些不为人所知的违法行为。或者说，神可能认为还可再给被告人一次机会。

---

① 在翻译实践中，不少人误将 Charlemagne 翻译为“查理曼大帝”，这是一种不确切的翻译，应翻译为“查理曼”或“查理大帝”。查理曼在德语中拼为 *Karl der Große*，在英语中拼为 Charles the Great，在拉丁语中拼为 Carolus Magnus 或者 Karolus Magnus。而需要注意的是，无论是法语的 magne、德语的 *der Große*，还是拉丁语的 *magnus*，都表示“伟大的、大的、重要的”意思。举例来说，*Magna Carta* 译为《大宪章》，指1215年6月15日英格兰国王约翰在封建领主迫使下签署的保障公民自由和政治权利的宪法性文件；*Curia magna* 译为“大法院”，指英格兰古法中早期对议会的一种称呼。此处讨论的“查理曼”显然是 Charlemagne 按照“音译”误将 Charlemagne 译为了“查理曼大帝”，这无疑构成语意重复，相当于译成了“查理大帝大帝”。查理曼生于公元742年4月2日，卒于公元814年1月28日。他于公元768年起任法兰克王国国王，此后他征服了意大利，于公元800年12月25日受教皇利奥三世(Pope Leo Ⅲ)加冕并被授予奥古斯都(Imperator Augustus)称号，被封为“罗马人皇帝”(公元768～公元814年在位)，同年建立查理曼帝国(Empire of Charlemagne)。可以这么说，在查理曼之前，从没有这么多的民族被统一到一位统治者之下。公元814年，查理曼去世，其子“虔诚者路易”(pious Louis)继位。公元840年虔诚者路易去世后，路易的长子洛泰尔(Lothair)即位，但次子“日耳曼人路易”(Louis the German)与三子“秃头查理”(Charles the Bald)对这一安排十分不满。公元842年，日耳曼人路易和秃头查理联合发表“斯特拉斯堡誓言”(Strasburg Oaths)，在这种情形下，兄弟三人签订了《凡尔登条约》(*Treaty of Verdun*)，并将帝国分为三部分：洛泰尔的领地发展成意大利，路易的领地发展为德意志，查理领地发展为法兰西。近代的意大利、德国及法国由此从查理曼帝国中脱胎而来。本书译者曾就此专门撰文论文，参见屈文生：“谈人名翻译的统一与规范化问题——从查理曼，还是查理曼大帝说起”，载《中国科技术语》2009年第5期。

教会人员也提出了他们的神学论据。他们认为神明裁判有悖于教规。神明裁判在《圣经》以及其他宗教论述中均找不到依据。他们同时提出,利用神的裁判实际上是对上帝的冒犯,而这是被禁止的。

这些论据在 9～10 世纪时已经为人们熟知,但是它们无法构成主流观念,因为它们无法获得当时政权的认可。11 世纪前,罗马天主教的教皇们基本上依赖于世俗权力机构。不少教皇是由皇帝任命的,还有一些教皇则被皇帝撤销。在 1067 年,征服者威廉宣布,英格兰国王将决定教皇能否在英格兰境内获得承认。国王有权召集教会会议和谘议会来变更教义及教会法律。查理曼曾于 794 年召集过这样的谘议会,威廉公爵亦声称有这样的权利。主教和司祭也由国王或封建领主来任命。

从教皇格列高利七世(Pope Gregory Ⅶ)起,情势开始发生变化。格列高利七世在 1075 年著成一部革命性作品,名为《教皇教令集》[①](*Dictatus Papae*),最初是一部秘密文献。格列高利七世宣称,教皇的"法律至上"及教会同世俗权力机构独立要求教皇要实现权力的集中。

在接下来的几百年间,教会要把自己从世俗权力机构的控制中解放出来的斗争引起了不小的争论和冲突。在英格兰,这种冲

① 《教皇教令集》是约于 1075 年由教皇格列高利七世主持编纂的一本法律汇编。下设 27 个条目,确立了罗马主教对所有基督徒的精神领袖地位以及高于一切神职牧师和世俗国王的法定地位。参见薛波主编:《元照英美法词典》,法律出版社 2003 年版,第 1082 页。

突的顶点体现在大主教托马斯·贝克特①(Archbishop Thomas Becket)谋杀事件之上。贝克特大主教是亨利二世的一位朋友,亨利二世希冀贝克特能支持自己来对抗罗马天主教,故将其任命为英格兰的御前大臣。但让亨利二世吃惊和懊恼的是,贝克特大主教很快就宣布,他并不向亨利二世负责,他只向教会和教皇负责。1170年,贝克特在坎特伯雷大教堂(Canterbury Cathedral)的圣坛前被4名国王的役从谋杀;通常认为,这一事件所以发生,是因为亨利二世表达了除掉贝克特的意愿。

还有,在这几百年间,罗马天主教的教会法得到发展,并于

① 坎特伯雷大主教贝克特与亨利二世管辖权之争及贝克特遇刺的背景大概如下:诺曼征服不久后,教皇格列高利七世宣称:作为教皇的他——而非皇帝或国王——是教会的首脑;唯有教皇有权废黜主教,其实也包括废黜皇帝和国王;由教皇,而非由皇帝或国王,来判断宗教会议所采取的行动是否合乎教规。威廉和他的两位继承者(其子威廉二世,1087~1100,亨利一世,1100~1135)成功抵制了教皇对其辖地的教会享有至上权力的要求,尽管亨利一世在《贝奇条约》里作出了某些实质性的让步。不过,在斯蒂芬乱世时期,教皇党(papal party)在声望和权力方面获得了重大进展。亨利二世继位后,重申了王室对教会的至上权威。1162年,他任命契友托马斯·贝克特担任坎特伯雷大主教。此前,贝克特已经担任御前大臣这个在王国里接近于王位的最高官职。亨利二世期望贝克特在任大主教的同时,继续担任御前大臣,以便更有效地贯彻遏制教皇要求的政策。可是,贝克特辞去御前大臣一职,作为大主教,他成为教会独立于国王控制的一位热烈的支持者。1164年,亨利二世颁布了《克拉伦登宪章》,恢复了国王对教会所享有的大多数权力。但贝克特将《克拉伦登宪章》斥为篡权。1170年,作为"无人能使招摆脱这个瘟疫般的神父吗?"一语的回应,国王的4名役从在坎特伯雷大教堂谋杀了这位大主教。——参见[美]哈罗德·J. 伯尔曼:《法律与革命——西方法律传统的形成》,贺卫方、高鸿钧、张志铭、夏勇译,中国大百科全书出版社1993年版,第310~311页、第313~314页。

1234 年最终成型。[1] 罗马天主教的教会法至此之后直到 1917 年从未变动过。但它在今日的变化要快很多,因为它于 1983 年就经历了第二次修订。教会法创立了一种新的法律体系,它与一般的法律命令不同。

神明裁判作为一种神判裁判法,因而需要有一名司祭参加审判。只有在举行过一场完整的弥撒后,才可以进行神明裁判。到 12 世纪晚期,教会在"信仰与生活"[2]事务已完全确立了至高无上的地位。第四次拉特兰谘议会(The Fourth Lateran Council)于 1215 年召开,其中的一项成果就在于接受人们对神明裁判的批评,并禁止司祭再参加依神明裁判进行的审判。这也与教会一直以来不懈追求的、将自身从世俗国家事务中分离出来的目标相一致。这次的禁令有效地制止了将神明裁判运用为断定有罪或无罪依据的司法实践。当然,在一些偏僻的远离罗马天主教权力的地方,这一禁令或许并未发挥作用。

那么,我们还剩什么样的事实裁定方法呢?让法官来裁定事实吗?绝无可能!他无异于是神明裁判中上帝之音的变换。在敷衍行事后——将恶名之徒监禁、把中等严重罪犯放逐、要求被指

---

① 公元 1234 年 9 月 5 日,格列高利九世通过"和平王"(Rex pacificus)教皇诏书向博洛尼亚大学和巴黎大学各赠送了一部自《格拉提安法令》(Decree of Gratian)以来的"教皇教令集"(这种赠送就相当于正式出版);教令集中包括的内容大多数已包括在《古代五部教令汇编》之中。所以,它是格拉提安著作的延续,成为一部法律意义上的官方法典。与此同时,"五大教令汇编"失去了权威。新汇编的作者是格列高利九世的忏悔者奔雅福的圣雷孟(Raymond of Pennafort)。他将教令集分为不同的卷、编以及教会法规;援引的方法与《优士丁尼法典》相同,其区别仅仅是缩写"X"(X 表示"Extra")代替了缩写"C"(C 表示"Code")。《格列高利九世教令集》和《第一教令汇编》一样包括 5 卷。帕尔马的伯纳德(Bernard of Parma)后对《格列高利九世教令集》做过注释。——参见[英]梅特兰等:《欧陆法律史概览——事件、渊源、人物及运动》,屈文生等译,上海人民出版社 2008 年版,第 537 页。

② 也有人将这一短语翻译为"信仰与潜修"。

控犯有轻罪之人提供担保，在上述措施作为权宜手段后——很多法官开始借助于“起诉陪审团”的力量。法院中聚集了来自各村镇和百户区的“起诉陪审团”成员。他们中有的人对被指控的犯罪有了解，因为其中有人可能就是案件的控告者，所以询问他们对于案件的意见无疑会是最为自然而然之事。若干名陪审员（大约有48名之多）会被问及如下问题，即被告人是有罪还是无罪。陪审员决定的依据不是证词，也不是提交至他们面前的证据，而是自己掌握的知识或者他们能够查明的真相。

因为这一程序（指“起诉陪审团”）是一种创新，所以被告人不可被强制适用该程序。相反，被告人会被征求意见，以确定他是否愿意“将自己交由陪审团审判”。如果被告人拒绝的，则他的犯罪行为可能永远也无法得到裁决，因为这意味着陪审团起诉程序和神明裁判程序均无法被适用。

为了结束这一尴尬的局面，1275年的《威斯敏斯特法Ⅰ》[①]（Statute of Westminster Ⅰ）规定，如果被告人拒绝将自己交由陪审团审判的，则应被关入“酷狱”（*prison forte et dure*）之中。[②] 不过，这一短语的意思后来发生了变化，它成为了“酷刑折磨”

---

① 爱德华一世曾颁布过三部著名的《威斯敏斯特法》。其中1275年《条例Ⅰ》规定了对教会财产的保护、禁止滥收土地税金、刑事案件必须实行陪审制等；1285年《条例Ⅱ》扩大了令状的范围，规定大法官可以对那些与原有诉讼相似的案件颁发令状，并建立了限嗣继承制度；1295年《条例Ⅲ》规定自由民有权出卖自己的土地，而不必征得领主同意，但买主须承担卖主原承担的所有土地义务。这些条例对英国制定法的发展具有重要意义，对封建土地立法的影响意义深远。爱德华一世（1272～1307年在位）被誉为英国的优士丁尼皇帝（the English Justinian）。参见屈文生：《令状制度研究》，华东政法大学2009年博士学位论文。

② 法文 *prison forte et dure*，翻译成英文即 a strong and fast prison。

(*peine forte et dure*)[①]的意思;"酷刑折磨"是法定的,依据这一制度,被告人会被压倒在地上,其胸部还会被持续不停地加载重物,直至被告人或者将自己交由陪审团审判或者死亡为止。

在这一程序下,有些被告人宁愿选择死亡也不愿将其交给陪审团审判。为什么会有这种事呢?如果有的人明知自己有罪,而且会被陪审团定罪,则他横竖都是一死。"法定的处决"绝对会比"重压折磨至死"来得迅速,这一点也没错,但是被告人还有别的考虑。假如是陪审团作出了重罪定罪判决,则这意味着重罪犯的不动产首先会被国王收回一年零一日,之后这些不动产将永归重罪犯的领主(即授予重罪犯土地之人)所有;此外,重罪犯的所有不动产亦会被国王罚没。而如果是重罪犯死于司法酷刑的,因为他未被裁定有罪,则上述结果亦不会出现。在定罪判决板上钉钉的情形下,被告人宁愿选择这一可怕的道路,其目的就在于能让家人在自己死后免受贫穷之苦。

囚犯之不愿将自己交由陪审团审判,这其中至少有下述原因:陪审团的成员中有案件的指控人。也就是说,有罪裁决似乎在审判前就已是确定无疑之事。但是,这一问题约在 1351 年或 1352 年得到了解决。新规定认为,如果被告人对案件的指控人提出回避请求的,则"审判陪审团"中不应包括"起诉陪审团"中可能包括的任何一位案件指控人。至于在案件的审判中,陪审团依然仅凭自己掌握的知识来作证,陪审团对于证人证言的听取,打这时起还要往后延约 100 年的时间。

**(四)对陪审员民事权利的剥夺及藐视法庭**

因为在约 1450 年前,陪审员依然仅靠自己掌握的知识作证,

---

① 翻译成英文就是"a strong and harsh punishment"。它指一种对拒绝回答问题、拒绝接受陪审团审判的重罪犯施加的酷刑。将犯人单独隔离,使之挨饿并将其裸体压在一块大石板之下。这种酷刑俗称"折磨至死",1772 年被废止。参见薛波主编:《元照英美法词典》,法律出版社 2003 年版,第 1039 页。

所以陪审团有可能故意作出错误的裁决。法官如有理由怀疑陪审员故意作出错误裁决的,可任命一个由 24 人组成的“剥权陪审团”①(attainting jury)对第一个陪审团的成员进行审判,以确定上述成员有无构成“假誓罪”。如果认定有罪的,上述成员可被监禁,他们的动产可能会被没收,并归王室所有。当历史进入陪审员不再靠自己掌握的知识作证的时代,这一程序即被废止。

在 16 世纪,为解决陪审员偏袒被告人(特别是对于政治犯的偏袒)的问题,陪审团被迫服从其他法院(包括星室法院)的程序。此外,在刑事案件中,如果陪审员拒绝遵守法官对他们的指示,则他们可能会被视为藐视法庭并接受高额罚金处罚。

在 1670 年的“布谢尔案”(*Bushel's Case*)中,首席大法官沃恩(Vaughan)认定,陪审员拒绝遵守法官的指示不构成藐视法庭。他的推理十分巧妙。他说:既然陪审员已经处于会因其虚假裁决而被处以“剥夺民事权利”处罚(penalty of attaint)的境地,那么他们就必须得享有得出自己的、独立的结论的自由,否则,他们就不应对自己的裁决负责。沃恩的上述推理在理论上是正确的,因为“对陪审员民事权利的剥夺”从未被正式废止,但是,在事实上,这一做法已不再施行。通过这一巧妙的推理,他成功地将陪审团从“政治强迫”中解放了出来。

**(五)《大宪章》的作用**

即便在今日,人们有时仍可能被告知陪审团起源于《大宪章》,即“约翰王的大宪章”,它被批准于 1215 年 6 月 15 日,后来

---

① *Attaint* 的意思是“调查小陪审团的裁决是否虚假的令状”,该令状命令一个由 24 人组成的陪审团承担调查先前 12 人陪审团作出的裁决是否为虚假裁决的职责。如果大陪审团裁断与小陪审团的裁决相反,不仅小陪审团的裁断会被撤销,而且小陪审团的成员会丧失民事权利并受其他惩罚。这一制度起源于陪审团被当做证人的时代。1670 年的“布谢尔案”(Bushel's case)后,该制度逐渐被放弃。参见薛波主编:《元照英美法词典》,法律出版社 2003 年版,第 114 页。

又有诸多英国国王在将其修订后，又重新批准了它。《大宪章》第39章说："任何自由人，非经同等地位者依法审判或经国法裁决，均不得被逮捕、监禁、非法剥夺占有、流放或加以任何其他损害，也不得加以谴责或将其押入监狱。"①

这似乎算是陪审团审判的保证。但是，问题是在1215年，也就是第四次拉特兰谘议会召开的年份，英格兰并无刑事陪审团。而这份文件只能仅指当时就已经存在的法律制度。

在当时，并直至1948年止，英格兰王国的王公贵族一直享有由"同等地位者"刑事审判的权利。这意味着贵族的刑事案件只能由谘议会或现代的上议院来审判，而不能由普通法院审判。"不得非法剥夺占有"的意思当然是指自由人不得被非法剥夺对土地的占有。从上述分析来看，《大宪章》第39章显然仅指"回复占有诉讼中的陪审团"。

因此，《大宪章》体现的是将其强加于国王约翰的贵族们的"历史权利与特权"②(historical rights and privileges)。但是，因为《大宪章》在某种程度上反对王室不受约束的权力，并表达了"法治"而非"人治"的诉求，因此，它对陪审团制度的保留无疑起到了某种"间接但实际"(indirect but very real)的作用。总之，历代都有不少人认为《大宪章》是陪审团的起源，虽然这种看法并不准确，但是每当陪审团制度面临(被废止的)压力时，这种看法无疑在帮助其顶住非议方面发挥着极为重要的作用。

**(六)陪审团制度延伸至民事案件**

王室法院对刑事案件的管辖权主要集中在王座法院。普通诉

---

① 原文照录如下："No freemen shall be seized, or imprisoned, or dispossessed, or outlawed, or in any way destroyed; nor will we condemn him, nor will we commit him to prison, except by the legal judgment of his peers or by the laws of the land."

② historical rights 翻译为"历史权利"，与之相对应的大概是"natural rights"，即与生俱来的"自然权利"。

讼法院和财政诉讼法院完全属于民事法院。

王座法院对刑事案件享有管辖权限,这是因为王座法院对违反"国王宁静"的行为享有管辖权。因此,在13世纪早期,有些犯罪行为尚不属于王座法院的管辖范畴,例如与国王无关的犯罪和在地方法院及领主法院审理的案件。到13世纪后半叶,王座法院的刑事管辖权限的涵盖范围延伸至越来越多的犯罪行为。

此后,在14、15世纪期间,王座法院将对"国王宁静"构成破坏的个人与个人之间的民事案件也纳入了它们的管辖权范畴。"企图伤害与殴击"即是一例。"企图伤害与殴击"属于一种"公诉罪"(indictable crime),但是因为这种行为破坏了国王的宁静,所以王座法院可依被伤害人对伤害人提起的主张,对这种民事损害赔偿诉讼享有管辖权。在刑事案件中,陪审团是王座法院裁定事实所依据的方法,在民事案件中,王座法院也同样使用这一方法。我们可将上述这种诉讼称为"侵害"(trespass)之诉,用今日的话来说是"侵权"(torts)。

与此同时,普通诉讼法院也在民事案件中使用了类似的"拟制"及"假设"技术,以运用王座法院早已设计出的某些救济手段,尽管普通诉讼法院的这种尝试不及王座法院的实践成功。通过这一做法,普通诉讼法院在处理这些诉讼时,也采用了王座法院使用的陪审团制度。在其他一些古老的诉讼中,人们仍依赖"宣誓断讼"这一古老的事实裁定方法。

大法官法院从未使用过陪审团制度。当陪审团制度在普通法法院得到发展和广泛运用时,大法官法院中的"衡平正义"仍主要依靠国王及其谘议会来实现。正如第二章所言,大法官法院直至1474年之后才成为独立的法院。此外,大法官法院具有给予(受害人)依普通法无法得到的救济的权限;而做出这种救济所要求的裁量权的实施,显然与(陪审员承担的)裁定有罪或无罪的职责有着天壤之别。这好比在普通法院中,在意在终止一起诉讼案件的事务上,决定“禁止令状”应否签发的问题鲜有交由陪审团来决定一样。

## 第五节　19 世纪美国的陪审制

在美国,陪审团今日的角色在于裁定事实,法官的职责在于裁定法律。法官就法律问题对陪审团做出指示,然后陪审团将法律适用于他们裁定的事实之上。陪审团然后做出一个“概括裁断”。事实上,有时人们根本无法确定陪审团是否正确地适用了法官所指示的法律。但是,我们可以确定的是,法官若要求陪审团做出的是一个“特别裁断”,换言之,由法官来适用法律(而不是由陪审团来适用法律)的事实裁定,则法律一定会得到完好的适用。然而,“特别裁断”并不多见。

但是,在 19 世纪初,民事、刑事案件中的陪审团既裁定事实,也裁定法律。部分原因是,大多数殖民地法官均是非法律专业人士。只有极个别法官在英国的律师会馆(Inns of Court)里学习过,正式的法律教育直至 18 世纪晚期才出现。在 1672 年到 1776 年间,马萨诸塞州共有 10 名首席大法官,23 名大法官,但其中仅有 1 名首席大法官、2 名大法官是专业法律人士。法官在当时并无显赫的地位。由英国法官们传下来的英国普通法在有些殖民地根本无法得到接受,就算有些殖民地接受了它们,也会对它们进行仔细考对,以确保它们能与当地的情形相适应。约翰·亚当斯(John Adams)曾说:“要求陪审员放弃他们自己的意见、判断和良心而接受法官的法律观点是一件荒谬的事。”陪审员可对法官提出的法律指示置之不理,从现存的记录中我们发现,法官和案件的双方律师会“向陪审团论证法律”。

约到 1850 年,陪审团在民事案件中裁定法律的权利被废止。法官使用的主要手段被称为“指令裁断”(directed verdict)。法官做出指令裁断是指法官在当时当地立即就案件做出裁决。它所依据的理论是,案件事实已经由一方或另一方明确证实,陪审团作出的相反回答只能被证明是专断的、任意的。在这种情形下,案件并不由陪审团来认定;“指令裁断”这一术语实际上是一种婉转的说法,它能达到掩盖法官取代陪审团而独自审理案件这一严酷的事实。上文提到的“特别裁断”是法官取代陪审团权力而审理案件的另一种手段。

因此,今日美国法律中的事实裁定与法律裁定虽然在理论上是分立的,但在实践中却是混合的。除法官直接作出“指令裁断”或“特别裁断”外,通常来说,主要由陪审团作出“概括裁断”,它允许陪审团在一定幅度内偏离法官的指示。假使法官认为陪审团偏离的太远,法官可以作出一种称为“不顾陪审团裁决的判决”(judgment notwithstanding the verdict)。①

在刑事案件中,“特别裁断”、“指令裁断”以及“不顾陪审团裁决的判决”不能被使用,这是因为它们有悖于法律上的正当程序原则。因此,刑事审判中的陪审团有着相较而言更大的自身认为实现正义所需的裁决自由度。除非刑事案件陪审团作出不法行为,否则其作出的裁断即是终局的。但是,上诉法院可命令对案件进行重新审判。

在 19 世纪时期,不仅陪审团在民事案件中发挥的作用开始萎缩,甚至连民事案件中的陪审团制度本身也受到严重攻击。民事陪审团的能力受到怀疑,废除民事陪审团的呼声开始出现。就连

① 有时直接称为 J. N. O. V. ,拉丁文又拼为“*non obstante veredicto*”。“*non obstante*”是拉丁文“尽管”的意思。

小奥利弗·温德尔·霍姆斯(Oliver Wendell Holmes, Jr.)[①]也号召缩小陪审团的作用。霍姆斯在论及陪审员的实践经验时,曾说:"久审案件的法官应当逐渐积累大量经验,这些经验能助其比普通的陪审团成员在一般情形下更佳地代表大众的一般看法。法官应能对陪审团成员给予充分的引导和指示,如有必要,可仅在大体上听取他们的意见。此外,应当不断扩大法官无须听取陪审团成员意见而做裁决的范围。"[②]

法官和陪审团的地位和人们对两者的尊崇程度发生了变化,其中一个理由可能在于外部社会。全职的、受过法律训练的、经验丰富的法官在人数上开始越来越多。然而,陪审团成员却是从选举簿中挑选的。整个19世纪期间,选举名录一直在扩大。起初,选举簿中的人员仅由自由地产保有人(freeholders)(即土地所有人)构成,到后来它扩大到所有的男性公民,不管他们是否拥有任何财产。随着南欧和东欧的移民蜂拥而至,这些人一来同本地人并无共同的盎格鲁-美利坚法律经验,二来对当地的风土人情亦不甚敏感,对当地的习惯也不甚了解。入籍的程序毕竟仅要求申请者对美国的制度有个最基本的了解。所以人们对陪审团尊崇的程度下降了。

---

① 小奥利弗·温德尔·霍姆斯(1841年3月8日~1935年3月6日)是美国诗人奥利弗·温德尔·霍姆斯之子,他是美国著名法学家,美国最高法院大法官。主要作品有《普通法》(*The Common Law*),"法律之路"("The Path of the Law"),载《哈佛法律评论》1897年第10卷。

② 着重号是译者所加。原文此处用斜体,亦旨在强调这段文字。另外,《普通法》已有中文译本,译者是冉昊和姚中秋,中国政法大学2006年出版。这段文字见该译著第106页。本译文与上述译著的译文不尽相同。特此说明。

## 第六节 美国的陪审制现状

今天，美国仅有一半的州有大陪审团，联邦司法制度中也有大陪审团。在英国，大陪审团制度于 1948 年被废除，[①]大陆法系的国家中也不存在大陪审团制度。在美国，所有的州都有小陪审团制度，联邦司法制度中也有小陪审团，但是衡平案件的审理中不使用小陪审团；小陪审团（审判权利）常被人们放弃。在大陆法系国家，民事案件的审理中不使用小陪审团；在有些大陆法系国家，刑事案件的审理中偶尔会使用小陪审团。

大陪审团的现代替代制度是“检察官起诉书指控”（accusation by information）。“检察官起诉书”在英国很早就有，特别是经常被谘议会和星室法院使用。地区检察官或其他合适的官员可直接命令刑事法院审理刑事案件。根据“检察官起诉书程序”，对于刑事案件的起诉要取决于地区检察院的决定。

## 第七节 结　　论

综观上述陪审团演进的简要历史，我们可以清晰地发现，并没有任何要求陪审制度千秋万代继续存在下去的理由。陪审团经历了从王室的高压工具，到保护人民不受国家干预的方式的转变。但这种变化完全是机缘凑巧的结果，而非陪审团内在的价值使然，或依照计划发展的产物。凡在陪审制度能满足现代需要之场合，理应予以保留；凡在陪审制度不能满足现代需要之场合，它理应被废止。但是，不管将来取代陪审团的会是什么，总会存在重构事情

---

① 原文中说“1948 年，大陪审团连同小陪审团一道在英国被废除”。译者认为原文此处的表达不精确，故此处略有变动。

真相这一基本问题。因此,更为专门的事实裁定技术未必会带来更高的效率、不偏不倚的结果、更令人折服的智慧或真理。

或许可以这样讲,美国的司法制度并非总是以裁定事实为其主要目标的。我们注意到,近年来诸如窃听、药物诱导性证言、钓鱼执法等种种裁定事实的手段,在法律上均未获得认可;这是因为这些手段中的每一种均被认为是对诸多宪法权利的侵犯。科学既然能使我们更加肯定地(虽然不是绝对肯定地)查明事实的真相,它当然也同样能使国家镇压和迫害其公民。既要将有罪的人定罪判刑,又要保护所有人的公民权利,要想在这两方面形成并保持一种平衡关系,绝非易事。

# 第四章　法官和律师

律师这一行业并不好过。诗人们嘲笑他们，乌托邦的理想者对他们敬而远之，许多公众怀疑他们，但是他们还是生存了下来。律师的辉煌之处也即他们问题所在之处，律师拥有政府体制和司法方面的知识，他们有凭借这些知识解决问题的能力。当律师屈服于职业诱惑时，公众会愤怒万分；但多数情形下，人们并不知道或并不明白律师在决意帮助其死乞白赖的当事人时可能已然犯错。在某种意义上说，律师的朋友们是危险的，因为在律师寻求其自认为公正的目标过程中，他可能不会严格遵守他的职业伦理。律师要想实现既对当事人负责又对律师职业负责，即在二者之间寻求一种微妙的平衡，但这谈何容易。

每个律师的社会地位看起来会因各自的影响、收入的不同而不尽相同。同样，各个律师因代理的当事人不同、执业的法律类型不同，他们之间也会显出差别。一般来讲，飞黄腾达的律师有着最高的威望，他们通常代理的是在社会上知名的当事人，处理的是对这类当事人而言十分常见的问题。但是，如果律师的收入下降，他的当事人在社会上不太知名，或者当事人的问题脱离了社会可接受的标准时，则律师在社会中的地位也就降低了。

## 第一节　律师的职能

律师所以生存下来，是因为人们需要他们担负的两大重要职能：提供意见与提供辩护。提供意见或充任顾问是一种非正式的

(常常是私人性质的)职能。例如,律师可起草遗嘱、协助购买房屋、开办小企业或创立大集团。提供辩护是一种正式的职能,律师在担负这一职能时,通常会在法庭上或行政机构前代表其当事人并为其提供辩护。当然,提供辩护还可能包括其他形式的代理。

在美国,所有的律师都被允许履行提供意见和提供辩护这两种职能。对于个人律师和小型律所律师而言,一般两种工作都会去做,当然他们可能对自己从事的某一具体领域会更为擅长。大型律所的律师通常会被细分为专攻法庭事务的律师(占少数)和专门从事文案工作的律师。

在英格兰,律师一般分为提供辩护职能的律师和法律顾问。在过去200年中,律师具体有出庭律师和事务律师之分。出庭律师垄断着在高级别法院——刑事法院(Crown courts)、高等法院、上诉法院及上议院——出庭的权利。出庭律师与当事人之间并无直接往来,出庭律师仅同事务律师直接打交道。

英格兰现代的出庭律师又分为两种:初级出庭律师(juniors)和高级出庭律师(seniors)。高级出庭律师称为“女王顾问”(Queen’s Counsel/QC),当英王为男性时称为“国王顾问”(King’s Counsel/KC)。因为他们穿的是丝袍,所以也被称为“丝袍官”(silks)。他们通常由御前大臣(Lord Chancellor)[①]在同其他大臣协商后任命。他们约占英格兰律师总人数的10%。

女王顾问不从事准备性工作,依实践,他们的工作由初级出庭律师协助完成,后者会获得约2/3的酬金。当然,这部分酬金一般来说会高于初级出庭律师独自接收并代理案件的酬金,因为女王顾问的收费标准要远远高过初级出庭律师的标准。高级别法院的法官只能从女王顾问中选出。

---

① 一译“大法官”。

事务律师承担着提供咨询意见的职能,有时还在低级别法院出庭。当事务律师代理的案件必须在高级别法院审理时,事务律师需聘请出庭律师。因为大多数法务工作属于咨询性质的,所以从人数上来说,事务律师远远大于出庭律师。在 1988 年时,英格兰约有 48,500 名事务律师,约 5500 名出庭律师。

## 第二节　律　师　费

英格兰出庭律师的酬金是由事务律师支付的。因为出庭律师不允许因酬金问题起诉事务律师,所以酬金无法收回有时就是一个问题。酬金的额度由出庭律师的秘书(clerk)确定。酬金的收取算得上公平合理,通常,出庭律师的秘书会随行就市,以确定酬金。

一般而言,无论诉讼成功与否,案件当事人都需向律师支付酬金。当然也有不少例外情形,比如说代表公司对公司领导提起诉讼的股东,有获得律师费的权利;在反垄断案件中,胜诉的原告也依法有获得合理的律师费的权利。第一种情形的理由是,案件获得的金钱给付判决(money judgment)有利于公司,因此公司应当支付。第二种情形的理由是,此类胜诉属于公众获益性质的诉讼。

但在英格兰,在所有类型的案件中,胜诉方都有权从败诉方处获得合理的律师费。在西欧,情况大致同英格兰相同。在英格兰,由法官规定败诉方应当支付的律师费标准。其中一个最重要的原则就是,胜诉方不必为实现法律权利而支付律师费。

在美国,许多种类的民事案件中都允许有"风险代理收费"(contingent fees)。律师费的支付需"期待"代理人胜诉。在电视广告中,所谓"在您成功获赔前,我们分文不取"就是指的这种方式。风险代理收费在交通事故案件中广为运用,它指原告如胜诉的,律师按照其索赔所得的一定比例来收取费用,这个比例一般是

1/3，最高可达1/2。假如原告败诉，则律师便会分文不得。在英格兰和西欧，风险代理收费是被禁止的。希腊允许风险代理收费，但是最高比例不得突破20%。

## 第三节　法律职业的起源

对于法律职业的起源，我们很有必要了解一番。在法律知识（包括程序知识）体系尚未发展到普通人无法掌握之前，法律职业群体的兴起还没有需要。但到亨利二世（Henry Ⅱ，1154～1189）时期，诉讼当事人开始需要指派某人来代其完成专门的诉讼程序。这里的“某人”是指“代诉人”（*responsalis*），但他们还没有发展成为独立的职业群体；很明显，这是因为任何人都可有这样的行为能力。代诉人最终发展成为当事人指定出庭的律师（或者说前者后来被后者取代），后者有被其代理人受诉讼约束的权力。到13世纪，律师形成一个明显的职业群体。

正如专门的诉讼程序呼唤律师的帮助一样，口头答辩也开始要求专门的技术。随着法律越来越专门化，亲自到国王法官面前应诉成为一件沉重而又危险的事情。到亨利三世（Henry Ⅲ，1216～1272）时期，法官开始成为专业人士，法院已经开始建立实体法律知识体系及专门程序法律知识体系。专门的辩护律师（narrators）或状师（pleader）开始出现，他们在法庭上代理诉讼当事人，履行提供辩护的职责。

国王需要有人能在法庭上代表他的利益。在14世纪早期，国王指定“君役”（英文 sergeants of the king；拉丁文 *servientes regis*）代理其处理法律事务。当这些传说中的高级律师不处理国王事务时，他们是普通诉讼法院中唯一可以律师身份出庭的人。

爱德华一世（Edward Ⅰ，1272～1307）于1292年颁布的一则法令或许是法律职业肇始的关键事件。当时，这一行业的状况十分贫弱。法律事务开始高速增长,然而当时还没有一家教授普通法的学校,大学认为法律课程过于庸俗,而不愿将其当做学术研究的对象。爱德华的法令指令普通诉讼法院选择特定的"律师和学徒",并且规定只有他们可以从事法务职业和法庭事务性工作,就这样,这则法令使得法律职业成为了一种垄断性质的职业。

律师的教育被纳入了法院的手中,但是我们切不可随意夸大该种做法的效果。它导致的一个结果是,英格兰的律师相对不受欧洲大陆法、罗马法及教会法的影响。律师带律师,每个人都是从法庭的程序上学习法律,所以英格兰的法律是在利用英格兰自身资源的基础上发展而来的,而未依靠借鉴其他国家的法律制度。英格兰法因此成为一种隔绝性的法律。当然,这个问题是好是坏,仍不得而知,因为这是一个悬而未决的争论。不过,这确实造就了一种独特的制度,它仅在最小程度上受到了外国理念的影响。

很显然,法庭本身并非培训律师及学徒的场所。不过,法院确实可在提供"观摩地方"(observation post)等方面提供支持。"观摩地方"有个专门的叫法——"观摩席"(crib),①学徒们可坐在观摩席中做笔记,有时甚至还可在审判过程中提问。

---

① "Crib"在法律语境下一般翻译为"观摩席",它的本意是"童床"的意思。程汉大教授曾对此有叙述:因为旁听法庭辩论是学徒们的一种重要的学习方式,因此普通诉讼法庭中专门为他们划出一块地方,四周围以栏杆,类似于儿童用的童床,所以学徒在法庭上又被人们称做"童床中人"。15 世纪福特斯丘在《英国礼律赞》一书中写道:"英国法是在法庭中学习和教授的,法庭就像公立学校一样,每天都有成群结队的学徒来到这里。"参见程汉大:"从学徒制到学院制——英国法律教育制度的历史演进",载《清华法治论衡》2003 年第 4 辑。

**律师会馆①**

律师在“法院开庭期”②(terms of court)期间生活在一起的习俗,可最早追溯至1215年的《大宪章》,它创造了英格兰别具特色的“律师会馆”制度。第一个是“林肯会馆”(Honorable Society of Lincoln's Inn),它于爱德华一世时期(1272～1307)成立。它的现存记录可追溯至1422年。在这之后,内殿会馆(Inner Temple)、中殿会馆(Middle Temple)、格雷会馆(Gray's Inn)相继成立。律师和学生就居住在约计十余个这样的律师会馆之中,并在这里接受普通法的传统和知识等教育。律师会馆受法官监督,并附有“预

---

① Inns of Court有时也翻译为“法学院”、“出庭律师公会”及“律师公会”、“律师学院”等。参见[英]塞西尔·黑德勒姆:《律师会馆》,张芝梅编译,上海三联书店2006年版。

② 在普通法中,所有的礼拜天及部分圣日(Saints' days)都是“非法律日”(*dies non juridici*)。一个“法律年度”(legal year)被分为四个“开庭期”(term)。最初,财政诉讼法院每年只有两个开庭期,即“复活节开庭期”(Easter)和“米迦勒节开庭期”(Michaelmas)。到1190年王座法院正式设立后,又在这两个开庭期的基础上增加了两个开庭期,分别是“三一节开庭期”(Trinity)和“希拉里开庭期”(Hilary)。四个开庭期之外,是四个休假期(vacations),分别是圣诞节(连同降临节和显现节)、大斋节(连同复活节)、三一主日(连同圣神降临周和圣体节)三个宗教假期和一个夏日“长假”(Long Vacation)。这样算下来,以伊丽莎白一世时期为例,一年中的工作日加起来只有99天。而后来的改革又将这一工作日缩短了10天左右。所以,在威斯敏斯特的普通法法院,一年中有3/4的时间是不开庭的。

每一个开庭期又被分为四个左右的“回呈期”(returns)。每个“回呈日”(return day)中间隔一周时间,所有令状须在“回呈日”呈回,原告须在这一阶段进一步推进诉讼的进程。每一个“回呈期”都有3日的宽限期,若在第四日回呈的,根据规定须支付一定的罚款。如果原告未在回呈日出庭的,其诉讼会被“中止”(discontinued),在这种情形下,他须放弃诉讼或者重新开始诉讼。如郡长或被告未在回呈日出庭的,则原告须向法院申请签发第二道司法令状,新签发的司法令状需在指定的另外一个“回呈日”呈回,通常会在下一个开庭期内。因此,律师必须密切注意其当事人的诉讼理由,此外,他还须负责确保诉讼日程安排得当。因此,超期审判在普通法上屡见不鲜。有时,被告可能在收到令状一两年以后才会到庭。参见Baker J. H., *An Introduction to English Legal History*, 3rd ed. London: Butterworths, 1990. p.78。

备律师会馆”(Inns of Chancery)。①

因为会馆还教授音乐、舞蹈等课程,因此进入会馆学习的学生有的在后来并不从事法律职业,这也并不鲜见。但是,那些确实打算从事法律职业的学生,会接受漫长而又艰辛的训练。入学学生在预备律师会馆经过2年的基础法律学习后,会被预备律师会馆依附的律师会馆录取。在接下来的4到5年里,学生首先会被教授如何回答法律问题,接下来会上模拟案件辩论课程。此时,学生转变为“内席律师”(inner barrister),他可以继续接受8年的训练。只有完成上述培训之后,他才获准成为真正的律师,并成为一名“外席律师”(utter barrister或outer barrister),此后,他才会被允许在王座法院中执业。当然,此时他亦有可能被选中担任高级讲师(reader),承担会馆的教学工作。再积累更多的经验后,他还有可能被选为高级律师,并获准在最古老的法院——普通诉讼法院——执业。高级律师不被允许从事教学工作,但他们的报酬最高。这一顺序于1877年被废除。

在一段时期中,“内席律师”是可以充任律师的,但到1500年时,他们被排除在律师队伍之外,许多律师挂靠在律师会馆之中。如果律师是有费代理,则他们须获得法官的批准,这一要求最先见于爱德华一世于1292年颁布的一则命令,后来还有一系列的制定法也有这一规定。在18世纪时,随着普通法法院和衡平法院君子执业律师协会(Society of Gentlemen Practicers in the Courts of Law and Equity)的建立,“律师”(attorney)一词被略去,“事务律师”受到青睐,它就是“职业事务律师协会”,它也是1903年新成立的“法律协会”(Law Society)的前身。

律师会馆在英格兰内战期间(1642~1646)停止法律教学,直

① 在亨利四世期间,四大律师会馆各约有200人,而10个预备律师会馆各有100人。

至1846年才恢复。在这200余年的时间里,法律教育在英格兰不存在。

在1758年,威廉·布莱克斯通被任命为牛津大学的瓦伊纳①讲席教授(Vinerian Chair)。布莱克斯通完成的著名讲座及《英国法释义》②(*Commentaries on the Laws of England*),皆未意欲成为未来法律执业者使用的排他性著作。在其《英国法释义》的导论部分,他写道:"不可否认,能够懂得我们所生存的这个社会的各项法律,乃是每一个绅士和学者应有的教养;是自由文明教育中极有用的,甚至可以说是最重要的组成部分。"《英国法释义》在殖民地发挥了巨大的影响,并成为美国一代代律师和法官研习的对象。事实上,直至20世纪早期,短语"读布莱克斯通"还是"读法律"的意思。布莱克斯通于1766年离开牛津大学开始法律执业生涯。在他之后,瓦伊纳讲席教授的职位竟未再有人能够接替。

19世纪时期,英格兰有一些法律教育,但是法科学生的人数稀少。剑桥和牛津授法学学位,伦敦大学学院(University College London)虽有法律系,却少有学生。到19世纪末期,一些省级大学开始教授法律,但是主要针对的是打算通过事务律师资格考试的人。

在英格兰,正规法律教育始于1922年《事务律师法》(*Solicitors Act*)中的要求,该法要求事务律师须接受一年以上的正规法律教育。这条规则出台后,许多省级大学开始开设法律课程。到20世纪80年代,大约有60家机构,既包括综合性大学也包括理工科大学,提供法律课程。

---

① 瓦伊纳(Viner,1678~1756),英国法研究学者,他将遗产捐给了牛津大学,设立了瓦伊纳讲席,瓦伊纳奖学金。

② 威廉·布莱克斯通爵士的不朽巨著《英国法释义》超越了前人的著作。布莱克斯通对整个欧洲打开了全面了解英国法之门。《英国法释义》共4卷,其中第1卷已翻译成中文,由游云庭、缪苗翻译,上海人民出版社于2006年出版。

需要特别提出的是，在英格兰，法学学位的取得是在本科阶段。不像在美国，法学学位的取得是在硕士阶段。因为有些人可能取得的是其他本科学位，所以有“法律专业本科生”和“非法律专业本科生”之分。

今天，任何一个人欲成为明日的出庭律师(budding barrister)，首先必须被四大律师会馆录取，还须在为期 8 个学期的时间内在会馆就餐至少 32 次。除个别“成年”的学生外，从 1975 年后，他/她还必须具备大学法律专业本科文凭。上述个别“成年”的学生必须参加 1 年的法律培训，还需参加“法律基础第一部分考试”(Part Ⅰ examination in law)。已取得法律专业学位之人免考第一部分考试。所有候选人都需参加内容为“辩护及法律文书写作的第二部分考试”(Part Ⅱ examination in advocacy and drafting)。候选人要准备这门考试，通常会参加“律师会馆法学院”(ICSL)的实务课程，还会在出庭律师事务室(chambers of a barrister)进行为期 1 年的学徒实习。律师会馆法学院于 1964 年开办，它为准备“第二部分考试”的人开设课程，它并非颁发学位的机构。

“法律协会”负责制定事务律师的准入资格。目前的《培训条例》是在 1987 年通过的，1988 年曾经修订过。英格兰和威尔士的候选人被归入下列 4 类：(1)法学学位毕业生；(2)非法学学位毕业生；(3)年龄大于 25 岁的非毕业生；(4)年龄小于 25 岁的非毕业生。

所有的候选人到时必须在总部位于伦敦的“法律协会”注册登记。法学专业毕业生可在 3 年内成为事务律师。在第一年，候选人需通过事务律师期末考试，为此他通常会在“律协法学院”(The Law Society's College of Law)或在理工学院中学习 1 年。这门考试中的课程是事务律师工作中会遇到的内容，例如商业组织、转让及税法等，这些内容通常不会出现在大学法学学位课程目录之中。在接下来的两年中，候选人以实习律师(articled clerk)的身份跟着事务律师实习,或者在其他有资质的机构如地方政府机关或者治安法庭中实习。大多数候选人会跟着一名事务律师实习。

除具备法律专业毕业生的条件外,非法律专业毕业生还必须在上面提及的学校进行为期一年的学习,以准备"法律专业统一职业考试"(Common Professional Examination)所必须掌握的6门核心课程,即宪法与行政法学、合同法学、侵权行为法学、刑法学、土地法学及信托法学。已取得法律专业学位的毕业生在大学期间应已学过这些课程,这也是学生取得法学学位的条件之一。

尚未获得学位的成年学生和已超过25岁的学生须做5年的准备。25岁以下的"离校生"(school leavers)需6年。在整部《培训条例》中,豁免的规定有很多,还有一些关于英格兰出庭律师、苏格兰事务律师及北爱尔兰事务律师的特别规定。

有一段时期,大多数事务律师在17岁时即离开学校,直接开始实习。但在今天,候选人通常都有大学水平的法学学位。因为开业做律师往往困难重重,所以出庭律师有时会自愿注销执照,这样他们就可以向"律师转业专家委员会"(Bar Transfer Panel Committee)提出申请,转为事务律师了。

## 第四节 美国的律师

在美洲新大陆,律师职业从未有过事务律师和出庭律师之分。英国式的区分在新大陆并不存在,至少没有完全相同的划分。殖民地的面积不大,这也客观上使得这种制度没有必要如此划分。

但是,有些州曾存在两种阶层的律师:律师(attorneys)和法律顾问(counsellors)。只有法律顾问才可以到州最高法院执业。

律师的准入条件因州而异,因时而异。在有些州,县法院只接受自己县的律师。在另外一些州,律师只要在一个县获得执业资格的，他就可以在该州之内的任何县中进行执业活动。有时，最高法院控制律师的准入。

受教育要求亦有差别。总的来说，每个州都要求有一定期限的准备期，时间从 3 年到 7 年不等。有些州对大学毕业生的时间要求会放宽，或者，如果候选人通过考试的，可能会不做该要求。

在 19 世纪中期，有少数州践行“均等主义原则”（egalitarian principles），从而废除了全部要求，仅要求候选人有“良好的道德品质”。在 20 世纪 30 年代时，有一个州曾经只要求候选人交付报名费即可。

到 20 世纪 20 年代前，大多数可能成为律师的人是在开业律师的办公室中获得训练的。在缴纳一定的费用后，学生们可以在开业律师那里承担法律文员的工作。学生们阅读柯克（Coke）和布莱克斯通的著作，他们的著作经后人注释后已有若干个版本，而这些注释的目的就在于将其中的要义同当前的美国法紧密联系起来。律师会对学生的阅读效果加以考核。

最早的法学院是由塔平·里夫（Tapping Reeve）在康涅狄格的利奇菲尔德于 1784 年创立的。该学院主要使用的是讲授型教学法，讲义并未出版，因为如果学生要是购买了印行的讲义，则他们可能就不交学费了。利奇菲尔德法学院取得了极大成功，它培育出了许多杰出的律师，他们原本来自许多不同的州，但是，到 19 世纪 30 年代，由于受到詹姆斯·肯特大法官和约瑟夫·斯托里法官等人出版的法学释义性著作的冲击，利奇菲尔德法学院的学生规模出现了下滑。该学校于 1833 年关闭。

在美国内战前，综合性大学中的法学教育并不显眼。第一个开设法学教育的综合性大学是位于弗吉尼亚的威廉玛丽学院（William and Mary College），该大学自 1779 年开始法律教育直至 1861 年。宾夕法尼亚大学和哥伦比亚学院在法律教育方面也做过有益的尝试，但基本上是昙花一现。

哈佛大学在 1815 年创立了一种新的法律教育方法，当时马萨诸塞州首席大法官艾萨克·帕克（Isaac Parker）被任命为该校的“罗亚尔法学教授”（Royall Professor of Law）。哈佛大学当时并未将法律课安排在大学的整体课程之内。法学院是独立的，除罗马法和政治学等课程外，法学院学生接受的完全是专业性教育。

也许是因为哈佛大学法学院和律师们在办公室中带学生一样，也使用讲授式的教学法和教学文本，所以它并没有吸引太多的学生。这其中，约瑟夫·斯托里的作品可谓吸引学生的最主要因素，因此当他于 1845 年去世之后，法学院经历了一段衰落时期。1870 年克里斯托弗·哥伦布·兰德尔的任命和 1873 年詹姆斯·巴尔·埃姆斯的任命，宣告了新纪元的到来。

兰德尔和埃姆斯对法学教育进行了一场革命。他们不使用讲授式的教学法和教学文本，他们引入了案例教材的概念。第一部案例教材是兰德尔的《合同法案例选编》（*A Selection of Cases on the Law of Contracts*），该书于 1871 年出版。该书的内容除解释性脚注外，全书 1007 页的篇幅包括 350 则经过编辑的自 16 世纪以来的案例。到 19 世纪末期，案例教材的教学法几乎风靡美国所有的法学院。今天，我们也使用案例，但是通常会被编纂为“案例与资料”（cases and materials），在这种书籍中，资料不但起着补充的作用，有时还支配着案例。

兰德尔和埃姆斯还改变了一个概念——讲授法律知识的主体至此发生了改变。法学院不再征募杰出法官和律师作为教师。相反，他们二人将法律教学视为一种独立的职业。他们的理论是，法律教学的内容是法律科学而非法律实务，而且法学可以经由那些不专门从事法律实践的人得到更好的发展。詹姆斯·巴尔·埃姆斯一生未从事过法律实践。将教授法律知识作为独立职业的理念一直延续至今，但缺乏法律作为科学的理念。近年来，在英格兰，法律教育也已被认为是一种独立的职业。

美国内战结束后，许多大学开始设立法学院，并成为独立的学位颁发单位。今天，法学院要求报考者必须拥有学士学位。要进入司法界从事法律职业，候选人必须获得法学院颁发的学位，且该法学院必须是准入地所在州认可的机构。

在20世纪30年代前，律师资格考试（在各地）的差异很大。在1931年，“美国国家律师考试委员会”（National Conference of Bar Examiners）成立，旨在达到提高考试质量及促进统一的目的。今天，律师考试在所有的州内都是统一的，只有一部分的试题会强调州法的特殊性，基本上会集中在法律程序方面。

## 第五节　法　　官

普通法法官的神秘之处展现出来容易，但是解释起来就要困难多了。简单来说，英格兰的法官在最初是国王的人，代表的是国王个人利益，但到后来发展成为不受国王特权侵犯的公民权利保护人。这一转变直至17世纪才告完成。这一变革深深影响了英美法的发展。

在王室法院之外，没有真正的法官。在社区法院和领主法院中，只有封臣裁判官，他们虽然履行司法职责，却不是职业法官，因为他们既非专业人士，也未受过专门训练。就连国王最早的法官也非职业法官，因为他们的工作不是专责性质的。

### （一）最早的法官

最早的真正法官于12世纪末期在普通诉讼法院中出现。他们的地位不甚巩固。因为他们是从直接效力国王的人中挑选而来的，因此他们的职位的去留完全依赖于国王的念头。直到13世纪中期，这些法官大多数属于神职人员序列，尽管他们未必行神职之事。因为他们担任着教会职务并从中能够获得收益，这使得那些即使处于最低序列的人，也无后顾之忧而毅然去效力国王，因为国王支付的报酬十分微薄而且还不确定。神职人员的身份还能使他们受到一定程度的教育,包括读与写的能力,要知道,这种才能就连一般的贵族有时也是无法拥有的。

在教会法院,有些特别案件的审理中会有几名临时代表(*ad hoc* delegates),但他们的大部分时间是在忙自己的事。幸好普通法没有继受这一制度,否则,全职职业法官的发展绝对就会受到长期拖延了。

到亨利三世统治时期(1216~1272)为止,从国王近臣中选择法官的这一普通法制度在实践中的"效度"(degree of efficiency)还不错。但是,亨利三世统治时也受到了贵族的反抗,不仅如此,与最终导致《大宪章》签署的那次反抗相比(即对先前一位国王约翰的反抗),它要猛烈的多。在1264年的"刘易斯战役"后,莱斯特伯爵西蒙·德·蒙特福特(Simon de Montfort)成功地削减了亨利三世的政治权力;在这一胜利之后,英格兰创立了贵族会议(Council of Magnates)来治理王国。后一次反抗约开始于1256年,直至爱德华一世就任才告结束。

这次反抗对司法制度产生了不容乐观的影响。布拉克顿(Bracton)约在1256年停止了其伟大著作的创作,并抱怨当时的法官素质低下,为了解英格兰的良法,他不得不向13世纪20年代的法学大师帕特舒尔(Pateshull)和罗利(Raleigh)求助。在1289年,爱德华一世察觉到了提高法官素质的必要性。一时间,关于法官贪污、受贿、谋杀及其他滔天罪行的骇人指控和报告不绝于耳。国王爱德华一世成立了一个特别委员会来调查事实,许多指控得到了证实。这其中,普通诉讼法院的首席大法官仓皇逃离英格兰。

但是,这期间也完成了不少重要的法律变革。1267年的《马桥法》(*Statute of Marlborough*)[①]标志着变革的开始,紧接着还有1275年的《威斯敏斯特法Ⅰ》[②]、1284年的《格罗塞斯特法》(*Statute of Gloucester*)以及1285年的大部头《威斯敏斯特法Ⅱ》。这些制定法在总体上实现了实体法和程序法的革命性变化。

就在这一时期,或者说在这一时期刚刚结束之后,盎格鲁-美利坚法法律史中出现了一个至关重要的做法:法官不再从国王近臣中遴选,而是从杰出的高级律师队伍中选拔。此后,执业律师成为高级法院法官人选的唯一来源。这意味着英格兰法律制度中法官和律师间存在的"利益共同体"的紧密程度要比其他法律制度中的更为密切。到1292年时,法律教育的重任完全委以法官,这一制度变得完全近亲繁殖化了。律师培养未来的律师,法官从律师中选拔,法官负责指导法律教育。这一制度起到的效果是,英国法具有了高度的抵抗力,它很难接受外国法理念和纯学术性的理论。

**(二)司法的独立**

从律师队伍中遴选出的法官只能在"国王满意期间"(*durante bene placito*)才能获得任命。但在1701年《王位继承法》(Act of Settlement)颁布之后,法官只要品行良好(*quamdiu se bene gesserint*)即可获得任职。法官的薪金在当时是明确的,只有在议会两院共同参劾的情况下,法官方可被免职。

---

① 也称为《马尔伯勒法》(*Statute of Marlborough*)。1267年通过,肯认了《大宪章》和《森林宪章》(Charta de Foresta),对某些地产保有形式及一些程序问题做了规定。本法的名称源于通过该法的议会是在马桥(Marlbridge,或Marlebridge)举行。参见薛波主编:《元照英美法词典》,法律出版社2003年版,第1290页。

② 《威斯敏斯特法Ⅰ》于1275年颁布,是《大宪章》的补充;《威斯敏斯特法Ⅱ》于1285年颁布,主要内容为附条件赠与。《威斯敏斯特法Ⅲ》于1490年颁布,规定封地可自由买卖;《威斯敏斯特法Ⅳ》于1931年颁布,规定大不列颠及自治领享有平等地位,都是英联邦的成员。

在1455年到1461年间,英国爆发了自相残杀的"玫瑰战争"(Wars of Roses)。[①] 战争情势的瞬息万变使司法与任一派别的联盟都变得不够明智,或者说根本没有可能。就这样,司法保持了一种免受政治干预的状态,法官不参与政治的严格先例就此得到确立。但是,这种干预的风险在玛丽女王打算恢复罗马天主教期间(1553~1558)再度显现了出来。

柯克爵士在同国王詹姆斯一世(James Ⅰ, 1603~1625)的斗争,[②]为英格兰的司法独立进一步奠定了基础。柯克是值得我们永远铭记的法学家,他的一生几乎占据过英格兰所有最为重要的司法职位,他判定的两则案例成为英国法治原则和法院至上原则确立的最坚定先例。在"博纳姆医生案"(*Dr. Bonham's Case*)中,柯克认为,"只要议会的法案与普通法上的权利和理性相违背,或者当人们极不愿意或绝无可能对它加以实施时,则普通法就应对它进行限制,并可以裁定这样的法案无效"。在"宣言案"(*Case of Proclamations*)中,柯克和他的同僚们向詹姆斯国王亮明了他们的观点:国王无权造法。这件事的结果是,柯克被擢升为王座法院首席大法官,因为国王认为只要柯克身处这一职位,就不会发出触犯国王利益的言论。但是,柯克于1616年被革去这一职位,并最终步入了政界。

最终结束了詹姆斯二世(James Ⅱ, 1685~1688)统治的那场革命,终于正式确定了一直以来没有确定的司法独立问题。这场没有流血的冲突最终确立了议会至上的地位,以及与之相伴的法院独立问题。1701年的《王位继承法》承认了这一既定的事实。

---

① 也称为"蔷薇战争"。英国两大家族争夺王位的混战。参战的一方为兰开斯特家族,以红玫瑰为族徽;另一方为约克家族,以白玫瑰为族徽,故名。战争最终以红玫瑰兰开斯特家族的远亲亨利·都铎取胜,建立都铎王朝(1485~1603)。

② 推荐阅读于明:"法律传统、国家形态与法理学谱系——重读柯克法官与詹姆斯国王的故事",载《法制与社会发展》2007年第2期。

# 第二部分

# 法 律 渊 源

# 第五章　习惯与判例

专门性的法律体系若要存在，就必须依赖于某一独立的群体（即法律职业者群体）对它发展的推动。这样一个群体出现的速度一般比较缓慢；在任何社会法律体系发展的初级阶段，法律无非就是该社会的习惯规则。

## 第一节　习惯与法律

12 世纪的英格兰由习惯所统治。每一采邑、每一郡县，甚至每一村镇都有其自己的习惯。王室政府的权力也是带有习惯性质的。按当时的要求，习惯并不要非常古老才可以像法律一样具有强制执行力。一般来说，一则习惯若有超过 10 年的历史就算老，若有 20 年历史则非常老，倘若有 30 年历史，便可称得上古老了。一个社会可以而且有时的确全盘继受另一社会的习惯。

支配政府（包括法院）章程之习惯的变化产生了法律职业。司法机构从谘议会中的分离、令状制度、法庭程序以及出庭律师和代理人的出现，所有这一切都与习惯的变化相关。在当时，现代意义上的立法仍是未来的事。

法律职业形成后，新兴法律大概源自下列两种方式之一：其一，法律职业群体从现有大量互相冲突的习惯中选出合适的习惯来；其二，由法律职业群体创造自己的习惯。慢慢地，习惯成为王室法院（而非普通大众）接受的法律。在王室法律没有进行干预的地方，习惯在当地仍然起着统治作用，比如说，在采邑内，直到近代开始前，习惯一直得到良好的施行。

因此，普通法就是王室法院的习惯。普通法还成为法律职业群体研习的对象。随着时间的推移，法律人开始倾向于支持如下观点，即法律不可轻易被外来习惯所改变。到16世纪时，人们普遍认可了这样一条规则，即习惯若被法院认可，它必须达到“十分古老”的程度。人们把1189年9月3日前的习惯定为“十分古老”的习惯，这是理查德一世（Richard Ⅰ）加冕的日子。

这条规则欲实现的一个目的是减缓从隶农份地（villeinage）到副产权地（它与可继承不动产［fee］①相似）的变化过程。在14世纪，隶农份地受采邑法庭管辖，不受王室法院管辖。隶农土地的所有权归隶农的领主，领主持有的完全保有地产②（freehold）才是当时王室法院唯一认可的地产权（estate in land）。

英格兰在经历过几次灾害的侵袭后，黑死病（Black Death）于1348年从欧洲大陆传入了英格兰。这场疾病一直持续到14世纪50年代中期，此后，在剩余的半个世纪中，英格兰又接连遭受了其他瘟疫的暴发。至此，英格兰人口的数量发生锐减。这打乱了领主和隶农之间的关系。英格兰出现了土地荒芜、劳力稀少的状况。从前地少人稠的局面早已不在，如今的劳动力严重缺乏。隶农离开了土地，到城市里工作，因为城市里也缺乏劳动力。工资开始急剧上涨。在土地上，领主不得不给予隶农更多的权利，以把隶农从别的领主处吸引到自己一边。这就是副产权地出现的背景。

在15世纪时，王室法院拒绝将习惯接受为法律，这一事实导致的结果是，王室法院开始要求副地产权人采邑的“副产权地的

---

① Fee的意思可知因任何服务而收的费用，有时特指律师酬金。但是这里的fee是指“可继承不动产”，可让后人世代继承。它又分为fee simple和fee tail。前者指“非限嗣继承不动产”，后者指“限嗣继承不动产”。

② Freehold有时也翻译为“自由保有地产”或“永久产业”，指无条件世代继承的合法房地产业。

习惯"达到了"十分古老"的程度。但是,英格兰在1189年时当然是没有副产权地的。在一段时期里,衡平法的干涉在某种程度上对副地产权人起到了保护的作用,但是直到17世纪早期柯克勋爵出任普通诉讼法院首席大法官后,副地产权人的权利才受到全面的保护。

在英格兰的社会史和法律史上,农民具备了持有自己土地的能力称得上是一个巨大的进步。倘若不包括1381年那次流产的农民革命的话,那种由土地垄断和漠视农民权利而带来的、震动其他国家的社会革命,从未在英格兰发生。英格兰的这一变化并不是通过革命而是通过习惯的缓慢变化来实现的,这些变化的习惯最终得到了法院的认可。

还有一些在英格兰局部地区存在的习惯也最终在王室法院中得到了实施。这其中最为著名的是"幼子继承制"①(borough English)。依据这一习惯,继承土地的是最小的儿子,而非年龄最大的长子。这一习惯直至20世纪20年代才被废除。

今日之习惯法在判例法中仍有一定的影响。例如,在合同法中,专业术语的意思是依照习惯来解释的;再如商事习惯的知识在商事审判中可助法官一臂之力。在先法已被法律事件推翻的一些领域,习惯有时确实在新法制定方面发挥推动性作用。商事习惯曾不止一次强行引起过制定法的变更。在本书商法章节的讨论中,会有针对习惯更为深入的叙述。

## 第二节　作为法律渊源的判例

现代美国法院完全能够做到如下这点:仔细汇编并出版它们

---

① 幼子继承制也翻译为"ultimogeniture",相对词为"长子继承制"(primogeniture)。

的判决。但是,这种精准的法律判例汇编是在19世纪才出现的。直到爱德华一世统治时期(1272 ~1307),英格兰还没有一个地方可以查阅判例。虽然法律书籍中涉及一些判例,习惯亦承载着一些判例前进,法院的诉讼案卷中也包含某些判例的信息,但是有关判决的确切文字表达早已逸失,我们永远不得而知。

**(一)《年鉴》**

在爱德华一世统治期间,《年鉴》的编纂工作已有约300年的实践。在它们起初的100年间,那些汇编的册子是一些极不正式的汇集,它们按年编写,内容是由律师和学生就案件所做的一些非正式的注解。《年鉴》通常并不以主题来组织,也未得到过正式的认可。这些案例之所以被收集,是因为它们对法律职业群体有帮助。编纂者在当时并没有打算将所有的判例都包括进来,也没有试图涵盖全部完整的判例;倒是编纂者对于法官人格和律师妙语的评论常与对待法律实体问题的注释一样多。因为案件的注释通常出自众人之手,所以这些注释通常没有共同的形式。

在15世纪,《年鉴》变得比原先更为专业统一。它们仍然不属于官方的权威汇编,它们也并没有在案件一经判决后便被收入汇编,有些案件在被编入《年鉴》时,事情可能已经过去了两三年。年鉴的汇编到1535年停止。

当《年鉴》开始积累大量的案例之后,《年鉴选编》(Abridgments)应运而生。它们是对《年鉴》案例的压缩,通常按照主题来排列,这样做的目的明显是便于人们的研习,许多《年鉴选编》是由学生来完成的,并被作为案例摘要和分析实践中使用的所谓"读书札记簿"(commonplace books)。

有些《年鉴选编》获得印行。最早印制出版的《年鉴选编》是由斯泰瑟姆(Statham)大约在15世纪末制作的。只是后来出版的《年鉴选编》名气更大,比如菲茨赫伯特(Fitzherbert)在1516年制作出版的《年鉴选编》,还有1742年到1753年间编纂出版的23卷

《瓦伊纳年鉴选编》(Viner's Abridgment)。瓦伊纳曾在牛津大学设立瓦伊纳讲席,布莱克斯通曾担任瓦伊纳讲席教授。

《年鉴选编》是按照主题来编排结构的。法律人对问题的思考常见于他们对文秘署签发的特定令状的讨论之中。法律人是按照金钱债务令状、请求返还扣留财物令状、违反盖印合同请求赔偿令状、侵害令状等主题来思考问题的,而不以概念为基础进行思考。《年鉴选编》最早使用了字母顺序(即按照从 A 到 Z 的方法编排序)思维模式,这与旧的思维模式截然不同。因此,《年鉴选编》的编纂者必须在标题中使用区别性术语,这种做法反过来为编纂者和读者提供了利用新方法来思考法律的机会。学生们在制作自己的读书札记簿时,这种思维模式就变成法律教育的一部分。读书札记簿就是较大的对折纸,学生可依不同主题为标题,分别在读书札记簿上记下案件的摘要,以此作为归类和分析能力的锻炼。

**(二)《私人汇编》**

《年鉴》汇编停止后,个人印行的汇编便马上出现。私人发行汇编的目的可能是出于个人方便,也可能是出于个人利润的考虑,它们仍然不属于官方的汇编。有时,不同部汇编的名称虽然不同,但它们往往会涵盖同一时期的同一判例。例如,戴尔(Dyer)[①]汇编收录的是 1537 年到 1582 年的案例,这与普劳登(Plowden)汇编(收录的是 1550 年到 1582 年案例)存在着部分重复。

私人汇编在质量上参差不齐。有些汇编的声誉很差,一些法官甚至禁止在法庭上引证这些汇编的内容。有些汇编则非常值得信赖。不同汇编中包含的同一判例在内容上往往大相径庭,这给查阅汇编的人带来了很大麻烦。通常,案例要在被判决之后相当长的一段时间才得以公布。目前的汇编,是在 18 世纪末才出现的。

---

① 戴尔曾任普通诉讼法院首席大法官(1512~1582)。

尽管英格兰在今天仍然没有严格意义上的官方汇编，但是美国早在19世纪初期就开始任命正式的汇编人了。很明显，美国的官方汇编缘起于19世纪初期的联邦最高法院汇编；很多州不断效仿这一做法。到美国内战时期，所有的州都开始编纂自己的州汇编。官方汇编是唯一可被权威地在法庭上引证的汇编，尽管它们是由一些私人出版社印行的。近些年，有些州已废除了将上诉法院的判例进行官方汇编并加以出版印行的昂贵做法，这些州开始完全依赖韦斯特出版公司（West Publishing Company）出版的地区汇编，这些地区汇编发挥着公布它们判决意见的作用。

**（三）先例和遵循先例原则**

在任何发达的法律制度中，判例都是法律的渊源之一。但问题是，同样作为法律渊源，相对于制定法和法学著述而言，判例能被给予的重要性能有多大？

盎格鲁-美利坚法律制度信奉"遵循先例的原则"（doctrine of *stare decisis*）。如果法官发现上级管辖法院作出的先前判决在事实方面与当下的案件没有实质上的不同，且如果该判决仍符合时代精神的，则他必须遵循该先前判决。任一既定法域内的最高法院，必须要么遵守自己先前的判决，要么就推翻自己先前的判决。在英格兰，这一原则在历史上就非常严格，因为最高法院自己制定了不许推翻自己先前判决的规则。但是，在1966年7月22日，最高法院表明，在实行遵循先例原则时，法官可以"偏离"先前的判决，只要他们认为"这样做看上去是合适的"即可。

一次，加德纳勋爵（Lord Gardiner）在宣布已发生变革的英格兰政策时曾提到遵循先例原则的价值，他说："它至少给予了一定程度上的确定性，每个人还可以依赖"，但他同时也承认"在一个具体的案件中，过于严格地遵循先前的判决有可能带来不公，还可能限制法律的正常发展"。加德纳的讲话还注意到了判例法溯及既往的本质，他还提醒人们要警惕"受溯及既往原则的指引，对于已经达成的合同、财产处置意见及财政安排之基础进行破坏，对于刑法中特别需要的确定性原则之基础进行破坏”的危险。

然而，大陆法系国家的法院并不遵循这一原则。作为法典化国家，它们寻找的主要是可供适用的法典，还有解释法典的法学家著作。法国人曾对遵循先例原则嗤之以鼻，并将其称为“对判例的迷信”（*la superstition du cas*），但是法国法官同样会受到一系列体现法国法本质之判决的影响，尽管这种影响不会是“有拘束性的”。

有时，“遵循先例原则”被称为“先例原则”（doctrine of precedent），但在历史上，“先例原则”的使用和“遵循先例原则”的遵守之间是有差异的。

从先前判例中寻求指导的理念与职业法庭的历史一样古老。在1256年，布拉克顿曾从先前判例中寻求指导，但是他在选择接受一些判例的同时，还将某些判例选为“恶法”并将它们排除了出去。他并没有从判例中寻找法律，相反，他是通过使用判例来阐明法律。在中世纪时期，特别是在《年鉴》编纂期间，人们也查证先前的判例，但是很少去尊崇它们。法律并不是从单一的判例中发现的；相反，数量众多的判例阐明了真正的法律。从这个意义上讲，法律是法庭完整的习惯。

“遵循先例原则”在19世纪之前不可能发展成型，我们至少可从下列三个方面来分析。首先，对于法官可以“造法”这一理念，当时的人们对它尚持十分敌对的态度。法律高于任何法庭的宣判。判决仅是法律的证据——或许是最佳证据——但仅此而已。到1825年后，随着约翰·奥斯丁（John Austin）实证主义法学的发展，人们对这一问题的看法才开始改变。奥斯丁将法律定义为君主的命令，并用“法官造法”（judges made law）理论代替了先前的“法官仅宣布法律”（Declared the Law）的理论。奥斯丁的学说无论如何都算不上是对这一问题的终结论述，相反，它仅营造了

"遵循先例原则"需要的知识氛围。

其次,在19世纪前,真正令人值得信赖的判例汇编体系尚未形成。假使判例就是法律,人们就必须准确无误地了解该判例的内容。中世纪的《年鉴》并未求大求全,而私人汇编的可信度参差不齐。在英格兰,半官方汇编直至1865年后才出现,尽管它们在美国出现的时间要比在英格兰早一些。

最后,明显的法院层级体系直至18世纪晚期才出现,在这以后,每一法域才有了一个最高法院。宣布法律的必须要有一个单一的声音。这一事件在美国发生的时间要比在英格兰发生的时间早一些。1789年《联邦宪法》设立了一个联邦最高法院,各州《宪法》也相应设置了各州的最高法院。在英国,直到1873年之后,才有了一个最高法院。

基于上述三大原因,我们相信,在19世纪之前,美国尚未形成严格的"遵循先例原则"。到1825年,一些成立时间较长的州开始强调个别先前判例的约束效力,到1850年,这一原则得到牢固确立。

早期美国判例反映出如下理念,即普通法不只是先前的判例。哈里斯(Harris)和麦亨利(M' Henry)曾从整个马里兰州的律师注释与卷宗中整理出一系列早期判例汇编,他们在其著作的序言中曾说:"本州《土地法》的基础是在'地方政府期间'奠定的。《土地法》的主要原则也是在这一时期确立的,它们部分上由法院判决决定,部分上由杰出律师的知性决定;在许多情形之下,律师的意见或决定着本州的法律,或被默认为本州法律的一部分,或被接受为本州的法律。"从1772年马里兰州的判例"尼科尔森诉斯莱案"(*Nicholson v. Sligh*)中,我们可以看出杰出律师之意见的力量。据哈里斯和麦亨利的汇编,它告诉我们:"从本案律师T. 詹宁斯先生(T. Jenings, Esq.)及W. 库克先生(W. Cooke Esq.)的备忘录来看,本案的主审法官们在法庭上完全不知所措,他们渴望与本案无关的在场律师能够发表一些意见供法院采纳。于是,法院就整件事情询问了詹姆斯·霍利迪(James Hollyday)和托马斯·约翰逊(Thomas Johnson)的意见。”他们的意见最终被法院采纳。

1786年宾夕法尼亚州的判例“克林的承租人诉布尔案”(*Kerlin's Lessee v. Bull*)同样体现了“法律不仅仅是判例”这一理念。该案的法官意见表明:“法院不一定要作出一个类似的判决,换言之,当前法院的判决无须同前一法院已经作出的判决一样,除非当前法院的法官认为上一次判决是依法作出的;因为任何法院都可能犯错;如果有法官认为前一法官作出的判决是错误的,他便不一定要作出类似的判决,因为他已宣誓自己会按照法律来作出判决。”

但是,到19世纪50年代,马里兰州和宾夕法尼亚州都已转变了立场,两个州都开始严格遵守先例。其他东部各州也遵从了严格遵守“遵循先例原则”的大趋势。在这一问题上,在迄今为止通过的所有制定法中,最突出的要数1858年佐治亚州制定的法律。该法规定,佐治亚州最高法院的任何一项判决如得到3位法官的同意意见支持的,就是法律。它“不得被撤销、推翻或变更;相反,该判例应得到本州所有法院的考虑、敬畏和遵守。未经立法机关颁布的法令变更的,就应与立法大会制定的法律具有完全一样的效力”。

英、美两国对待“遵循先例原则”有着不同的态度,这种不同的传统至少可以有如下的解释:它是由美国殖民地的地位——不时变换的爱恨关系——造成的。很明显,早期的美国法院不愿自动适用英国的先例,但是美国法学的不发达状态又意味着美国法院不得不依赖于英国法的一般原则。1809年弗吉尼亚的一则案例“马克斯诉莫里斯案”(*Marks v. Morris*)表明:“我们继受的是普通法,而非英国的判决;我们应当将普通法的标准,即我们当诚实生活、不伤害任何人、给每人他们应得的一份,作为我们的司法准则。”的确，在“1812 年战争”期间，一些美国法院是完全禁止在法庭上引证英国判例的。

但是，随着法学的发展，在确定性的压力和要求下，人们在法律思维中给予了“遵循先例原则”一个比原先高一点的位置。法律人的一般确信，即他们能够依赖先前判例的想法，也在这个过程中起到了作用。还有，“先前判例必须同合理理由相一致”这一固有观念支持了如下观点：先例是可以被一州的最高法院推翻的。

# 第六章　成文法与法典化

成文法(legislation)是指在法律颁布后才会生效的新的法律规则或法律规范。它告诉我们法律从今往后的样子。但是,判例法告诉我们的是法律如今的样子。因此,判例法的效力是具有溯及既往性的。

例如,假定立法部门通过了一部法律,旨在对 A 渠道的收入征税。假定联邦法院在同一天判定 B 渠道的收入现在也应征税(以前曾认为不用征税)。立法部门通过的成文法在今后将仅对 A 渠道的收入有效力。但是,依照判例法,税收主管部门完全可以正当地要求过去没有意识到欠税的人们(因为联邦法院过去尚未就此作出判决)上缴他们过去的 B 渠道收入税款。

因此,在判决一起案件时,法院必须考虑到它的判决将对现存状况发生的影响。有时,考虑到判决的影响力,法院虽然对于现存的规则不满意,但也不会将此修改,它只会建议立法部门在今后对其进行修改。有时,法院会修改现有的规则,但是修改后规则的适用将不具有溯及既往力。有时,法院会宣布当前的案件仍适用旧有的规则,但是今后将适用新的规则。

因此,颁布成文法似乎是改变法律最为得力的方法,因为它无须应付上述难题。此外,立法机关还可随意使用法院不具备的种种辅助力量。立法听证会、调查委员会以及专业协助,这些均可给予立法机关比法院更多的资源。此外,立法机关可以在问题显现时作出回应,而法院则只能等待诉讼当事人在有了金钱和决心后再将案件诉至它们的面前。

但是,立法机关会受到政治力量的影响,相比之下,法院(特别是在专任法官组成的法院)中就不存在同等程度的政治力量影响。有些成文法由于有可能引起敏感的诸如控制枪支和堕胎问题等,因此它们无论得到怎样提议都会经历一段艰难时期,因为它们会激发正反两方强烈的情感。

## 第一节　成文法的起源

成文法有着悠久而光荣的传统。罗马的成文法最早由共和时期的公民大会制定,后发展皇帝提案,然后由元老院以决议形式批准制定法,最后发展成由皇帝完全立法。

公元 600 年后,盎格鲁 - 撒克逊人就开始制定了许多可以称得上“成文法”的规则,尽管它们中的一大部分仅是先前存在的习惯的记录。征服者威廉及其谘议会颁布了大量成文法,但是制定成文法的真正动力开始于亨利二世统治时期(1154 ~ 1189)。成文法可以被归为很多类,诸如敕令、基本法律、规章及特许状。Assize 本指会议,但有时由该会议制定出来的制定法也叫 assize。旧的法律和习惯的集合被称为“基本法律”和“规章”。“特许状”,顾名思义,是指权利、特权的授予,但它可能只是对原先权利与特权的一种宣布。例如在 1215 年到 1225 年期间修正了四次的《大宪章》便是这样的一部文件。

**平民院的增设**

到 13 世纪末期时,现代成文法出现。早期成文法以国王及其谘议会授予权利和特权的形式呈现,但在爱德华一世统治时期,成文法的出台成为国王和新出现的议会协力制定的结果。“议会”的意思是,以召开会议讨论事务为目的的、人们的集合。从 1213 年始,特别是牵扯到国王的岁入问题时,社区(郡和市镇)的代表被召集在一起,他们的任务是与国王及其谘议会一起批准国王意欲制定的措施。

爱德华一世(1272～1307)引入了"请愿与许可"(petition and grant)程序。平民代表的请愿书会被转至文秘署秘书长[①]、法官、财政署、犹太法官或者其他适格的官员,以实施行政行为。涉及全局性问题的请愿则会留给国王及其谘议会处理。对这些全局性请愿作出的法律救济即形成"实定法"(statutes),该词的词源是拉丁文 *statutum*,是"既定"的意思。在这一时期的宪法发展史中,请愿书的起草尚未使用人们最终接受的"诉状"形式,而是使用一般的措辞。法律救济的形式是由国王及谘议会单独确定的。

平民们在此刻看到了一种简单可行的扩大自身力量的方式。平民开始拒绝向国王作出经济方面的支持,除非国王已经为平民们平了愤、洗了冤。因为战争是造成财政紧急的主要原因,因此,战争可谓刺激了"代议制政府"的成长。到 15 世纪时期,平民的力量已经足够强大,他们可以要求国王制定稳定的成文法,并以此作为他们提供经济援助的前提。但是,直到 1500 年以后,以平民起草自己议案为特点的现代议会立法才正式开始。

在美洲殖民地继承的英国法律遗产中,自然也包括这一方面,不仅如此,它在这里显示了越发重要的迹象。在 19 世纪时,一场运动更加巩固了成文法的地位。这场运动就是法典化运动。

---

① 关于"chancellor"一词,学界实际上一直没有一个固定的翻译。在一般语境下,它常有"(名誉)校长"、"一等秘书"等含义;在法律语境下,我们常将它翻译为"大法官",也有学者坚持译为"(衡平法院)御前大臣"、"秘书长"、"内阁学士"、"中书令"等。需要注意的是,这些译名大都强调的是 chancellor 的行政属性(如"御前大臣"、"秘书长"、"内阁学士"、"中书令"),而唯有"大法官"这一译法强调了他的司法属性。当然必须提及的是,在英国相当长的历史时期中,chancellor 确实是一个拥有强大行政权力的官员,堪称"国王的国务卿"(King's Secretary of State)。

## 第二节 法 典 化

成文法有很多种形式。在成文法纪元的曙光初照时，实定法的表现形式就是现存习惯的再现。比如说，这也是盎格鲁－撒克逊法令（Anglo－Saxon dooms）和罗马《十二表法》（*Twelve Tables*）的主要内容。在更为成熟的法律制度中，实定法可以如同其在美国一样，以一则则旨在解决特定法律问题的成文法形式出现。有时，这些成文法会被以这种或那种方式编纂成"法典"（codes），但是"法典"一词在本书中有其特别的含义。

一部真正的法典应是新的创造，它会在一个法律制度成熟时出现。当一个法律制度发展出无数法律概念、法律原则及法律规则时，法律职业群体有时会在排除它们之间的冲突，确定新法的基本原则，并在总体上整合法律的最新发展成果之后，再将它们融入一个统一的整体。

**（一）早期的法典**

第一部真正的法典是公元534年的《优士丁尼法典》。这部法典对罗马法作出的贡献是，它概括了从西塞罗[①]（公元前106年～前43年）时期直到法典编纂时期的所有法律。这部法典是在罗马法存在近千年后诞生的，它之前是成文法仅获简单汇编的年代。

现代法典大概起源于弗雷德里克大帝（Frederick the Great，

① 西塞罗，古罗马政治家，杰出的法律思想家。

1712～1786）编纂的《普鲁士法典》（*Prussian Code*）。[①] 这部法典是在弗雷德里克大帝死后8年才被通过，它在1900年前一直有效。法国人亦被法典化运动吸引，拿破仑最为旷世的成绩就在于他指导进行的1804年《法国民法典》（*French Civil Code*），该法典成为整个19世纪时期20余个国家民法典编纂的样本，它也是《路易斯安那州民法典》和《魁北克民法典》的蓝本。1900年的《德国民法典》（*German Civil Code*）则是日本、瑞士、巴西、1949年前中国（Pre-Communist China）及希腊等国民法典的效仿对象。

在英国法中，杰里米·边沁（Jeremy Bentham）是19世纪时期法典化运动的伟大的支持者。但是，除了在英属印度进行了很少实验外，这些法典化的建议，几乎没有取得什么结果除了在商法领域外。

法典化思想在美国开始的时间是19世纪中期。在戴维·达德利·菲尔德（David Dudley Field）这一思想的主要倡导人的影响下，很多州中都提出了将单独部门法进行法典化的提议。美国的法典化运动并没有旨在编纂一部涵盖所有法律的综合性法典，而是主要起草了有关下列5个特别领域的法典，即《民事诉讼法典》、《刑事诉讼法典》、《民法典》、《刑法典》及《政治典》。[②] 菲尔

---

① Frederick有时也翻译为“腓特烈”、“弗里德里希”等。最早的法典编纂活动出现在德国；1749年弗雷德里克二世（Frederic Ⅱ）在位时，德国开始编纂《普鲁士法典》（Prussian Code），起草工作从1749年进行到1751年，由大法官塞缪尔·冯·科克采伊（High Chancellor Samuel Von Cocceij）主持，最终以三卷本的形式公布；但首相于1755年去世，“七年战争”（Seven Year's War）迫使工作停止，直到1780年恢复，到1793年法典才最终完成，1794年2月5日法典被颁布，并于6月1日施行于整个威廉·弗雷德里克统治的地区。法典的名称为《普鲁士国家的普通邦法》（*Allgemeines Landrecht fur die preussischen Staaten*）。1801年法国的外国立法部门将该法译成法文。参见［英］梅特兰等：《欧陆法律史概览：事件，渊源，人物及运动》，屈文生译，上海人民出版社2008年版，第237页。

② 上述五部法典又被称为“菲尔德法典。”

德的《民事诉讼法典》是这5部法典中最成功的,也许这是因为人们最需要这部法典的缘故。该法典最先于1850年在纽约通过,后来又有约30个州通过了该法典。但《民事诉讼法典》中满是古英语以及英国程序上的时间误置,它需要的是彻头彻尾的修正,而不是零星的修改。菲尔德的《刑事诉讼法典》的成就稍逊于前者。只有4个州通过了全部5部法典。

**(二)"统一法案"**

实践证明,最适应英美法律气候的法典化形式,要比菲尔德的构想更为狭窄。英、美两国并没有将所有法律,甚至是所有民法,都去法典化,它们选择的是特定法律法典化的道路。例如,纽约州早在1828年就对不动产法进行了法典化。在19世纪中期,许多州都通过了综合性的刑法典。

美国律师协会(The American Bar Association ,ABA)成立于1878年,它的目的之一就在于消除各州法律间的差异。而这种差异在商法领域,显得特别的滑稽;但当美国律师协会意识到通过联邦立法不可能解决问题时(因为这需要对宪法进行修正),于是该协会有了不通过联邦立法而统一法律的想法——先由律师协会负责制定统一的法律,然后再由各州的立法机关来继受这些法律。这种想法的基础是,一部普通法典会指引法律的统一。

就这样,美国律师协会成立了一个委员会,该委员会成立的宗旨就在于调查这种方法的可行性;两年后,一些州联合起来成立了"统一州法全国委员会"(National Conference of Commissioners on Uniform State Laws)。该机构提议制定一系列法案,它们包括1896年《统一流通票据法案》、1906年《统一仓库单据法案》、1906年《统一买卖法案》、1909年《统一股票交易法案》、1914年《统一合伙法案》及1918年《统一附条件买卖法案》。"统一法案"的依据有二:一是它们可以使法律同当前的商业交易习惯保持一致;二是通过提供一部单独的法律,假使各州能以同一形式通过该法律,那么就能够在各州间起到引发法律统一的目的。上述法案以及商法领域里的一些其他法案都被广泛通过。

但是,统一法案起草者的上述两大希望在下列两种现实的压力下终于破灭。这听起来遗憾,但毕竟不可避免,因为每个州都从自己认为合适的角度,实施解释法案的权力。但是既不遗憾,同样也不可避免的是,到 20 世纪 40 年代,在商事规则经过约 50 年的变化后,时代呼唤新的实定法出台。这一次,立法者并未提议新的、单独的法案,相反,他们决定把同属商法类的法案整合成一部大部头实定法。

美国法学会(The American Law Institute)及统一州法全国委员会共同制定了新的《统一商法典》——这是一部整合以前 8 个单独领域的综合性法典。该法典的第一次草案于 1952 年问世,并于 1954 年被宾夕法尼亚州继受。该法典于 1957 年、1958 年分两次被修订,如今成为所有州的法律,即便是大陆法系的路易斯安那州也继受了该法的大部分内容。

盎格鲁 - 美利坚法律制度抵制住了“全面法典化”的诱惑,而仅在操作上和政治上都可行的部分领域适用了法典化的原则。但是,即便是在完成法典化的领域,法律分析走的仍是盎格鲁 - 美利坚的传统路线而未遵循大陆法的方法。在这些法典的解释上,先例原则始终占支配地位,这一点即便是在少数几个几乎完全实现法典化了的州里也是如此。从律师和法官的角度来看,他们也倾向于将法典仅视为假设法典缺位时法律应该是怎么一种情况的简单宣言,有时,他们甚至会忽略法典的存在。

在美国的大部分州中,大部分法律仍然是普通法,我们只有追溯过去的判例才能了解它们的内容。如果要我们现在就说法典化在将来会达到一个怎样的程度,这显然还不是一件保证能预料到的事,但是我们似乎可以说,盎格鲁 - 美利坚法律体系中的法律分析模式在可预见的将来仍然不会有什么明显的变化。

## 第三节　法律解释

西方法律制度大概发展出了三种法律解释方法。在欧洲大陆,权威法学家对法典意思的意见最受人们重视;在英国,人们认为法律解释必须要运用严格的法学知识,也就是说要用到法律的每个角度。在美国,人们主要通过考察法律的制定过程来判断立法的本意。

英国的早期理论认为,法律解释的权力应归法律的起草者。在当时的英国,因为王室法官是国王谘议会的重要组成人员,因此,他们可以说自己知道法律的意思,因为他们就在起草法律的现场。但是,到13世纪中叶时,法院已拥有了独立的地位,不再像过去一样紧紧附属于谘议会,所以上述方法也就不再可行。法院开始认为制定法是对法院职权的一种干涉,因此,法院出台了严格的制定法解释规则。在实践中,这也是法院取得的制约政府其他部门的一项权力。英国的法官拒绝认同通过发现法律起草者本意的方法来达到解释法律目的的理念,到1904年,霍尔斯伯里勋爵(Lord Halsbury)说:"最糟糕的法律解释者,就是负责起草该法之人。"解释权的这一预设至关重要,它有助于确立司法的独立地位,对于英美法中的政府权力分立原则而言,尤为重要。

在美国,法院并未接受这一隔绝封闭的态度。大概是受联邦宪法解释的影响,在美国,法律解释尤为重视立法本意。尽管我们对美国宪法的起草过程尚不得而知,但是各州努力继受这一制定法的过程是一直伴有支撑文献的,其中尤为重要的当属亚历山大·汉密尔顿和詹姆斯·麦迪逊合著的《联邦党人文集》,它仍被经常引证并作为支撑论据。因为很多新情形在宪法通过之时是无法预料到的,所以追求立法本意这一方法常常难以适用,因此,这一方法在受到一些人热烈支持的同时,也为一些法官与学者所抛弃。

但是，当我们将立法本意方法应用于相对新近颁布的制定法之中时，它的价值马上就凸显出来了。在相关立法机关将立法辩论、书面记录等相关文件的副本照例公布的情况下，上述判断就尤为正确了。比如说，纽约州法律修订委员会（The Law Revision Commission of New York State）曾就某一立法提案公布了众多卷的书面记录，再如，统一州法全国委员会也就近来《统一商法典》的每一节都公布了“评注”，这些虽然不是《法典》本身的一部分，但是它们在将来的司法解释中可能是有作用的。

寻求立法本意的理念可能确实应受到批判，因为真正需要确定的是法院的意图。特别是当立法者在起草法律时并未经过深思熟虑，而法官又将这样的法律适用于案件时，这一判断就尤为正确了。当制定法的范围在经过多年后已得到司法扩大化，而新范围包括的事实情形与立法者考虑的情形仅有稍许相似之处时，上述判断也十分正确。司法抑制[①]（judicial restraint）在面对对方扩大范围和权力的事实时，就变得罕见了。

① 类似的表述还有司法消极主义（judicial passivism）、司法谦抑（judicial deference）及司法自制（judicial self－restraint）等。

# 第七章　学说著作

在英美法律制度中，学说著作尽管从来没有像在大陆法系中那般重要，但是它仍占据着重要的地位，它是法律的次要渊源。事实上，在很早以前，它们等同于真正的法律，因为当时法律别无其他渊源。

在英格兰，公开的法律著作最早出现于亨利一世统治期间(1100～1135)，当时有人曾根据诺曼征英带来的变化，几次重新表述过盎格鲁－撒克逊法。其中主要的一部叫做《亨利法》(*Leges Henrici*)的书，它可能也是在诺曼征服后出现的最早的真正法律书籍。然而这部书的名字却不适宜，因为它只是一部亨利一世在加冕时制定的《亨利一世宪章》的复制版书籍的第一部分。《亨利法》的大部分内容都在试图将忏悔者爱德华的法律与时代接轨。

同样是在亨利一世统治期间，一位没有留下姓名的作者编纂了另一本叫做《忏悔者爱德华法律大全》(*Laws of Edward the Confessor*)的书。该书旨在成为诺曼征服期间在英格兰具有效力的法律汇编，它是由征服者威廉通过"调查陪审团调查程序"发掘出来的。它作为伪作的真正本质直到19世纪才被发现，但这本著作已影响了诸如布拉克顿及柯克等著名法学家，而他们都曾将本书奉为真理。

## 第一节　从格兰威尔到利特尔顿

如果亨利二世(1154～1189)生活在今天的华盛顿，他必定会是一位充满争议、精力充沛的政府官员。亨利二世不稳定的情绪并没有成为他成功的阻碍,反而可以解释其他有前进动力、掌握管理和立法才能及决心结束斯蒂芬乱政和加强中央集权的原因。在亨利二世统治期间,代诉人可以代替诉讼当事人出庭并就案件的程序方面给当事人指导;回复占有诉讼得到确立;立法在这一时期也呈现出了新的局面。

作为一名 12 世纪时期的行政官,亨利二世需要日益增多的普通法制度方面的记录,在这之中,他对财政署完成的重要法律制度记录的需要显得更为迫切。亨利二世统治期间,理查德·菲茨·尼尔(Richard Fitz Neal)曾担任过 20 余年的财政大臣,尼尔在其在位期间完成了《财政署对话录》(*Dialogue of the Exchequer*),这是一部有关英格兰早期财政事务的基本资料库源,但尚不算是法学著作。

在 1187 年左右,格兰威尔(Ranulph de Glanvill)创作的一部著作[①]问世;格兰威尔是亨利的宠臣,且很快成为亨利二世的司法长官(Chief Justiciar)。这部著作讨论的对象仅是王室法院中实施

① "一部著作"是指格兰威尔的奠基之作——《英格兰王国的法和习惯》,它是对当时约 50 种王室令状的注释。本书通过记录、整理、汇编国王关于各种诉讼的令状,对与令状相关的诉讼方式、程序作了论述,并阐明了国王法院的管辖权。后世法学家正是通过格兰威尔的研究,才得以了解当时的审判实践、诉讼程序以及普通法形成时的状况。《英格兰王国的法和习惯》最初由拉丁文写成,分 14 册,原书名是"Tractatus *de Legibus et Consuetudinibus Regni Angliae*";其英文名常翻译为"*The Treatise on the Laws and Customs of the Realm of England*"。这一著作到底是否真由格兰威尔所作,学界有过争议,例如有人认为它由格兰维尔与其侄子胡伯特·瓦尔特合著。参见沈宗灵:《比较法研究》,北京大学出版社 1998 年版,第 206 页。此外,《英格兰王国的法和习惯》还常被人们称为《格兰威尔》(*Glanvill*)。约成书于 1187 ~ 1189 年间。该书的权威英文版本由 G. D. G 豪尔编辑与译注,于 1965 年在伦敦出版。这一著作的日文版名为《中世纪英格兰王国的法和习惯》,由松村勝二郎翻译,日文名照录如下"中世イングランド王国の法と慣習 : グランヴィル",由明石书店于 1993 年出版。《英格兰王国的法和习惯》被誉为"英国法律史上论述普通法的最早的专著",这是英国著名法制史学家霍兹沃斯(Sir W. Holdsworth, 1870 ~ 1944)对这一著作的评价。

的法律。它的重要性既体现在它所包括的信息也体现在该书的组织方式上,因为它给后世几百年的法律写作确定了风格。在当时,有大约50种王室令状,该书是对这些令状的释义。

关于普通法的第二部伟大著述是布拉克顿(Bracton)于1256年创作的未竟之作。[①] 该著作同样是对于令状的释义,在布拉克顿时代,令状已有约250种。布拉克顿的著作要比格兰威尔的著作包括的内容多,为填补尚不完整的英格兰法(与大陆法之间的)差距,他还在书中的一些地方融入了一些大陆法概念。

布拉克顿的著作在两个关键的时刻非常重要。首先,它在写成时影响巨大,这是因为它是当时存在的有关英格兰法的唯一一部权威性论著。第二次同样重要的时刻是,在这部书于1569年重新出版,这时布拉克顿关于王室义务的论述被后人用作抵制国王要求并实现其特权的工具。柯克勋爵成功借助了布拉克顿本人及其与王室著名冲突的影响,特别是援引了的他的著名论断,即:"国王是上帝与法律之下的国王"这一名言。当然,在布拉克顿时代,君权神授的这种概念还不为人知晓,但是对布拉克顿上述论断的再次肯定,在君主提出这种请求之际,确实能够产生一种有益的效果。

此外,在这之后还有两部小型著作问世,它们效仿了前两部著

① 这里的"未竟之作"是指《论英格兰的法律和习惯》,它最初也由拉丁文写成,原书名是" *De legibus et consuetudinibus Angliae libri quinque*",直译为中文是《论英格兰的法律与习惯五卷》。国内学者有时还将此书翻译为《关于英国的法和习惯》、《英格兰的法律与习惯》等。此书的成书年代有争议,何勤华教授在其主编的《英国法律发达史》中提到的时间是1250年(p.53),本书原著中提到的时间是1256年(p.122),网上大英百科全书上标明的时间则是约1235年。该书的英文名常翻译为" *On the Laws and Customs of England*"。美国学者乔治·伍德拜恩(George Woodbine)于1915年到1942年间在纽黑文耶鲁大学出版社共编辑出版此书4卷;英国学者塞缪尔·索恩(Samuel Thorne)于1968年到1977年间在剑桥大学出版社翻译出版了此书4卷,名为《布拉克顿论英国的法律和习惯》(*Bracton on the Laws and Customs of England*)。

作，大约于1290～1292年间问世。这两部著作的名称分别是《弗莱塔》(*Fleta*)[①]和《布里顿》(*Britton*)。[②] 它们不但代表了法律创作第一时代的终结，还标志着法律书面语言是法语而不再是拉丁语的开始。在1290年，还有一部称为《正义之鉴》(*Mirror of Justices*)的著作问世，但它是一部伪作，它号称是依艾尔弗雷德国王之法对当时实用之法的描述。我们之所以要提到《正义之鉴》这部书，是因为它同《忏悔者爱德华法律大全》一样，尽管它的内容也完全不值得信任，但后世学者对它曾十分依赖，直到18世纪晚期，人们经研究后才发现它是一部伪作。

## 第二节 从利特尔顿到肯特和斯托里

大约是在1418年，或者说是印刷术传入英格兰6年之后，托马斯·德·利特尔顿的《土地法》(*Tenures*)[③]第1版问世。因为利特尔顿是普通诉讼法院法官，所以土地法是他十分熟悉的主题。顺便提一下，有人也许会注意到利特尔顿事实上是其母亲少女时代的姓，而不是其父亲的姓。很显然，他的父亲虽出身贵族但不太

---

① *Fleta* 音译为《弗莱塔》，又称为"*Fleta seu Commentarius Juris Anglicani*"，又意译为《英格兰法律摘要》。根据《元照英美法词典》(法律出版社2003年版，第561页)对于该词的解释，它系有关英格兰法律的一部古代论著。相传为一法官或律师约于1290年被困于伦敦弗列特监狱(Fleet Prison)时作，并因该监狱而得名*Fleta*。译者补充信息如下：该作品的创作时代大概在爱德华一世时期(Edward I)，其大部分内容是对于布拉克顿作品的简单临摹。据说，作者所以被囚禁于弗列特监狱的原因是他犯了渎职罪。*Fleta*最早由英国著名法学家约翰·塞尔登(J. Selden)于1647年发掘印行。

② 根据《元照英美法词典》(法律出版社2003年版，第176页)，《布里顿》写于爱德华一世时期，用法律法语写成，作者身份不明，主要借鉴了《布拉克顿》和《弗莱塔》等著作。这部著作的目的在于将爱德华一世时期制定的法律编纂起来，是王室法院执业律师的实用书，似乎一度很受欢迎。

③ 还有人将 *Tenures* 译为《土地保有法》。

显赫,而他母亲的家庭则古老而著名,他的父亲在结婚后使用了他母亲的这个更容易为大家认可的姓。利特尔顿的这部著作开启了法律写作的新趋势:按照特定主题来组织正文,不再以令状释义的形式来组织主题,著作内容还细分为若干章。经过约 150 年的使用,这部著作被柯克勋爵于 1628 年从原先的法语译为英语,从而使其跟上了时代发展。英语法律语言是拉丁语、法语和英语的综合体。在 1731 年前,拉丁语一直是法庭文件的正式语言;法语到 1362 年前一直是法庭上使用的语言,直到 16 世纪才在法律文学语言中消失。后世许多人编写出版过多个版本的《柯克论利特尔顿》(*Coke on Littleton*),并对先前著作添加了现代评论。直到 19 世纪初止,这本著作一直在美国广泛使用。

在同一时代,一种新型的比较法著述问世,福蒂斯丘爵士(Sir John Fortescue)的《英格兰法礼赞》(*In Praise of the Laws of England*,1470 年)是代表。该著作是一部有关英格兰法与法国法比较研究的作品,主要是为爱德华王子(Prince Edward)的教育而准备的。在这之后,大约在 1523 年,克里斯托弗·圣·杰曼出版了(Christopher St. Germain)一部关于衡平法理学的哲学理论论著《神学博士与普通法学生对话录》(*Dialogues between a Doctor of Divinity and a Student of the Common Law*)。

柯克勋爵自己铸就了下一部英格兰法著作的丰碑。他的 4 卷本《英格兰法总论》(*Institutes*)的第 1 卷是对利特尔顿著作的释义,也是唯一一部在他生前就出版了的。《英格兰法总论》第 2 卷出版于 1642 年,是对制定法的释义;第 3 卷出版于 1644 年,是对刑法的释义;第 4 卷也出版于 1644 年,论述的是法院的历史。

17 世纪时,许多小型但十分重要的法律著述得到出版,其中有些著作具有实用性,有些著作关注的是一般性事项——特别是法律史。有两部实务性著作是有关商人法的,它们也很重要,这是因为可流通票据法的快速发展隔开了这两部书籍的成书时代,可流通票据法的快速发展这一点也反映在了书中。第一部是杰勒德·马利纳(Gerard Malynes)的《商法宪章》(*Constitution of the Law Merchant*)(1622);第二部是约翰·马里厄斯(John Marius)的《汇票刍言》(*Advice Concerning Bills of Exchange*)。法律史方面的著作包括约翰·塞尔登的《闲谈录》(*Table Talk*)和马修·黑尔爵士(Sir Matthew Hale)的《普通法的历史》(*History of the Common Law*)及《国王诉讼的历史》[①](*History of Pleas of the Crown*)。

1765 年,另一本著作问世,它成为美国律师直到 20 世纪时还一直学习的主要教材,这就是布莱克斯通的《英国法释义》。关于此书,本书第四章已有提及。

## 第三节　从肯特和斯托里到今天

在 19 世纪 20 年代,美国出版了两部重要著作。詹姆斯·肯特于 1826 年到 1830 年间出版了他的 4 卷本《美国法释义》。肯特曾担任纽约最高法院大法官及衡平法院大法官。尽管他在形式上效仿了布莱克斯通《英国法释义》的 4 卷本体系,但是他的著作同前者实际上很不相同。肯特追溯了美国法从英格兰法发展而来的历史,但与布莱克斯通不同,他对欧洲大陆的大陆法持欣赏态度。肯特认为大陆法的有些部分要比普通法更为优越,进而开启了美国对大陆法的进一步研究。肯特在自己去世的当年(1845 年)完成了对其作品的第 6 次也是最后一次修订。

尽管约瑟夫·斯托里也称自己的著作为“释义”,但事实上它

---

① 黑尔生于 1609 年 11 月 1 日,死于 1676 年 12 月 25 日。他在进行法律改革及促使查理二世复位方面扮演过重要角色。《王国的诉讼》(*Pleas of the Crown*),该书已被翻译成中文(共 202 页),译者王雨田,中国人民公安大学出版社 2008 年版。

们算是美国的第一批法学教材。正如在一部“释义”性著作中，“法律选编”——即按照字母顺序编排的法律程序的讨论——之后会紧跟着作者对相应法律制度的讨论一样，在一部“释义”性著作出版后，通常有人还会紧跟着出版他对某一部门法进行推理论述的作品，这种作品就是“教材”。

斯托里之后，许多作者遵循了专业化趋势——这一趋势实际上在几个世纪以前就已由利特尔顿所预示，只不过后又经斯托里注入现代活力。今天我们拥有的很多著述，如《威格摩尔论证据法》、《威利斯顿论合同法》、《普罗瑟论侵权行为法》，即是其例。这些作者的影响很大，他们在许多领域为法的发展描绘了蓝图。他们的贡献在于：他们简化了大量案件中存在的多如牛毛的普通法，并将其归整到一个人们基本能够控制得了的数量。

在学说著作方面，人们进行的一个现代而又新颖的实验是“法律重述运动”，它由美国法学会发起，该学会成立于 1923 年。重述的理念是：在一批博学的律师、法官、法学教授在经过研究、讨论后，能够对特定法律部门的本质形成统一的意见。每一论题的最初稿都由一位学者负责草拟，其余成员就此展开点评，直至大家取得一致意见。人们认为，这种方法可以让个人的品性及观点融入到集体的思维之中。

“法律重述”并不意味着新法的诞生，它们不同于制定法的形式。“法律重述”作者们的目的在于：在所有法域已决判例的基础上，为人们展示一个他们认为最佳的问题解决路径。

美国现在已有一系列的法律重述，例如《合同法重述》、《代理法重述》、《侵权行为法重述》及《返还法重述》等。它们对于法律发生的影响不尽相同，因为它们中的一些受到法学界的高度认可，但也有一些《重述》并未受到特别的重视。《重述》并未改变法律人进行法律分析的传统方法；它们的出版仅意味着它们各自所在的法律部门中又增加了一部可信的著作而已。法院和律师会援引

《重述》，但是最主要的法律渊源仍然是判例集和制定法。

美国各大法学院在它们各自的《法律评论》上亦展示大量的法学论述。基本上每个法学院都出版有学术刊物，它们通常由高年级学生负责。杰出的律师、法官、法学教授为这些杂志撰写有前瞻性的文章，学生也可对感兴趣的话题、案例发表评论。倘若仔细分析，我们也许会发现，《法律评论》也许比其他任何次要法律渊源都更有价值。

# 第三部分 传统领域的普通法[①]

① 第三部分的原标题是“The Common Law in Action”。似与第四部分的标题“The Common Law Codified”(法典中的普通法)相对。这部分内容包括不动产法、侵权行为法和合同法;第四部分包括商法、可流通票据法和商业组织法。第三部分主要是讲“在诉讼中形成的普通法”,这里的“诉讼”应主要是指“forms of action”,即程式诉讼。译者试图将这一标题翻译为“行动中的普通法”、“发展中的普通法”、“判例中的普通法”等,但均不能完全达意。译者综合考虑后认为,这一标题译为“传统领域的普通法”最好理解,亦可达意。

# 第八章　不 动 产 法

“封地”或称“可继承不动产”(fee)①是不动产法中的一个基本概念。该词来源于拉丁语“采邑”(*feodum*),是“分封地”(fief)或“封建地产”(feudal estate)的意思。法学中使用的“可继承不动产”一词,指的是财产上的永久权益。而这一称法本身令人费解,因为事实上没有人能够“永久”不老。因此,永久利益理论只能通过它的结果来理解。拥有可继承不动产者可以出卖土地,土地买受人可以在出卖人死后继续保留该土地;该土地也可通过立遗嘱的形式留给继承人,或者分为若干份可继承的“不动产保有”(tenancy)。盎格鲁－美利坚法律制度相对成熟后,绝对及永久性土地所有权理念才形成。

## 第一节　盎格鲁－撒克逊背景

盎格鲁－撒克逊人并不知晓“可继承不动产”为何物。但是,尽管盎格鲁－撒克逊人对这一制度的详细情况并不十分清楚,而他们似乎是按照下列三种方式之一持有土地的。最为普遍的形式

---

① Fee 是个多义词,通常由下列几个意思,其一,酬金,如 retaining fee(雇佣酬金);其二,可继承不动产,如 fee simple(非限嗣可继承不动产)与 fee tail(限嗣可继承不动产);其三,封地,如 knight's fee(骑士封地)。等等。

是"民田"[1](folkland)。人们在一段时期曾认为这是一种共有制,而且村民们每年对现有的可耕地分配一次。这被人们称为"马尔克公社土地制"(Mark system)。但是,在英格兰早期法律研究先驱、历史学家维诺格拉多夫(Vinogradoff)对这一问题的研究成果在世纪之交[2]问世后,这一理论即被废除。事实更为简单,"民田"的意思仅指根据一般法或习惯法而持有的土地。因为当时的人们对此十分熟悉,所以没有人花费心思将它的特点记录下来,因而现代学者对它的具体原理并不十分清楚。

据推测,这种形式的土地所有权是以家庭而非个人为单位的。当一家庭的家长死亡后,土地支配权转移至另一位家长身上。因为当时的土地交易很少发生(丹麦人持有土地的地区除外),所以转让权的问题并没有出现。有一些迹象表明,土地交至教会手中时,需得到所有可能的继承人的同意。但是,这种同意仅是预防性的,并不属于一种法定条件。

---

① 也翻译为"无地契地"、"民间社区保有地"、"民有地"等。Folkland 有时还拼为"folc-land"。按照《元照英美法词典》(第 563 页)的解释:民田是指民众所有的土地,为社区财产,可以共同占有,也可分别占有。分别占有时,土地由民众大会或社区法庭向出席大会或法庭的自由人授予。民田不可永久授予,期限界至则复归社区,再行分配。民田上附有各种负担,如维修公共设施等,它不同于特许状保有地(bokland)。

② 指 19 世纪和 20 世纪之交。此处的维诺格拉多夫是指 Paul Gavrilovich Vinogradoff,1854 年生于俄罗斯,1918 年成为英国公民,1925 年逝世于巴黎,是英国著名历史学家、英格兰早期法律的研究专家。此处所指的"研究成果"应是指他在 1893 年《英格兰历史评论》(vol. viii. of the English Historical Review (1893))第 8 卷上发表的关于"Folkland"的文章,该文章第一次说明了此类土地的性质。维诺格拉多夫最为著名的著作是《英格兰隶农土地保有制度》(*Villainage in England*)(1887 年首次于俄罗斯出版,1892 年以英文出版)。在 20 世纪初,作者先后出版了《采邑制度的成长》(*The Growth of the Manor*,1905),《十一世纪的英格兰社会》(*English Society in the Eleventh Century*, 1908)和《中世界欧洲的罗马法》(*Roman Law in Medieval Europe*, 1909)等几部著作。资料来源:http://www. britannica. com/EBchecked/topic/629517/Sir - Paul - Gavrilovitch - Vinogradoff;http://en. wikipedia. org/wiki/Paul_Vinogradoff,2009 年 8 月 20 日。

教会或一些大封臣(great men)的土地所有权,通常是以国王及其贤人会议的赐予正式特许状或钦赐契据(grant)的形式或形式而获得。这种所有权形式也较为普遍,它就是所谓的"书田"(bookland)。①书田的持有人对土地并不享有绝对所有权,但是土地持有人对其所享有的权利,至少也拥有持有人对民田所享有的同等权利。对于耕种土地的农民而言,书田只意味着主人的变更。因为书田的所有人对实际耕种并无兴趣,所以对于真正地上占有人来讲,书田就是民田。文书授予土地所有人一些诸如开庭审理案件以及收税的权利;他们承担义务的仅有"三项基本税"(*trinodas necessitas*),即第一,服兵役;第二,在土地范围之内修桥;第三,筑路。

书田受钦赐契据上规定的条件调整。有时,书田的持有人还被赋予立遗嘱处分土地的权利,即便是该土地并不属于可由继承人继承的土地。教会土地由原受赐地之人的职位的继任者持有。书田地产的期限由文书载明,如果文书对此未加规定的,它的使用期限仅限受赐人的生命期,受赐人死后,该地产归复原先的所有人。

第三种形式是"暂借保有地"(laen land),这种地产是指再分封之领主(superior holder)的下一代到三代人占有的土地,占有人

① 也翻译为"文书地"、"特许状保有地"、"钦赐土地"、"契据土地"等。Bookland 也拼为"bocland"、"charter-land"、"deep-land"等。根据《元照英美法词典》(法律出版社 2003 年版第 161 页)的解释:书田是指诺曼征服前依国王授予的赐地文书而保有的土地,相对于依习惯而保有的民田(folcland),是庄园领地的原始的土地保有形式之一。保有该土地的依据是一份载明了固定租金及自由役(free services)的简短契据,实际上在各方面均与自由农役保有地(socage lands)类似。以文书转让土地的做法源于罗马,由教会引入英格兰。书田是国王经贤人会议同意后赐予某人的民田,最初只赐予教会或现在所称的教会法人(ecclesiastical corporation),后来也赐予俗人。对俗人的赐地都申明是为了某些宗教的目的,但这只是纯粹的形式问题。诺曼征服后,书田消失。

须向上位领主缴纳一定的收成。同“作物收成分成协议”(share-cropping arrangement)相比,它同现代的租赁制更为相似,不过,土地占有人向封建领主缴纳的倒确实是谷物而非货币租金。暂借保有地保有人通常会同封建领主签订书面协议。

“暂借保有地”这一土地保有形式的运用很广泛,这是因为它是一种罕有的生财之道。当时的贸易主要表现为市场上的物物交换和职业商人的贸易交易。教会法和世俗法都严禁使用金钱来获取利息。但是,通过获得“暂借保有地”,佃农在支付岁贡后,即有权享用土地带来的果实。对于封建领主(通常是教会)而言,它在大约一百年间都可以从土地上获得稳定的收益。当然,三代过后,保有地产的家庭一定已经十分习惯保有该地产,习惯成自然,他们很自然就会将该地产看作是自家的财产。“暂借保有地”的授予者有时可能会同最后占有土地的佃农的继承人重新签订一份协议来解决上述问题。

## 第二节 诺曼背景

征服者威廉引入的封建制度,也给英格兰法引入了许多重要变化。这既有经济方面的原因,也有军事和政治因素。

盎格鲁-撒克逊国王们的财政来源并不充足。国王们拥有自己的土地——他们因国王的身份而保有土地;他们还从臣民处获得馈赠,而这种馈赠有时会成为臣民们的强制性义务;他们从王室法院的收入中分得部分收益;他们还会从犯罪分子处获得不菲的罚金,只要该犯罪侵害的对象是国王本人、国王财产、国王家庭成员及国王的随从。

但是,征服者威廉的需求显然要比英格兰从前任何一位国王的都要大。他不仅是英格兰的国王,还是诺曼底的公爵。显然,他要保护的不止英格兰,还包括法国的一大部分地区。

此外，诺曼人占据着政府的重要行政部门。盎格鲁－撒克逊政府的主要特点是分权而治，国王虽有威望，但力量相对弱小，而贵族们的力量相对强大；但诺曼国王们要实现的目标是中央集权——国王力量强大，贵族权力相对弱小。

这个时代一个显著的特征就是它基本上是一个没有货币的时代。它是一个“未货币化的社会”。从另一个角度来说，它是一个农业社会，直至伊丽莎白一世时期结束为止，英格兰实际上确实如此。工业革命爆发前，农业从未失去它的主导地位。

当时的问题就在于，如何才能在缺乏货币的情况下将事情办好？问题的答案就在于：实现对土地的基本垄断。威廉声明，他对英格兰所有的土地都享有所有权，在他之前，没有一个英格兰国王作出这样一个声明。因此，英格兰的贵族们若要保有他们的地产，就必须宣誓对他效忠。尽管威廉大概一直想要实现这一愿望，但是贵族们并未作出这种宣誓。诺曼征服英格兰经历了一个漫长而又艰难的过程，在英格兰的一些地方，诺曼人甚至进行了种族灭绝，这一做法的结果是：诺曼征英 20 年后，保有达到庄园规模的土地的英格兰人从约 5000 人锐减至共 2 人。

统治阶层对于土地的保有不再以他们的等级为凭证，也不以人们是否属于自由民为依据，反过来，保有土地要以人们能否为国王的需要提供役务为依据。在这些役务中，最重要的当是兵役役务，当然人们若是提供其他役务也可保有土地。

侍从、厨师、造甲者、造箭者都可凭借自己的役务而被授予土地。

因此，封建主义是一种双向的关系。国王把土地赐予这一新的统治阶级，为的只是换取特定的役务。一旦得不到役务，土地即被收回。从表面上看，这是封建领主与位于金字塔塔底的人们之间的社会关系，但从实质上看，这是一种经济关系。向国王提供役务或骑士的多少，并不依据土地价值的大小，而是取决于国王的需要与封臣的讨价还价能力的平衡。有人会以为,这些封臣可通过次级分封的形式把他们的负担进一步分摊下去。但是,这样还是不能免除直属封臣(tenant-in-chief,即直接从国王处保有土地的领主)的责任,因为,直属封臣倘若不能履行自己义务,就可能失去所有的地产,他的附庸及附庸的附庸们全部会因此失去地产。

可以这样说,英格兰的政治制度就出自这样的“军事-农业体制”(military-agricultural complex)。国王谘议会的成员即来自这些大封臣,他们所以被称为大封臣,是因为他们是由国王钦选、钦赐土地之人,他们反过来向国王承诺,为国王提供他原本无法购买到的役务。作为接受国王恩赐土地的回报,“兵役土地保有人”(military tenant)会作如下宣誓:“听从阁下吩咐,对阁下的生命、家庭成员效忠,守卫阁下的世上荣誉并抵御其他一切领主,以报臣受封土地之恩”。

这种养兵模式对于短期征战而言可能较为合适;但是倘若用于永久性防务,只有拥有一支常规部队才是上策。在12世纪时期,国王免除了直属封臣的骑士役义务,转而赞成他们缴付“免服兵役税”(scutage,也拼为escuage);至封建制度于1660年遭废除后,免服兵役税才废止。免服兵役税的数目是固定的,因而极易受到通货膨胀的影响,而通货膨胀似乎是历史进程的一个组成部分,因此,在经过一段时期后,免服兵役税已经变得几乎不值一提。尽管这种现象没有出现在理论探讨之中,但免服兵役税于1384年后已经基本消失,在此之后,部队的供给主要靠议会拨款来支持。正如前文所述,这也是议会增设平民院的一个动因。当封建制度最终于1660年被废除时,免服兵役税被啤酒税代替。就这样,这一著名的制度最终走向了平凡的结局。

骑士役义务理论往往会在附庸封臣死后带来现实的麻烦。既然骑士役是一种建立在领主和封臣互相信任基础之上的人身关系,那么现在的问题就是:领主是否必须在附庸封臣死后接受死者的继承人,并将之作为封臣的继任者?该继承人完全可能是领主的敌人,或者不再效忠领主,或者会质疑免服兵役税的缴付。在封建理论中,领主有权选择其附庸封臣。这一问题最后也通过金钱得到了解决。继承人在交付一笔“继承金”(relief)并对封建领主宣誓效忠后,这种对于原封臣继承人再授予土地的行为就成为一件正常之事了。“继承金”的数额也是固定的,它到后来也逐渐减值了。

附庸封臣之女的婚嫁也会带来类似的封建制度问题。假使她出嫁的对象是封臣之领主的敌人,其结果简直不可想象,因为婚姻必须得到领主的许可。但是若无金钱在其中发挥作用,当事人根本不会得到领主的许可。因为,有地绅士之女手中握有财富,任何男子与这样一位女子的婚事都会为他带来地位、土地及珍贵的嫁妆。相应地(实际上这在封建理论中并无什么正当理由),领主向附庸封臣之子的婚事亦有收取结婚费的权利。

此外,还有一个问题。假定附庸封臣死亡之时,其子尚未成年。这种问题在当时不可谓不平常,因为当时的平均寿命较短。这里的问题就是:谁来负责照顾已故的附庸封臣的未成年之子?亲戚可能会杀害该孩子,因为这样做的结果比抚养他更为有利可图,因为亲属在已故附庸封臣无子嗣的情形下即可继承他的地产。亲属可能是领主的敌人。领主因此享有监护权,作为照顾、教育被监护人掌握特定技能的回报,领主有权使用被监护人的土地,直到被监护人长大成人,此时领主再无从中获利的任何理由。领主的这一权利,如同允婚权一样,在数百年中均为他带来了丰厚的财富。

领主还有从附庸封臣处获得资助金的权利。当领主的长女结婚、长子受封骑士时,领主会发出经济告急信号,这时附庸封臣需要拿出贺礼或帮助举办宴会;倘若领主被俘需要赎金的,附庸封臣也要提供帮助。到 13 世纪时,领主可以索要资助金的额度和情形都有了具体的规定。

最后，领主还有土地复归权(right of escheat)。如果附庸封臣被判叛国罪以外的其他重罪的，在国王对封臣的土地享有一年零一天的收益权后，该土地会被复归给领主。如果附庸封臣被判叛国罪的，他的土地会被国王完全没收，领主此时会失去其全部权利，即便犯罪的是他的封臣而不是他自己。

获得地产的途径除军事役以外，还有一种被称为“侍君役”①(sergeanties)的役务。侍君封臣有其需要履行的特定义务。在早期的封建主义制度下，任何领主都可有自己的次级侍君役，但到15世纪时，侍君役仅限国王享有。如今仍承担荣誉侍君役的人员仍参加国王的即位典礼。附庸封臣的地位取决于侍君役服侍的领主的地位。所有承担侍君役的人员也需要缴纳“继承金”和“帮助金”，但是只有承担大侍君役的人员才享有上文提及的监护权和允婚权，而承担小侍君役的人员并无这样的权力。

教会持有“自由教役保有地产”(frankalmoign tenure)，有时也称为“自由慈善地产”(free alms)。教会主要是提供精神服务，例如为施主作弥撒。很显然，这些土地的领主并无接受“继承金”的权利，也无监护权和允婚权。

---

① Sergeanty 有时也拼为“serjeanty”，还可翻译为“侍君保有”。侍君役土地保有的方式之一。此役只针对国王，不针对中间领主。它与骑士役(knight service)的不同在于后者要自备器械参加战斗，而前者只是为国王提供役务。侍君役可分为大侍君役(grand serjeanty)和小侍君役(petty serjeanty)两种，大侍君役必须由封臣亲自履行，例如在战场上打旗、持矛、领军或在登基大典上捧剑、做其他侍者等；小侍君役不必由封臣亲自履行，其内容是每年为国王提供一些小的作战器械，如弓、箭、矛、剑等。参见薛波主编：《元照英美法词典》，法律出版社 2003 年版，第 1246 页。

农役土地保有(socage)[①]是自由保有地产(即在王室法院受保护之地产)中最不重要的一种土地保有方式。它要求保有人宣誓忠实于领主,但并不要求其承担军役。事实上,这种方式的土地保有人可能根本无须负担任何真正的役务,他只需履行一种完全形式化的义务,比如说,他只需在仲夏季节缴一支红玫瑰,只要能象征他们之间的关系即可。一些"索克曼"(sokemen)会缴付年贡,还有一些则提供劳役(如为领主耕田)。但是,后一种形式的义务不是随时可以履行的,这不像是在隶农地产之中,它只有在特定时期才合适。

在有一段历史时期中,每位封臣都可以同自己位置之下的一位次级封臣建立上述几种关系中的一种关系。例如,一位直属封臣持有兵役保有地产,他可以将自己土地的一部分分封给另一位兵役土地保有人,一部分封给教会。然而,负责向国王缴纳封建税费和封建役务的仍是直属封臣地产(prime tenancy)。

因此,中世纪时期的地产保有制度具有明显的领主—封臣人身关系,从理论上讲,这种关系维持的期限仅限于封臣的有生之年。但是,事实上,封臣继承人在缴纳继承金和宣誓效忠的条件下,便可继承该地产。

隶农的地产受庄园主的规则支配,因此他们受庄园法院调整,而不受王室法院的保护,但是他们所处的状态仍然是有序的。

---

① 也翻译为"既定役土地保有"。农役土地保有是封建土地保有方式之一,以完成每年确定量的农务或交纳一定数量之金钱为条件,它区别于骑士役土地保有之处在于后者的义务更为荣耀体面,但更危险、繁重和不确定;区别于自由教役土地保有之处则在于它本身是世俗的和确定的,而后者是宗教性的和不确定的。对于农役土地保有,领主不能享有附属于骑士役土地保有上的诸如收取兵役免除税权、对佃户子女及财产的监护权、结婚批准权等封建保有附属权(incident)。由于和骑士役保有和教役土地保有相对,socage 一词后来泛指除军役、侍君役、教役保有、农奴土地保有之外,一切义务固定的那些土地保有形式,这些义务可能是一年缴一朵花、一副马刺或充当刽子手等。参见薛波主编:《元照英美法词典》,法律出版社 2003 年版,第 1266 页。

隶农并非奴隶。除依附于其领主外,他在其他方面是自由人。领主如杀死或伤害隶农的,会受到刑法的惩罚,但是领主有权鞭打或监禁隶农。

我们应对"隶农土地保有"[①](villeinage)和"隶农保有地产权"(estate in villeinage)加以区分。"隶农土地保有"是指一种继承制度,它基本上是隶农与领主之间的关系。领主有权随意从隶农处获得役务,通常而言,这些役务是农业性质的。领主可以扣押其隶农的动产,但前提是,该隶农一定是该动产的所有人,并且有随意处分该动产的权利。领主通常允许他们的隶农制定遗嘱。

隶农通常拥有庄园中的一小片土地,他至少也会有一间小茅屋。这实际上是隶农通过向领主提供役务后换来的财产。隶农在其他方面都是自给自足的。他在自己的土地上谋生,如果他仅有小茅屋而无土地的,则主要靠向领主外的其他人提供劳动来谋生。但是,领主可以将隶农驱逐出自己的土地。有些隶农的生活比某些自由民还要富足一些。

隶农可通过解放而获得自由。这种解放可通过特许状(charter)或者(领主)向隶农及"其继承人"颁发的土地授予状(grant of land)来实现。因为隶农是不允许有"继承人"的,所以,如果隶农及其继承人获得了土地特许状,这实际上相当于领主同意将被授予人转为自由人。隶农如果逃离庄园并成功在某些城镇住满一年零一天的,也可获得自由。这时,隶农即被认为获得了其自由。

自由人可以拥有"隶农土地保有"形式的土地,对于土地的使用而言,他和隶农一样,也要提供的役务——应领主之命向其提供

---

① villeinage,也可翻译为"隶农土地保有"。隶农土地保有是封建社会土地保有形式之一,低于自由农役保有(free socage),其保有条件随庄园习惯之不同而不同,但其役务之性质一般都是低贱的和不确定的,不过保有者既可以是农奴,也可以是自由人。参见薛波主编:《元照英美法词典》,法律出版社2003年版,第1403页。

役务,而非金钱或粮食收成。但是,他的人身地位属于自由人。因为“隶农土地保有”是指一种继承制度,所以,拥有“隶农土地保有”形式之土地的自由人的子女也是自由人。

## 第三节 土地的继承

尽管土地是否能够继承的障碍已经通过继承金制度得到了解决,但是仍存在的一个问题是:土地应该由谁来继承?虽然我们对盎格鲁-撒克逊法的细节尚未掌握,但我们可以从与其相似的所有法律制度中推测出,最可能继承土地的一定是被继承人的后代,而非他的父母、兄妹或者其他亲属。不仅如此,儿子通常会优先于女儿。

在诺曼征服时期,“共同平等继承制”(parage)似乎是人们接受的继承制度。按照这一继承制度,土地由封臣的全部儿子共同继承,但领主可履行批准或否决继承人的权利。封臣的长子代表全部继承人缴付封建税费、提供役务,但是他的其他兄弟同他是平等关系。共同平等继承制避免了土地在诸子之间的分割,而从封建的角度来看,土地的分割绝不是人们期待出现的结果,因为如果分割程序一直继续下去,每个儿子只能保有一小块土地,这样是无法负担封建税费和役务的。

土地产权在封臣死后到底应不应该分割的问题,牵扯到两方面的政治考量。一方面,一个继承人要比数个继承人好应付;但另一方面,一个强大的、继承了全部地产的继承人要比数个势力薄弱的、仅继承了份地的继承人对于王权构成的潜在危险大得多。在法国,这一问题的解决花费了好长时间,但在英格兰,于12世纪获得到赞同的“土地不可分割的长子继承制”(impartible primogeniture)解决了这个问题,并且这种继承制度在12世纪中期即亨利二世统治期间得到牢固确立。不可分割继承(impartible inheritance)以外的其他制度均未得到实现,因为要让两个人共同负担一件役务是一件难以实现之事。长子继承制还成为继承侍君役土地时需遵循的规则。但是,在封臣有女无子的情形下,共同平等继承制依然是她们需遵循的继承规则。

从经济的角度来看,长子继承制也有其优势。在稀缺经济学中,是所有的人都贫穷好,还是一部分人富裕好?把土地在众子之间进行分割会带来灾难性的后果,因为这意味着一个富庶的家族将在几代人的时间中分裂为若干贫困的农民家庭。

因此,英格兰早年的长子继承制象征着君权的强大。君主的力量如果薄弱,他一定会情愿让领主的地产分到众人之手,这样一来,他就可以更加容易地实现对领主控制。强势的君主愿意冒此风险。对于亨利二世而言,这样的风险并未显现;但对于13世纪初的国王约翰而言,他的确遭遇了这样的风险。但是,这一时期的长子继承制早已牢固确立,尚没有什么制度可以取代它。

从另一方面来说,长子继承制的路径早就因如下事实而注定会形成:欧洲大陆的王位是世袭的,而且会传至长子之手。因为诺曼人将王位世袭这一理念带到了英格兰,所以该理念运用到兵役保有地产就是自然而然之事了。长子继承制理念运用于隶农保有地产的原因显然是出于经济发展考虑。至于农役土地保有,它可能完全是出于效仿,故而成为最后一种适用长子继承制理念的土地保有形式。

英格兰的一些地方保留了古老的习惯。肯特郡在男子均分土地(gavelkind)的名义下继续适用"共同平等继承制",而按照幼子继承制的习惯,还有一些地方则将土地传至最小的儿子。

## 第四节 保有权的主体——教役[①]及自用地[②]

在现代法中，我们对“占有权”（possession）和“所有权”（ownership）这两个术语比较熟悉。但是，二者都是抽象的概念。它们与封建关系无关。上句话中的“所有权”不是一个封建概念；就不动产法而言，上文中的“占有权”在封建法中也并不重要。

但是，“保有权”（seisin）确实是一个与封建关系有关的术语。领主对其土地享有保有权，他可以将其保有的土地转让给他人。此时，领主和封臣都有保有权，且领主与封臣间关系的性质决定着该保有权的附属权利（incidents）。封臣对土壤本身享有保有权，他有从中获取利润的权利。而领主则享有所谓的“地役权”（seised in service）。领主获得的权利，如役务、免服兵役税、监护、允婚等权利，均来自他保有的土地。如果封臣不履行上述义务，领主有权剥夺该封臣对于土地的保有，并对土壤本身实现占领。因此，这之中，没有一个人对土地享有“所有权”，而且这一时期也不使用“占有权”这一术语。

**土地的转让**

“转让”（alienation）这一术语的字面意思是“放弃某物”。人们可以通过出售、物物交换及赠送等方式“放弃”土地。“转让”是人们活着时的一项自愿行为，人们在死后无法转让土地。

在长子继承制确立前，转让的范围和权力都不明确。在盎格

---

① 对应英文为service。

② Demesne，教会的土地保有方式，分为限定教役保有（tenure by divine service）和自由教役保有（frankalmoign）。

鲁-撒克逊时代,至少“书田”的转让似乎无需继承人的同意。但是,欧洲大陆和英格兰两地的诺曼特许状则显现出了需要得到所有继承人(不仅包括所有儿子,也包括全体女儿,还包括在土地所有人死亡前已进占该土地的其他亲属)共同同意的倾向。大约在1200年间出现了一次迅速、神秘的变革。格兰威尔的著作表明,古老的同意制度在当时(大约1186年)仍然存在,但这一制度到1256年,即布拉克顿时代,已完全消失。

这场变革大概是由于长子继承制的引入而引起,并因保证原则(doctrine of warranty)而在法律上获得了推动。之前,为确保继承物在各子间的平均分割,各方似乎需要作出同意。否则,父亲可能会通过授予的方式(by conveyance),对他的儿子们厚此薄彼。不过,长子继承制消除了这种可能。不仅如此,父亲授予土地的,可保证他和他的继承人会保护该土地的权利不受侵犯。该保证可以约束儿子,并可限制其不再从购买人手中重新获得土地。

我们可从其他证据得出清晰的结论,王室法官高度认可土地的自由转让,因为作为国王的封臣,也许他们认识到自由转让土地可以松开国王之下众封臣间的封建等级纽带,由此可间接巩固王室的权力。

在封建理论下,土地转让的反对意见可能主要来自领主;领主是封建关系中更为有力的一方。领主和封臣之间是一种人身关系;若无领主的同意,封臣依何权力可让别人取代自己呢?

为了把这一问题理出头绪,我们首先必须对封建主义中存在的两种可能的土地转让模式了解一番。第一种也是最简单的一种方式是“同级转让”(substitution)。[①] 假设T是L的封臣。T意在将自己所有的土地卖给X,并让X替代T的位置。通过这种方

① 一译“替代转让”。

法,T 对土地的保有即可完全转让到 X;T 与其他两方再无关系。X 如今成为 L 的直接封臣。

第二种方式:T 还可以创造一种新的“分租转让”(subtenancy)模式。在这种情形下,T 可以将土地授予(让与)X 并将其作为自己的封臣,这样一来 T 仍然作为 L 的封臣。L 是 T 的领主,T 是 X 的领主。这就是所谓的“次级分封”(subinfeudation)。它在封建阶梯上又增加了一阶。

同级转让与封建概念背道而驰,次级分封亦可伤害领主的经济地位。同级转让之所以与封建概念背道而驰,是因为假使说 T 的所有权的形式应该由领主决定,那么从理论上讲,它的任何变化都需经过领主的同意才可以作出。不仅如此,(按照原有的封建理论)假如领主已将土地授予了“T 及其继承人”,而倘若 T 无子嗣的,领主即有权回复土地占有(escheat),即使 T 已将土地授予了他人,也应无关重要。更为重要的是,领主与封臣间的封建关系也受到了同级转让的破坏,因为领主无法控制封臣授予土地的对象。

次级分封给领主经济地位带来的劣处就更为突出了。假如封臣 T 对另一个人 X 次级分封了土地, X 为此向 T 缴付了一笔金钱(T 的领主是不可动用该笔金钱的),T 还保留了从 X 处获得纯象征性役务的权利,例如每年仲夏的一枝玫瑰,T 此时仍然是领主的封臣,然而该封臣之权利的价值却减小了。免服兵役税仍需缴纳,倘若未交付的,土地会被没收归领主。但是领主的允婚权减小到几乎没有,因为允婚权的价值主要依赖于女方父亲的价值,即 T 之地产的价值,而 T 的地产现在已成为名义上的了。如果 T 死亡的,其继承人需要支付的继承金的多少取决于 T 之地产的价值,假如该继承人是未成年人的,领主仍需承担监护义务但是领主从中获得的利润将会减小至每年获得一枝玫瑰。如果 T 犯了重罪,复归领主的地产就变得毫无价值可言了。T 还有可能将其保有的地产次级分封给教会，以获得教会承诺作出的使其灵魂能得到安息的祷告。但 T 的领主从中不会得到任何益处，因为教会既不结婚、死亡，也不犯罪。

还有一个更为复杂、更难以捉摸的做法。有的封臣在明知教会可能会将该土地次级分封给他的情况下，将土地授予教会，以期付出较少的役务。这种做法的结果是，教会成了上层领主如今的封臣，上层领主的（预期）封建赋税必然减少，不过，他的原封臣仍从土地上获得利益，非但如此，原封臣承担的义务还会大幅减少。教会如今成了上层领主与原封臣之间的中间封臣（intermediate tenant）。

但上述所有的做法都受到了抗议。1217 年版的《大宪章》明确反对这些做法；1258 年在牛津呈递给国王的《贵族请愿书》（*Petition of Barons*）请求国王针对下列情形给贵族予以救济——这些贵族的封臣在未经授权的情况下就将土地赠送给了教会；1259 年《威斯敏斯特规章》（*Provisions of Westminster*）声称会对他们提供救济，但是最终没有起到作用。

在欧洲大陆，转让土地需得到领主的同意似乎是人们坚持的规矩，但在英格兰这一新近被征服的国家中，也许是因为敌对的、原来的英格兰领主们的土地都已被没收，征服者希望能使用这种次级分封的方式，以期填补封建等级阶梯中的空缺。只要次级分封不被滥用（因为这是正常的土地转让模式），对于它的抗议就不会有什么效果。

到1279年，随着《土地死手保有法》(*Statute of Mortmain*)①的出台，向教会转让土地的做法受到了阻碍。此后，(封臣)只有向国王支付一定费用并从国王处获得明确许可后，才向教会赠与财产。然而国王却随心所欲地颁布许可意见。

13世纪时期，情况变得越来越明确，国王的直接封臣没有获得王室同意的，不得转让他们的土地。有的小领主在自己的权利受到损害后，可反过来将自己的土地也转让，这势必伤害到他们自己的领主；只有国王不是别人的封臣。但是，这种做法的最终结果无疑需由国王来承担。国王自然不会允许这种结果出现。

1290年的《封地买卖法》(*statute Quia Emptores Terrarum*)②最终终止了在小领主间实行次级分封的做法。该法禁止了非限嗣可继承不动产(*fee simple*)的次级分封。但是"完全保有地产权人"(*tenant in fee*③)仍然可以将其地产权级别低于非限嗣可继承

---

① Mortmain翻译为"永久管业"或"土地死手保有"，是指土地占有的一种状态，这种状态使土地不能被转让(故称在"死手"中)，此种情况发生在土地转移到社团手中时，不论是独体法人还是团体法人，也不论是宗教还是世俗的。根据英格兰的封建土地制度，骑士役封臣一旦死亡，领主对封臣子女可主张行使监护权，并享有收取采邑继承税和对封臣子女婚姻的控制权等，如封臣将土地转让给教会等社团，则领主将失去此类利益。因社团不会因婚姻、死亡等致使土地再转移给别人，土地成为死手永久管业后，领主便不能行使有关的权利。为保护领主利益，法律严格控制土地死手保有制，不允许将土地转让给社团。参见薛波主编：《元照英美法词典》，法律出版社2003年版，第931页。

② 也翻译为《禁止分封法》，它是爱德华一世于1289年通过的一项法令，收于《威斯敏斯特法Ⅲ》。该法突破原来的限制，允许非直属封臣自由转让自己保有的土地，但同时限定，买受人或受让人取得土地后不是向出让人效忠服役，而是向出让人的领主效忠，即受让人还是从出让人的领主处而非出让人本人那里保有地产。这在事实上取消了次级分封，从此再不能创设新的封地，从而保证了领主对封地的控制及其所享有的附属权益，巩固了以国王为首的封建分封体系。也有人称该法令是以同级转让的地产转让方式取代了次级分封。参见薛波主编：《元照英美法词典》，法律出版社2003年版，第1135页。

③ 一译"自由继承地产保有人"。

地产的土地，例如终身地产（*life estate*）和限嗣可继承地产（*fee tail*），实行次级分封。如果保有土地的各方当事人依据其保有的土地数量来分配各自应向上层领主承担的役务，则该法允许（封臣）按照同级转让的方式自由转让部分地产。该法不适用于从国王处直接持有的土地，因此，若无国王的同意，直接封臣无论依何种方式均不得转让土地。

该法默认了封建制度的性质已经不再属于“军事社会制度”（*military-social system*）。事实上的军事役早已转变为通过金钱支付来完成，土地已被看成收入的渊源。依据封建理论，土地的卖方实际上是役务的购买者，他支付的对价是土地；购买者购买的是土地，他支付的对价是役务。该法认可了这一点，它一方面禁止了非限嗣可继承不动产“次级分封”这一土地转让方式，因为尽管这种转让方式将对封建制度的伤害降至最低，但却给经济带来了无穷的伤害；另一方面，该法允许转让，尽管这种土地转让方式与封建理论不相符合，但却与经济现实较为协调（即“同级转让”模式）。

“次级分封”的废除似乎只受到国王和直接封臣的欢迎，因为国王没有封建税负可避，而当时的直接封臣反正无法避开它们。然而，该法的确实现了很好的折中。领主的经济权利不受损减，封臣也可以转让土地。

该法还以一种更为巧妙的方式体现出了它自身的价值。非限嗣可继承不动产“次级分封”的废除，有利于限制从国王到实际的“地上封臣”（*tenant in demesne*）[①]间的封建等级的数量。这是一种政治益处（*political benefit*），它能实现缩减领主和贵族数目的功效，同时它还能使保留下来的领主和贵族能同王室政府更为密切。

---

① 授让土地的人叫做“受贡封臣”（tenant in service），因为他并不实际使用土地，而只享用来自他们的小封臣的贡俸。最终在土地上通过其隶农工作的人叫做“地上封臣”（tenant in demesne）。

(封臣)族系灭减的自然进程和地产复归直接上层领主的事实(*escheat to the immediately superior lords*)共同协助了这一过程的实现。

## 第五节 可继承不动产的用益

在可继承不动产权益(*fee interest*)之中有两个基本的要素,即继承人继承土地的权利和所有人出卖土地的权利。如果土地的性质是不可继承的,则人们最多只能转让其在世期间拥有的地产权,因为终身地产权是他拥有的全部。如果土地的性质是可继承的,但又不可出售,则它的价值仍然会在相当程度上缩减,因为土地价值的构成部分中至少包含有它的销售预期值。

在英文中,单独由一人拥有的可继承不动产可以称为"*fee*",也可以称为"*fee simple*"。当一份可继承地产是由某人与他人共同拥有时,依据地产所有人之间关系的不同和所有权附属权利的不同,它们大概有以下几种形式:"分权共有地产"(*tenancy in common*)[①]、"联合共有地产"(*joint tenancy*)、"共同继承的共有地产"(*coparceny*)及"夫妻一体地产"(*tenancy by the entireties*)。

**"分权共有地产"**是指一人以上的所有人拥有的地产,分权共有地产所有人之间的占地份额不必相同,每位所有人都对自己所有的地产部分享有完全的出售、设置负担(*encumber*)及遗赠的权利。**"联合共有地产"**是第二种多重所有权形式,联合共有地产所有权人的占地份额必须相同,且他们的所有权来自同一次让与,每一位联合共有地产所有权人都可以出售自己的地产部分(可借此转化为新旧所有人共同拥有的"分权共有地产")、在自己的地产部分设置负担,但是他不可以遗赠自己的地产部分。联合共有地

① 也翻译为"普通共有"、"混合共有"、"共同占有"、"混合共有"等。

产所有权人死亡的，死者的地产部分由其余所有人平均分割。**"共同继承的共有地产"**早已废除，是指在确立长子继承制的社会中，在死者无男性继承人的情况下，由死者女儿平等继承该死者地产权益的地产形式。

**"夫妻一体地产"**是指丈夫和妻子共同对土地享有所有权的形式，任何一方都不可以对该种形式的不动产出售、设置负担或作遗赠处理。一方死亡的，该种形式的土地以可继承不动产的形式归属尚生存的一方。

**(一)终身地产**

因为可继承不动产权益是一种永久性所有权，所以可继承不动产的所有人可将该地产权暂时分割为若干"连续权益"(*successive interests*)。比如说，他可将土地让与他人，限后者在其生存期间使用该土地。我们应注意到，"终身地产"在实践中可以比"固定期限地产租赁"(比如50年租赁)的期限更短。但从法律的角度考虑，任意一个终身地产肯定会比所有的固定期限地产租赁都重要。固定期限地产租赁不属于自由保有地产。

终身地产有一种变体，称为"他人生存期保有地产"(*estate pur autre vie*)。[①] 举例来说，假定A拥有某一终身地产，且他将之转让给了B。A向B转让土地的合法性原则就是——他是不可以超出他拥有的限度来转让土地的，B得到的最多只能是A原先拥有的——也就是"A生存期保有地产"(estate for the duration of A's life)。

可以肯定的是，任一终身地产之上肯定还有可继承不动产。我们可以推断出，终身地产保有人死亡后，土地马上会归复至"原始转让人"(即该可继承不动产的所有人)或"原始转让人的继承

① 英文可表述为"estate for the life of another"。也可翻译为"在他人生存期间保有的地产"。

人"手中。不仅如此,可继承不动产都可以发展出任意数量的终身地产。比如说:A 是某一可继承不动产的所有人,他可以将该不动产上的终身保有权授予 B,B 死后,该不动产可以成为 C 的终身地产,C 死后,再成为 D 的,依此类推。

终身地产非常普通,在英格兰法发展的早期,这种形式的地产大概仅凭一句声明"授予 A",它就可以被授予 A。即便是可继承不动产,它的设定也可能仅凭一句声明"授予 A 及其继承人"。直到近现代,人们若要在美国的习惯法法域(common-law jurisdictions)设定可继承不动产,仍需要有"及其继承人"这几个神奇的字符。

### (二)土地归复权和剩余地产权[①]

在任一形式的转让中,如果土地所有人并没有处理他享有的全部可继承不动产权益时,他就必然保留有土地归复权(reversion)。如果他授予(土地保有人的是)一年固定期限的地产,则他在剩余的无尽期限里对该地产享有归复权。如果他授予(土地保有人的是)终身地产,则在该终身地产保有人死亡后,该可继承不动产必然归复他或他的继承人。"保有权"和履行封建赋税及役务等义务均归"归复地产权人"(reversioner);这里的土地"保有权"与"占有权"同义。但是,我们必须将"归复权益"(reversionary interest)同"土地复归"(escheat)区分开来。土地复归指的是如下情形,即完全保有地的产权人死后没有任何直系或旁系血亲继承人的,土地归其上层领主。

剩余地产权(remainder)是指土地授予人在授出一较小地产后,土地授予人之外的其他人对该地产在剩余的无尽期限里享有

---

① 土地归复权是指依据法律规定而产生的一种将来权益。剩余地产权(remainder)是指在设定有期限的先行地产权时,同时产生的由第三人将来享有的剩余部分地产权,在前一地产权终止时生效。

的权益。假如 A 将某一土地上的终身地产权授予 B，将剩余地产权授予了 C 及其继承人，则 A 在该土地上不再享有任何权益。将来亦不会有什么权利归复于他。B 对该土地享有终身地产权，因为它成为最先能被享受的地产权，所以也叫“先行地产权”（particular estate）。C 享有剩余地产权，即 B 的终身地产权终止后留下的全部权利。它属于“确定的剩余地产权”（vested remainder），因为它不受其他任何条件支配，它实现的条件只有一个——B 的死亡，而这一事实无论如何都会发生；如果 B 死亡时，C 也死亡了的，C 的继承人代替 C 对该地产享有权利。如果 C 无继承人，该地产复归原领主。保有权和履行封建职责的义务归“剩余地产权人”（remainderman）。

与“确定的剩余地产权”相对的是“不确定的剩余地产权”（contingent remainder）。不确定的剩余地产权：(1) 归于土地授予之时身份不明之人；(2) 是一种期待的地产权，如果某一不确定的事件在将来发生，就会形成这一权利。

试举一例，第一种类型的“不确定的剩余地产权”如下所示：（领主将土地上的）终身地产权授予 A，将剩余地产权授予 B 的继承人。因为人们死后才有继承人，剩余地产权的接受人（recipients）是谁还是未知数，这时就产生了“不确定的剩余地产权”。到 15 世纪中期，普通法开始对这一类型的不确定事件有了解决方法。假如到“先行地产权”终止时，条件确实实现了的，这一权利仍然有效。假如到 A 死亡时 B 也死亡的，则原先的欠缺之处得以补救，B 的继承人（原先是未知的）可取得该地产。假使 B 未死亡的，则该土地归复最初授予人（original grantor）。

第二种类型的“不确定的剩余地产权”如下例所示：（领主将土地上的）终身地产权授予 A，倘若 B 的寿命长于 A 的寿命，则将剩余地产权授予 B 及其继承人。在这则例子中，剩余地产权的接受人确定是 B，但是 B 只有在自己的寿命长过 A

的情形下，才能取得这一地产权，而这无疑是一种不确定的未来事件。

但保有权归谁呢？一般来说，在“不确定的剩余地产权”中，保有权归终身地产保有人（life tenant）终身享有。但是，如果终身地产持有人犯了叛国罪或其他重罪，或者说他在未来事件发生之前将土地转让的，则该种地产当然也有可能被复归或没收。

未来事件是否可以是“终身地产持有人死亡”这一条件以外的其他事件？这一直是普通法面对的难题。自16世纪起，当这类问题诉至法庭处理时，许多规则应运而生，这些规则受到众多变化和不确定性的影响。通过把“未来事件”发生以前的“不确定的剩余地产权”交由信托持有，这种权益最终得到了保护。

现代的剩余地产权规则保护所有法定类型的“不确定的剩余地产权”和“确定的剩余地产权”，它们解决的最主要问题是，确定剩余地产权最终实现的时间或变得确定的时间在法律限定之内。这之中，最为著名的是“禁止永久权规则”[①]（Rule Against Perpetuities），它从1682年的“诺福克公爵案”（*Duke of Norfolk's* Case）发展而来。总的来说，这一规则的目标就是要确保所有地产在某一日期前要变得确定，“某一日期”具体是指不晚于地产得以创设时在世之人（或多人中最后一人）生命终止后21年。

**（三）限定继承地产权**

虽然限定继承地产权（estate in fee tail）经过很长时期的发

---

① 这是一项普通法规则，指为使一项未来权益合法有效，则在设立该未来权益或立遗嘱人死亡后，必须于（一位或多位）受益人终身（如果受益人是婴儿，则还需另含其妊娠期）加上21年之内，使该未来权益生效。该规则被移入信托法，指非慈善信托如果存续期限超过生存受益人终身加上21年及妊娠期的总和，则为无效。参见薛波主编：《元照英美法词典》，法律出版社2003年版，第1211页。

展，但是我们对于它的细节并不十分明了，《威斯敏斯特法Ⅱ》中的条文，即所谓的"附条件赠与法"（*De Donis Conditionalibus*），允许了限定继承地产权的创设。这一制度的初衷显然是父母希冀借此协助子女建立和永续家庭，但是它最终成为永续家庭封建地位的方法。

限嗣继承地产权（estate in tail 或称为 entail）将土地所有权限制于某一特定家族内。如果该家族灭绝（至少在理论上有可能），土地归复原授予人的家族。授权人的权益称为"归复的不确定权益"（possibility of reverter），而非"土地归复权"。因为在"土地归复权"中，保有权归"归复地产权人"，但是在"限嗣继承地产权"中，保有权归"限嗣继承地产保有人"（tenant in tail）。授予该类地产的形式如下："授予 A 及其直系血亲继承人"（to A and the heirs of his body）。如柯克勋爵对利特尔顿的著作译文：

> 普通限嗣继承地产（tenant in taile general）是指，授予某男子及其亲生直系血亲继承人的土地或地产。它所以被称为"普通限嗣继承地产"（general tail），是因为该保有人无论娶哪个女子为妻（即使他有多个妻子，且她们每人都育有子嗣），其可能的子嗣都可以通过遗赠继承地产；只要是他生育的直系血亲继承人都可获得这样的权利。

限嗣继承地产权也可被授予某女子及其直系血亲继承人，无论是她与哪个丈夫所生的。

另一方面，"特别限嗣继承地产（tenant in taile special）是指授予某男子与妻子及他们二人共同的直系血亲继承人的土地或地产。在这种情形下，只有他们二人间生育的子嗣才可通过遗赠获得地产。"如果接受者是授予者的女儿或表（堂）姐妹的，只要表明转让的是“免役陪嫁地产”[①](frankmarriage)即足可达到目的。

可能还有其他几种形式的限嗣继承地产:例如“只限由男性继承人继承的地产”(estate tail male),它仅限家族的男性继承人继承地产(如果男性继承人不存在的,则地产归复赠与人的家族);再如“只限由女性继承人继承的地产”(estate tail female),它仅限家族的女性继承人继承地产;还有“只限由特定男性继承人继承的地产”(estate tail special male),它仅限特定夫妻的男性继承人继承地产;等等。

限嗣继承地产权理论引出不少有趣的问题,也产生了一些更为有趣的结果。假定土地被授予了“X 及其直系血亲继承人”。那么 X 的权利是什么?假定 X 想将土地出售,买受人能得到什么?

在 1285 年前, X 对该地产似乎享有终身地产权,假如 X 生有子(女)后,则该地产即转变为可继承地产。因此,在子(女)出生后,X 可以让与全部可继承地产权。大概是 1285 年的法律意在限制 X 让与可继承地产的权利,它规定只有 X 死亡且子(女)继承了地产后,上述地产才可转变为可继承地产。然而无论是该子(女)从其父亲 X 手中获得土地,还是作为连续买受人(successive purchaser)在其父死后获得土地,这均与法律逻辑不符。假如他是从其父亲 X 手中获得土地,那么他应承担封建附属义务,特别是继承金。假如他作为购买取得人在其父死后获得土地,那么他就不应承担封建附属义务。在后一种情形中,同一个交易中可能有连续两次的让与,一次是让与给父亲的终身地产权,第二次是让与给子(女)的自由继承地产权,它在其父亲去世后生效。但是,1285 年后不久,一则决议表明无论是父亲还是子(女),都不可以

① 女方的父亲或其他血亲将土地赠与夫妻二人及他们的后代,限定由双方所生子嗣继承该地产。受赠人及他们直至第四代的后嗣可以免除对赠与人的役务,但因血缘关系从赠与人处取得非限嗣继承土地时,必须先将受赠的土地与其他财产合并。参见薛波主编:《元照英美法词典》,法律出版社 2003 年版,第 579 页。

转让可继承不动产。这则决议的目的就在于保证领主应得的封建赋税，它的代价就是限制可继承不动产的转让。起初，对于转让的限制适用于第三代，但到15世纪末，限嗣继承不动产只能由保有人一直保有，直至他的血脉断掉。

这一结论带出很多显著效果。我们先来看下列命题：我们仅能出售拥有所有权的东西。这一命题的必然结果就是：我们的债权人只能扣押我们拥有所有权的财产。推而广之，在限嗣继承地产权中，对地产享有保有权之人而言，他不可以出售自由继承地产权——他只能出售他的“生存期保有地产”。因此，假如土地保有权人犯了叛国罪，则该限嗣继承地产不可被国王没收，因为犯叛国罪之人对此地产并不拥有所有权。因为他只享有终身地产权。同样，假如土地保有权人成为债务人，则他的债权人不可扣押该土地，再假如他宣布破产，该土地同样也不能计入他的资产。假如他犯了重罪，土地并不复归领主。

因此，限嗣继承地产权不受道德变动、政治变动及经济变动的影响。虽然其免受破产影响的规则于1654年被废除，犯叛国罪后不受罚没的规则于1534年被废除，但是到布莱克斯通时期，（若保有人犯重罪的）该种地产仍会免遭复归领主的命运。

到16世纪早期，英格兰法发展出了“废除限嗣设定合意诉讼”（common recovery）①制度。这使得保有限嗣继承地产者在许

① 一译“阻却限嗣继承的拟制诉讼”。它是指拥有限嗣继承地产者为了阻却限嗣继承地产的性质以达到转让地产或在其继承人之间均分地产的目的而采用的一种拟制诉讼程序，基于此它也被视作一种通过法庭记录来转让土地的方式。具体步骤可见正文的例子。若A欲将地产在其子女间平分，他可再让B封给他自己终身地产，同时为其子女设定剩余地产即可实现目的。后来这种程序为更安全而设立了二次担保（double voucher），使得该程序更为复杂。阻却地产的限嗣性质，也可用另一种拟制诉讼程序来进行，它们都在1833年被取消，阻却限嗣地产的性质也只需一种在法院登记的文书即可完成。参见薛波主编：《元照英美法词典》，法律出版社2003年版，第264页。

多情形下可将可继承地产转让给第三人。“废除限嗣设定合意诉讼”完全是一种“拟制诉讼”(fictitious suit)——一种虔诚欺诈。这一制度经历了很多阶段,但是最简单的例子是一次担保(single voucher)。比如说,假定A是限嗣继承地产占有者,A欲将土地转让给B。则B可以先到法庭针对A提起土地诉讼,B可诉称A对该土地并无法定权利,B还可宣称自己才是土地的所有人。A在应诉时可辩称他的土地是从X处购买得来(实际上该辩称完全属于拟制的),同时传唤X并要求X依据他对A土地产权提供的担保,到庭为其拥有所有权辩解。这一程序称作是“传唤不动产产权担保人出庭”(vouching to warranty)。X被称为“一般担保人”(common vouchee),通常由法庭传唤人(court crier)担任。X会出庭一次,但在接下来的审判中故意缺席。法庭会基于X的缺席而将土地判给原告B,被告A败诉。同时,法院还会判定由X给A另一块等值地产作为补偿,原因是X未履行担保义务。当然,A是根本不会期待X作出这种补偿的。A因此可通过这种诉讼实现向B转让土地的愿望。这一程序的形式还可以更为复杂,用来消除或阻却限嗣继承地产。无论是哪种形式,这一程序被称作是“阻却限嗣继承程序”(barring the entail)。

限嗣继承不动产权不可被出售、设置负担或被复归原领主以损害继承人的权利,当这些规则结合“废除限嗣设定合意诉讼”这一程序时,就成为一种(奇特的)组合,这使得限嗣继承不动产权成为一种最珍贵的所有权形式。它可以成为不遭受灾难的堡垒,是一种相对难以触摸到的资产,但同时又十分有市场。

当然,有些家族是希望世世代代将土地一直保留在他们的家族之内的。事实上,在近代以前,英格兰的大部分土地确实是以这种方式为人们所持有的。但是,若要实现这一目的,它要求继承人战胜利益动机,否则他们会将继承来的地产变卖成金钱的。它的实现如下文所述:父亲将土地的终身地产权让与自己,土地转让的金钱收入以儿子为受益人；通过“只限由男性继承人继承的地产”制度，土地其后成为儿子的终身地产，再成为孙子的终身地产。父亲死亡后，儿子和孙子可在“废除限嗣设定合意诉讼”中串通，并重复上述步骤，儿子借此获得终身地产权，为使孙子参加到这一程序中，该笔金钱收入以孙子为受益人；其后，土地又成为孙子的终身地产，今后只限男性继承人继承。通过这种方法，每一代都可确保地产会被本家族之人持有，一直到曾孙出生后至少21年。

在美国，限嗣继承地产权并未受到人们的青睐。大多数州仅规定，向“X及其直系血亲继承人”转让土地，最终产生的是非限嗣可继承地产权（fee simple）。还有一些州将这样的转让解释为授予者的终身地产，授予者的子女对土地享有非限嗣剩余地产权。在少数几个州，限嗣继承地产权单独存在时，会产生习惯法效力，但是“限嗣继承地产保有人”可以通过正常的转让实现对某一土地的完全转让，因此，在这种情况下，阻却限嗣继承根本无须拟制的“废除限嗣设定合意诉讼”。但是，如果他在出售土地前死亡的，则土地归他的子女保有。在更为屈指可数的几个州，限嗣继承地产被认为会创设保有人终身地产，一旦有小孩降生的，它就转变成为完全可继承地产（full fee）。

**（四）结语**

本章论述的终身地产、限嗣继承地产、确定的剩余地产权和不确定的剩余地产权仅是可继承不动产众多类型用益（土地的永久权益）中的几例。其他还包括艰涩难懂的诸如“附解除条件的地产权”（estate subject to conditions subsequent）、“附停止条件的地产权”（estate subject to conditions precedent）、附默示归复权条件的地产权、受进占权利限制的地产权及受归复不确定权益限制的地产权等。这些程序绝对算不上老古董，实际上，它们基本上就是今日之信托法（衡平法的一个部门）的内容，因为在纯普通法上的不动产权益[1]中,未来权益(future interests)确实很少。

## 第六节　遗孀地产权与鳏夫产权

在一个以家庭为基本组成单位、收入以私人财产为来源的社会中,必须应存在某种关于死者之尚存配偶的规定。到12世纪时,长子继承制已经成为所有权人死后其不动产转移的最主要方式,而不动产又是个人收入最主要的来源。假如法律中没有有关尚存配偶的规定,那么他或她就会不名一文了。

这一问题在今日倒没有像过去那样紧急。如今,很多家庭有着来自其经营的生意和投资的收入,当然大多数人还是受雇于他人的,对于后者而言,他们的财产相对较少——房屋、日用消费品动产及些许投资。保险和社会保障是非常重要的保护形式,它们能使人们在他们的工资收入者死亡后免受由此带来的经济困顿。如今,尚存配偶在“家庭”财产方面,有着下列两类权利中的一种。(美国的)很多州接受了类似于大陆法上的“夫妻共同财产”(community property)理念。在这些州,夫妻双方均有权获得另一方一半的“劳务性财产”(earned property),或称“有偿取得的财产”(onerous property);但是他(她)并无权获得另一方通过继承等形式获得的财产,它们被称为“无偿取得的财产”(lucrative property)。在推行普通法的一些州,未曾遗弃对方的尚存配偶可依法从死去的配偶的全部财产中获得最低限度的财产。倘若死者立有遗嘱欲剥夺其尚存配偶之继承财产的权利的,或者在遗嘱中留给他(她)的比例少于法定最低限度的,则该遗嘱无效。他(她)有权获得最低限度的份额。当然,还有一点须说明的是,夫妻之间

① 与衡平法上的不动产权益相对。指可以根据普通法存在、创设或转让的不动产上的权利、权益或负担。

还可能以“夫妻一体地产”(tenancy by the entireties)的形式共同拥有财产,该种财产会自动归尚存者。

在普通法上,遗孀在其亡夫之财产上的权利被称为“遗孀地产权”,鳏夫在其亡妻之财产上的权利被称为“鳏夫产权”。根据波洛克和梅特兰,这种权利大概源于早期丈夫在成婚时向妻子送聘礼(也许在同妻子的父母协商之后)的习俗。似乎聘礼只有在“教堂门口”相送时才有效;也许这是为了保证婚姻的神圣。在传统的婚礼上,依然可见这种仪式的痕迹,例如新郎虔诚的许诺“以吾珍宝,尽献于汝”(with all my worldly goods I thee endow)。到13世纪中叶,遗孀已经有权终身享有其夫在与她婚姻存续期间的任何时候拥有的全部土地的1/3权益。

这一原则仅适用于不动产,并不适用动产。这是因为在12世纪时期,死者动产的管辖权归教会法院。即使到16世纪,当教会法院的世俗管辖权转移至世俗国家法院后,有关死者地产的法律在动产和不动产方面仍然存在着差异,且这种差异一直持续到20世纪。直到近代法律赋予尚存配偶对其死亡配偶所有的财产(包括动产和不动产)享有最低限度权利,这种古老的差异才告终结。

丈夫在其妻子之不动产上的权利称为“鳏夫产权”。这一权利要比遗孀权广泛得多。丈夫在妻子土地上获得的并非1/3终身地产权权益,相反,在婚姻存续期间,他有权获得妻子的全部地产。而且,假如他们生有婚生子(女)(即使该子(女)先于父母去世的),在妻子死亡时,该权利扩展到丈夫的终生。

鳏夫产权大概源于丈夫是妻子及其子女的监护人这一理念。在传统的基督教徒婚礼上,我们同样仍可见这种理念的痕迹,例如“谁将新娘交到新郎的手中?”——它象征着该妇女的监护权从其父亲或男性近亲转移到了新郎手中。

为保证这些权利,丈夫或妻子的土地只有在双方同意的情况下才可以转让。丈夫不可出售自己拥有所有权的土地,除非他的妻子作出同意的意思表示。该同意需在法官前由个人亲自作出，其目的就在于尽可能地确保该同意出于她的自由意愿。但是，假如夫妻生有子(女)的，丈夫可将原属于妻子的土地终身使用，但是他不可出售此土地的完全地产权，除非他的妻子在法官面前作出同意的意思表示。但是，妻子不能在丈夫在世期间转移她的期待遗孀地产权益。

遗孀地产权和鳏夫产权都不适用于衡平地产、信托、合伙不动产或共同共有地产。

## 第七节　租赁保有地产权

假定某“承租人”(tenant，可称其为“租赁人”，lessee)在租赁期内被“业主”从土地(premises，可称其为“出租人”，lessor)上驱逐了出来；或假定出租人将土地卖给了他人，此人将承租人从土地上驱赶了出来。或者假定第三方对承租人目前租赁的土地主张真正的所有权，并将承租人从土地上驱赶了出来。那么，在上述每一种情形中，承租人有何权利？

今天，这些问题的答案非常明确，在承租期间，承租人在土地之上有确定的利益。依据租赁条款，这时期的土地属于承租人。业主不可将其逐出土地，并且业主向他人出售土地受租约限制，除非该租约中有允许其出售土地的专门条款。第三人若要对土地主张所有权的，必须对业主提起诉讼，如果请求权人证明他对财产有优先产权，土地将归请求权人。然而，这些现代形式的答案直到19 世纪才形成，尽管有关承租人权利的总体轮廓约在 17 世纪时就已经比较明确。

但与上述答案相反的是，在 12 世纪时，承租人只有在业主将其确实驱赶出土地后，才能主张要回土地。因为驱逐行为构成对盖印契约的违反(breach of covenant)。承租人无权对抗第三人。

只有业主才有对抗第三人的权利。假定业主确实从第三人手中要回土地，他必须按照盖印合同的条款，将土地复还承租人。

承租人的地位同终身地产保有人的地位不同。终身保有人对土地本身享有地产权，土地在其生存其间归他使用。如果授予人（非业主）将其逐出土地的，他可以提出还复土地之诉，而如果授予人将土地卖给他人的，这并不影响终身保有人的终身地产权。如果第三人对土地主张权利的，他可依法针对他的要求提出答辩。

虽然学者对这种差异的原因已有一些猜测，但这种差异的真正原因仍不得而知。定期地产权可能要求（保有人交付）一大笔金钱，有时还要其宣誓效忠（fealty），尽管不是臣服宣誓（homage），[①]这种关系通常是在非常重要的个人之间产生，承租人拥有的是一种土地保有权。但当土地可能遭他人侵占（disseisin）时，他并不受庇护。"回复占有诉讼"并不适用于此。他保有的并非完全保有地产（freehold），因为只有完全保有地产才是"回复占有诉讼"保护的唯一一类地产。

这方面的原因有很多种。在梅特兰看来，这大概是因为早期的英格兰法官在对待"定期地产权"时，参照了罗马法上的"用益权"（usufruct）———种不实际拥有某物而从中获得益处的权利。龙格雷斯（Jouon des Longrais）[②]则提出了其更有吸引力的观点，他将其归结为经济原因。根据龙格雷斯所述，"定期地产权"是一个低劣且讨人嫌的制度，因为它帮助放贷人在世俗法和教会法都禁止贷款利息的时期成功规避了反高利贷法。根据龙格雷斯的观点，保有

---

① 宣誓效忠不同于臣服宣誓，后者是对土地保有权的承认，产生封建主与其附庸封臣（vassal）或佃户之间庇护与忠诚服从的权利义务关系，但它并不能超越于对君主的效忠。而前者是必不可少的封建权利义务关系，只产生于土地保有人与其直接领主之间。它包括缴纳租金及其他财产性封建义务等内容。参见薛波主编：《元照英美法词典》，法律出版社 2003 年版，第 536 页。

② 法国法律史学家，生于 1841 年，卒于 1918 年，曾任巴黎大学档案学院教授。

人可通过下列方法达到上述目的:(保有人手中有钱,而业主恰好缺钱)作为一笔借款的交换,他可从贫穷业主处获得土地的租赁(lease),保有人可通过保有该地产获得利润;而假使该交易是直接以贷款形式实现的,则它无疑就是高利贷性质的。在这种观点看来,"回复占有诉讼"保护的地产限于为家庭经济依靠提供基础的地产。这一类的租赁直到14世纪末期才开始显现其重要性。

但是,正如密尔松(Milsom)[①]已经指出的一样,很清楚的是,从单纯的盖印契约或合同发展到了财产权利。早期的租赁就是业主同承租人之间的一式合约,单纯而简单。业主死亡后,其领主对于土地的权利不受影响。盖印契约的救济限于对业主签订之契约的强制执行。如果承租人已被业主驱逐出土地的,土地仍有可能被回复;但是如果业主已将土地转让给第三方的,则土地的回复没有可能,承租人能够获得的救济只能是损害赔偿金。因为第三方并未与承租人订立盖印契约,所以承租人无权状告第三人以获得任何法律救济。

上述做法在1235年发生了改变,一种新的令状"禁止租期内逐出承租人令状"(*quare ejecit infra terminum*)[②]给予承租人状告

---

① 密尔松是剑桥大学圣约翰学院的英国法教授。密尔松教授认为,普通法的发展是人类思想的直接产物,而不像梅特兰所说的普通法的全部进程就是"程式诉讼"之间令人难以理解的相互作用。他出版有《普通法的历史基础》(*Historical Foundations of the Common Law*,1969)。中文译本翻译的是该书的第2版(1981年版),中文版于1999年由中国大百科全书出版社出版,是江平先生主编的"外国法律文库"中的一本,李显冬、高翔、刘智慧、马呈元译。

② 梅特兰提到的这一时间是1237年,而非1235年。梅特兰认为禁止租期内逐出承租人令状(the writ of *quare ejecit infra terminum*)由雷利(Raleigh)创造。它赋予定期保有土地或地产之人一种不受侵犯的占有权(protected possession)并最终和保有权区分开来。违反盖印合同请求赔偿之诉最早主要用于保护定期保有土地或地产的人;它一度曾是承租人能够获得的唯一一种救济。F. W. Maitland, *Equity Also the Forms of Action at Common Law: Two Courses of Lectures*, Cambridge University Press, 1929. pp. 341,358.

从业主处获得土地的授予人，并获得法律救济的权利。不久之后，“驱逐租地人令状”（writ *de ejectione firmae*）也被设计了出来，它赋予承租人可对所有第三人提起诉讼的权利，但该令状仅规定了唯一一种救济方式——损害赔偿金，而不是归还土地。因此，“禁止租期内逐出承租人令状”似乎使承租人对土地享有“有限财产权”（limited property right），而“驱逐租地人令状”则仅承认（第三人对其实施了）不法行为。

密尔松在其《普通法的历史基础》一书中指出了一个非常切乎实际的问题。如果承租人对第三方提起了诉讼，他一定会积极维护其业主的土地所有权，而诉讼的失败将意味着业主将失去该土地。

直到15世纪即将结束之时，法院才扩大了“驱逐租地人令状”的范围，救济方式也包括了土地本身的回复。“契约”权利先演变成为对于不法行为的救济，随后，这种救济在本质上转变成了一种“确立所有权的诉讼”（proprietary action）。

**逐出租地赔偿令状①**

这一演变也意味着古老的“回复占有诉讼”——即“新近侵占土地令状”及从其发展而来的同类令状，以及各种侵占令状——之终结的开始。在16世纪，欲将土地权利纠纷诉至法院的诉讼当事人发展了逐出租地赔偿令状（writ of ejectment），尽管新令状看似是对原有法律结构的歪曲，但它对于有关诉讼当事人而言，无疑是一种较旧方法更为满意的制度设计，它一直被使用到19世纪。

逐出租地赔偿令状与一系列“拟制”（fictions）有关。“拟制”是指尽管每个人都知道它不真实但又必须被各方当事人接受的一种主张。他的运作过程如下例所示：A是对土地主张权利之人，他

① The writ of ejectment，通常还被翻译为“驱逐令状”、“逐出土地令状”、“不动产侵害令状”等。

可宣称他同 X 签订过土地租赁契约。X 实际上并不存在。X 反过来可宣称他早已被 Y 从土地上驱逐了出来。Y 也不存在。Y 然后可主张自己是 B 的租赁人,B 是真正的被告。被告 B 若要获得对该诉讼提出答辩的允许,就必须对租赁契约、侵占土地及驱赶(驱逐)等行为进行陈述。因此,这个过程中并无真实的租约、承租人或驱逐人。这类诉讼的名称通常只是"斯密斯之租赁物的张三诉李四"。19 世纪的现代改革使得这些拟制诉讼再无必要,新法规定请求权人可直接对宣称自己为土地所有权之人提起诉讼。

## 第八节　土地的遗嘱继承

我们已在上文探讨了有关所有权的两大问题,即转让和遗产;现在来谈谈第三个问题——通过遗嘱进行不动产赠与的权利。

我们必须首先将"(依习惯或法律的)继承"(succession)和"遗嘱遗产分配"(testamentary distribution)这组概念区分开来。"(依习惯或法律的)继承"是一种对死者财产进行转移的制度设计,有按照习惯的继承,也有法定继承。它规定好了某人的继承人。遗嘱(testament or will)是被继承人在死亡时(前)对自己的财产自愿作出的处置条文。现代意义上的遗嘱,很明显,在死前是可撤销的。在"(依习惯或法律的)继承"中,继承人由法律指定,但依"遗嘱遗产分配",立遗嘱人指定自己的继承人。行为人在死亡时未立遗嘱的,称为无遗嘱死亡(to die intestate)。

遗嘱制度(即行为人可以自愿指定其继承人的制度)大概直到商业文明达到一定程度后才取得了发展。例如,巴比伦法中尚无遗嘱继承的规定。对于继承人而言,即便财产的买卖对他不具有约束力,只要他向购买人偿还了该财产的购买价款,即可重新获得此遗产。雅典的梭伦(Solon)立法将遗产继承人限制到家庭成员,行为人不可剥夺儿子的继承权,也不可在其死亡时在众子间不均等地划分财产。

## (一)罗马法

在早期罗马法中,所有的财产法律权利都归家庭而非个人;但是,父亲是这些权利的实施人,他还负责带领家庭敬拜。早期罗马法中并无遗嘱继承的规定,继承主要靠习惯法调整。父亲死亡的,不仅家庭财产的控制权会转移到继承人,父亲的人格和地位也会转移到他的身上。在继承人中排第一位的是指在死者生前附属于其法定权(legal power)之人。父亲死后,他们成为"自权人"(*sui juris*)[①]或独立人格人。假如死者无继承人的(包括养子和亲生子),继承权转移至"父系血亲"(*agnati*),即那些同源于共同男性祖先之人。如无"父系血亲"的,继承权归"宗族"(*gens*)或"部族"(clan),即指宣称有着共同远祖的群体,这种宣称可以是真实的,也可是虚构的。

为防止上述设计全部落空,以及防止无人料理死者后事,在万般无奈的情形下,产生了"收养"(adoption)设计。收养一旦完成不得撤销,它与遗嘱的相同之处在于收养也是自愿行为。下一步就要预备将被收养人公开宣布为继承人。随后,它引起了罗马早期财产买卖的改变——财产物(*patrimonium*,父亲对财产、家庭及宗教崇拜仪式等享有的全部权力)可在官员在场的情况下转移至第三人,该第三人负责在父亲死后遵照父亲的意愿将上述"财产物"进行分配。随后,执政官(praetor)批准的书面文书或遗嘱可以核准上述行为。

这一过程伴随着财产的个人化(individualization)。从家庭所有权到个人控制和个人所有权这一转变,是伴随着罗马社会逐渐

① 指具有完全人格,享有全部公、私权利,不属于法律上的无行为能力,不受他人权力或监护权控制的人。参见薛波主编:《元照英美法词典》,法律出版社 2003 年版,第 1308 页。

从小型的、紧密结合的群体社会转变成巨大的贸易和商业社会过程中发生的;家庭所有权正是在这一过程中不得不面临寿终正寝的命运。

**(二)盎格鲁－撒克逊(依习惯或法律的)继承和遗嘱继承**

在本节中(下文讨论亦如此),我们将会对土地的遗嘱继承和动产的遗嘱继承分别进行讨论。它们适用不同的规则和政策。直到20世纪,它们之间存在的这种差异仍然存在。

对于盎格鲁－撒克逊时代的(依习惯或法律的)继承和遗嘱继承(称为 *cwide*),我们知之甚少。动产的继承主要靠习惯法规则调整,而这些规则并未传至今日。即便在1215年《大宪章》中,第27章也只是简要地说:"任何未立遗嘱之自由人亡故时,其所遗动产应依教会之意见,经由其戚友之手分配之。"至于动产到底该如何分配的,它的确没有给我们任何线索。

盎格鲁－撒克逊一定有过动产遗嘱继承规则,但是我们对它们的形式不得而知。我们甚至无法肯定这些规则是否真正生效过,因为国王或领主通常会去见证生效规则的实行。

盎格鲁－撒克逊的土地持有形式可以是"民田",这种土地持有方式受习惯法调整。若无王室同意,这种土地不可出售,也不可立遗嘱转让。"书田"是指国王及贤人会议通过书面特许状或文书授予某人的土地。书田的附属权利并不固定,但一般而言,书田可以出售,也可通过立遗嘱转让。第三种土地持有形式是"暂借保有地",它供受者一到三代人使用。但是保有人不可将该种地产的"定期地产权"通过立遗嘱的方式处置。

另外一种死亡时转让土地的模式是"死后遗赠"(*post obit* gift)。身体康健之人可以作"即时赠与"(present gift),它是不可撤销的,但"即时赠与"只有在赠与人死后才生效。这种赠与的形式通常是书面的,它既无固定的形式,也无确定的理论支持。受赠人通常是教会。

### （三）诺曼的遗嘱继承

到13世纪早期，（诺曼人制定的英格兰法中）出现了禁止遗赠土地（willing of land）的规定。格兰威尔在1187年指出，行为人不得在临终前处置他的土地，这是因为行为人在这种时刻可能会处于痛苦及生命危险之状态，所以他此时的判断可能会受到影响，从而作出伤害到其“自然继承人”（natural heirs）[①]的权益。这其中的原因大概在于，王室法院希望保护自然继承人。

到后来，禁止遗赠土地的规定还可以归结到另外一个原因之上。随着保有原则的逐步形成，它要求实际转移土地占有，或者要求授予人将象征土地占有权的一块草皮或一根树枝，在该土地之上举行的某种特有仪式或证人的见证下，交给土地的新主人，以此实现有效的转让。当然，在任何一种形式的土地遗赠之中，都不可能有这种被称为“转让封地占有权”的仪式。

即便有这一规则，但市镇土地（borough land）仍可以通过遗赠实现转让。一些市镇甚至还有遗嘱登记簿，其中有着土地遗赠的记录。但格兰威尔的理由似乎也同样适用于市镇，因为市镇中的神职人员绝不会比农村中的神职人员少贪恋财产。两地存有的差别主要体现在：在市镇中，土地可以像动产一样自由买卖。市镇土地完全是经济资产。但是，在农村，王室法院司法管辖区域内的土地还是个人行政地位和社会地位的影响因素。王室法院意在实行长子继承制，以使祖先的财富和地位都能够转移到其继承人身上。确实，到13世纪时，只有购买的土地才可以通过遗赠实现转让，继承来的土地是不可以通过遗赠来实现转让的，这一理念得到广泛传播，即便在市镇中也是如此。

---

① “自然继承人”，是指因血缘关系而存在的继承人，区别于“旁系继承人”（collateral heir）、“因收养而形成的继承人”（adoptional heir）及配偶等“法定继承人”（statutory heir）。

可以明确的是，有关“市镇农役保有地产”(burgage tenement)遗赠的案件仅归市镇法院管辖，市镇法院排除了教会法院对此类案件的管辖权。还可以明确的是，王室政策赋予市镇以极大的自由权限，它们可以对这种事物和其他一些事务创设它们自己的法律。

但是，对于动产的处置只能在(立遗嘱人)死后才生效，这点在整个英格兰继续保持不变。因为这种遗赠同临终处置有关，而临终处置是教会的临终礼仪，且教会通常又是这种遗赠的受赠人，因此教会开始对这类遗赠拥有了管辖权。教会发展了与动产遗嘱继承及遗嘱执行人身份有关的法律，但宗教改革运动后，教会对这类事务的管辖权被废除，这类事务的管辖权后转入到了大法官法院手中。

## 第九节　用益及遗赠

用益(use)[①]这一概念很简单。它仅要求所有权人将财产转移至其他一人或多人，在此条件下，所有权人(托管人)或他指定的某人将从该财产获得收益或利润，根据规定，“接受人”(recipient)应被视为所有权人。接受人持有财产，以使“受益所有人”

① 用益是指一种土地管理、保有的方式。其基本结构是：甲为丙及其继承人的用益而将土地转让给乙及其继承人。其中，丙及其继承人为保有地受益人，乙及其继承人为用益受封人。其基本内容包括如下三方面：第一，用益受封人应允许保有地受益人取得收益。第二，根据保有地受益人的要求或其遗嘱的通知，用益受封人应将该地产权转移至保有地受益人或其继承人，或根据保有地受益人的指令而将该地产转移至其他人。第三，如用益受封人已丧失占有，而保有地受益人受到妨碍，则用益受封人可重新占有或提起诉讼以继续其占有。参见薛波主编：《元照英美法词典》，法律出版社2003年版，第1388～1389页。

(beneficial owner)[①]从中获益,在今日的信托制度中,我们可将其称为"受益人"(beneficiary)。受益人可以是托管人(donor)本人。用专门术语来说,"托管人"也可称作"用益让与人"(feoffor to uses),"接受人"被称作"用益受封人"(feofee to uses),而"受益所有人"可被称作"保有地受益人"(*cestui que use*)。如今,他们分别被称为"信托人"(settlor)、"受托人"(trustee)及"受益人"。

这一制度设计的起源很早,它的出现应早于英格兰法院的最早记录,罗马法中也有类似的制度。我们有理由相信,十字军(Crusaders)曾使用过该制度,他们为了方便起见,在他们出征期间,将土地转移给他们的朋友。尽管尚不可遗赠该土地,但他可以对朋友作出指示,比如说,假如他万一战死疆场了,他的朋友该如何处置该土地。可以肯定的是,普通法法院不会使上述意图具有强制执行力,它们仅承认"普通法上的产权转让"。在最早的时候,教会法院可能会执行用益制度,但到亨利三世统治期间(Henry III, 1216~1272),基督教法院已对这类诉讼不再具有管辖权。亨利三世统治结束后,用益的执行主要依赖朋友的良心,或者依赖于教会对于忏悔者的奉劝,因为这一义务受到教会的承认,因而是精神制裁的主题。但是,到15世纪中期,用益制度开始在大法官法院具有强制执行力,而且这一领域法律的后续发展也主要发生在该法院。

人们利用用益制度实现各种各样的目的。如上文所述,人们可以借此有效地指引死后的土地转让——通过规定"用益受封人"在"不动产让与人"死亡前保有土地,然后"用益受封人"再将土地转让给"保有地受益人"——并由此绕过不得遗赠土地的禁

---

① 受益所有人是指对信托或信托物享有衡平上所有权的信托受益人,与财产的法定所有人(即受托人或遗产代理人)相对。参见薛波主编:《元照英美法词典》,法律出版社2003年版,第142页。

止性规则。因为根据用益制度,“受益所有人”可被指令在托管人死后代其偿还其生前拖欠的债务,因此这一制度有利于托管人更容易地借到金钱。在1377年前,这一制度还可(为债务人利用)被用来隐藏财产不被债权人发现。在1391年前,以教会为受益人的用益创设无须经过王室的批准;在1393年前,即使“保有地受益人”犯了叛国罪,用益亦不可被剥夺。在1489年前,用益制度可被用来规避继承金和监护权(wardship)的实现,而假如“用益让与人”仍是土地所有权人的话,他肯定是可以得到继承金和监护权的。然而,因为这一制度身上仍有很多谜未被揭开,因此若要我们首先就总结出这一制度的不好方面,是一件非常难以办到的事。

## 第十节 《用益法》和《登记法》

在王室政府经历了长时期对于用益制度的不满之后(因为它被用来规避监护权和允婚权),到1536年,王室制定出了一部法律,它旨在废除这一制度。《用益法》(*Statute of Uses*)规定,假如A将土地转让至了B且规定C为受益人,则B手中的用益即刻生效,土地的完全权利归C。因此,这一设计并非遗赠的替代制度。假如A将土地转让至了B,并指示B在其死后将土地再次转移至C,则它与直接转移至C无异。当然,这绝非A所要实现的目的。

同样是在1536年,《登记法》(*Statute of Enrollments*)也被制定了出来,它为现代的土地转让模式奠定了基础。在一段时期中,该法明确表示出,假如A同意将土地卖给B,且约定在此后某一日期支付价款和进行土地转移,则B立即获得了“衡平法上的所有权”(因为用益只有在衡平法院或大法官法院才被执行),而A成为“单纯普通法上的产权保有人”。因此,《用益法》的条文意味着一旦A欲成为“普通法上的产权保有人”的目的实现了,则《登记法》就将使用益生效,而且土地的完全权利也将转移至B。(从作用来看)A 欲成为“单纯普通法上的产权保有人”的目的,与购买价款的担保物类似。价款一旦支付成功,依据《用益法》的规定,土地权利将立即“投”入买方的怀抱。这本来意味着土地的秘密转移是可以实现的,而《用益法》一定要禁止这一点,因为它与王室政策是不相符的。转移土地的经典方式本是“转让封地占有权”模式,它要求在土地之上举行某种仪式,卖主通过向买主传递一根树枝或一块泥土,可能还要在众人面前说上几句合适的转让词。其他方法如法庭程序,它们也同样记录在案。但是,所谓的“土地买卖协议”这一不动产转让方式本可以避免公示。《登记法》因此规定,土地的转让非经登记程序,否则无效。假如转让未经登记,第一所有权人 A 将仍然对土地保有完全权利,并可以将该土地普通法上的产权有效转移至第三人,从而对 B 构成诈取。它开启了通过在公共机构以书面文件的方式进行土地转让的纪元,同时也昭示了土地所有权转让之古老方式的终止。

我们必须注意到的是,《用益法》在这一领域仍有一种效力。假如 A 同意将某一土地和建筑物出售给 B,并将在后来的某一日完成最终交付(或称为交割、转让等),然而如果在这期间建筑物毁于火灾,那么双方将有何种权利?现代法律称,尽管卖方是该建筑物“单纯的普通法上的产权保有人”,但他这个保有人仅仅是买方的信托人,买方才是该建筑物的“受益所有人”。因此,买方必须为此房地产支付全部价款,尽管建筑物已经在火灾中被毁。因此,对于购买人而言,他们可能常常需要签署完买卖协议后就立刻办理保险,以防类似的风险。此外,美国一些州的法院还发展出了一些法律原则,根据这些原则,如果卖方有保险,则卖方为买方的利益而持有因地产毁损带来的任何赔付收益。在个别情形下,在保险法中,二者都可因同一财产获得同样的赔付。

## 第十一节　现代信托及遗嘱法

现代的信托法源于《用益法》的例外规定，这些例外规定来自于《用益法》的固有内容，以及法官作出的解释。《用益法》是对垂死的封建制度及其系列税赋和役务的回应。亨利八世（1509～1547）去世后不久，封建制度就已经在实践的层面上终结了，1660年通过的一部法律废除了它的残余部分。此外，亨利八世死亡时，恰是一个探索与发展年代的开始，这个时代创造出了大量的财富，而这些财富的形式在亨利八世时代还闻所未闻。

因为《用益法》本身仅适用于"土地、保有物和可继承财产"，因此并不适用于动产。后来，用益（如今成为信托）可以在一些新型财产中创设，如股票、债券及泛指的金钱。除了上述缺陷外，传统的用益还主要有如下问题：当"用益受封人"同时也是"保有地受益人"时，"用益受封人"除保有财产外无须履行任何义务。后来法官制定了规则，将积极信托和消极信托（或称名义信托）区分开来，该规则规定即便在不动产中积极信托中也可被执行。积极信托是指受托人需要履行管理义务——收回收益和投资基金——的信托方式。消极信托是指仅转让普通法上的产权，而并不要求受托人作任何其他事务的信托方式。直至今日，消极信托是不可强制执行的信托，信托人可要求返还已经转让的财产，动产和不动产均适用于此。

**现代遗嘱法**

到1536年，用益制度已被广泛使用，特别是在正在形成的商业阶层尤为如此，因此，它的废除使得人们十分惊愕，因为它终止了实践中依照行为人的意愿在其死后转移土地的习惯做法。它的废除引起了抗议，这也是《遗嘱法》（Statute of Wills）于1540年出台的主要原因，该法规定所有的农役土地保有地产都可遗赠给他人,但兵役保有地产的遗赠上限是该种形式地产的2/3。到1660年封建制度被废除后,兵役土地保有也被废除,所有的土地都可通过设立遗嘱的方式处置。

随着工业革命的到来和19世纪企业法人形式的出现,人们之前根本无法想象到的巨大财富规模已经形成,一起形成的还有强有力的竞争对手及组织得当的政治政府。因为政府要实现各种各样既定的任务,所以它有着越来越多的资金需要,在这种情况下,(当局为)这些财富的处置设定了新方法,即立遗嘱处分财产。尽管当事人的确拥有设立遗嘱的权利,但是地产税和遗产税严重制约了经济权力从一代向下一代的转移。正如所得税已成为一种被广泛认可的重新分配人们生前收入的途径一样,继承税(death tax)已变成一种避免经济权力在某一家族或群体中过分集中的方式。我们的封建祖先在获得他们的遗产时需要支付继承金;我们在充当继承人时需要支付税金。

# 第九章　侵权行为法

英文“tort”一词来自拉丁语“ *tortus*”，字面意思为“扭曲”、“弯曲”。这个词进入法语后的意思是“过错”。英格兰历史上该词曾经同样有“过错”的意思，后来该词停止在日常英语中使用，但是，英国法一直使用并赋予了此词新的生命。①

因为“侵权”这一术语包含的范围十分复杂，它包括很多种类的过错，因此我们可以比较容易地来描述侵权行为法的作用，但很难为它下个准确的定义。侵权行为法的作用是对人身权、财产权侵害或对非因违约行为而引起的名誉权侵害提供救济。侵权行为法同时还规定其他一些程序，例如“禁令”（injunction），它用来防止（人们）将来对权利的侵害。但是，这些并未诉我们侵权行为法所保护权利的性质。因此，对侵权行为法的研究主要是对被保护权利的研究以及对这些权利提供保护的法律程序的研究。

侵权行为法讨论的主要是对人身权、财产权或名誉权的损害。倘若没有侵权行为法，受侵害的人则需自己来承担由这些侵害所带来的成本。如果某人被汽车撞伤、因缺陷产品而受到损害或经受其他疼痛或痛苦以及由此带来身体机能的丧失，则受害者本人需蒙受身体以及金钱两方面的损失。正好比被屠杀的羔羊对狮子无计可施一样。无论这种损害是故意引起的、意外引起的还是不可避免的，它们之间毫无差别可言。

---

① 英文 tort 的含义一般为“侵权行为”。而 torts 的含义是“侵权法”或“侵权行为法”；侵权行为法也写作 tort law 或 law of torts。

法院和立法部门所面临的问题是:依据种种理论去判定侵害的成本到底应在多大程度上(如果不是完全的话)从受害人身上转移到侵害人身上。这是社会工程的一个重要示例。在下面的论述中我们将会看到,侵权行为法已经从最初只保护很窄的几种权利,发展成为目前保护很广泛权利的一种法律,而这种将保护范围扩大的情形并没有放慢速度的迹象。正如辛普森教授(Professor Simpson)在另外一种情境下曾写道:“法律中这种改变之风似乎吹向了有利于原告的一方”。

立法者遇到转移损害成本这类问题之时,他们可以从下列四种路径中选择一种。第一,他们可以保持原样,不去转移成本。第二,他们可调查清楚引起侵害人的意图,并认定如果系故意伤害的,则应当对被伤害人负责。第三,他们可以找出过错。根据这一理论,行为人除非有过错,否则不应该负责任。第四,绝对责任(absolute theory)理论。如果行为人引起了最终导致另一人受损害的行为,则他应该负责任,而不问其是否有伤害的意图以及是否有明显的过错(recognizable fault)。

上述观点在现代法中均占有一席之地。对于有些领域的损害,法律并不做出补偿。法律没有明确规定不补偿受该种损害之人,但却确定了一系列规则,它们有效地否定了这种救济,这便是所谓的“免责”(no-duty)规则,即自愿承担风险(assumption of risk)、与有过失(contributory negligence)以及不能预见的后果(unforeseeable consequences)等。不过,如果说不可能找到过于绝对的话,至少可以说,我们很难发现这样一个案例:故意损害没有得到赔偿的案例。第三种方法,即过错原则,或者我们现在称之为“过失”(negligence)的 原则,是现在侵权行为法中占主导地位的理论。

绝对责任是美国现代侵权行为法中正在成长的一个领域。它是众多劳工赔偿案件的依据,如今它还应用于产品责任案件,它所依据的理论是:无论有无损害的故意或是过错,制造商对其产品所带来的损害都应该承担赔偿责任。

## 第一节 古 代 法

追溯早期的侵权行为法,我们认为早期的犯罪行为同侵权行为并无差别。在最初,人们将"不法行为"分为重罪不法行为和非重罪不法行为。如果某一"违法行为"可处以死刑、肢解刑、土地复归(escheat)刑、逐出法外刑,或者可以通过私人刑事诉讼,即以"重罪私诉"(appeal of felony)(以决斗决定被告的罪过)提起诉讼,则这一违法行为属于重罪。如果一违法行为不属于这一范围,则它属于违法行为的另一大类,即"侵害行为"或"越权行为"。因此,布拉克顿曾经说:"所有的重罪都是侵害行为,但并非每一侵害行为都是重罪"。

在侵害行为这一大类中,可被称之为"轻罪"的违法行为和可被称为"侵权行为"的违法行为不加区别地混合在一起。所有这些违法行为都要受到罚款(amercements)或罚金(fines)的处罚,这些罚金或罚款所得部分上缴皇室,部分交至受害方。

毫无疑问,许多带有民事性质的民事侵害行为在地方法院或领主法院得到救济,但这和我们的研究没有太大关系,因为我们很难找到它们对于普通法中侵权行为法发展所作出的贡献。

### (一)侵害令状(The Writ of Trespass)

如上所述,在早期的法律之中,"侵害行为"有"不法行为"的意思。"侵害行为"一词可以运用于与侵权民事不法行为有关的许多不同种类的诉讼之中。侵害行为一词并不运用于更古老的诉讼当中。跟不动产所有权相有关的诉讼、违反盖印契约请求赔偿之诉(action of covenant)、金钱债务之诉(action of debt)、账目之讼(action of account)不属于侵权类诉讼,因为它们的提起所依据的并非是原告受到的损害。“请求返还扣留财物之诉”(detinue)很难认定,因为在返还所有物的诉讼同返还被剥夺占有物的诉讼之间只有很小的区别。基本上其他所有的诉讼都可以称为侵害之诉,尽管“侵害行为”一词未必出现在用于起始这些诉讼的令状名称之中。

侵害令状是王室法院中运用最早的令状之一,最初运用于王座法院之中。依据这一令状,轻罪同侵权行为实际上还是不能区分开来。侵害令状所依据的诉讼主张是“国王的宁静”被打破。例如,一个早期的侵害令状形式指控被告对原告犯了“殴击罪”并且打破了国王的宁静。最后的这句话即“打破国王的宁静”给了国王法院对民事方面案件的管辖权,这类案件本不是刑事案件,因为“重罪”一词并未使用,而且这一案件也不是依公诉程序而提起的。它的性质是私人诉讼。如果原告可以证明自己的主张,他可以获得因为“殴击罪”的损害赔偿金,而且在同一诉讼之中,国王也可以对被告课以罚金。

侵害令状最早约出现在1250年前后,并在13世纪的后50年中得到了迅速发展。比起古老的盎格鲁-撒克逊赎罪金(*bot*)制度来说,它是个巨大的进步,因为它是对某一具体案件所作出的有针对的损害赔偿,而并未建立在任何固定数额的赔偿之上。它对原告们十分有利,因为他们不仅获得了王室法官相对不偏不倚的正义,而且获得了国王及其郡长对判决结果之执行的强有力支持。

**(二)有特定名称的侵害之诉(The Nominate Trespass Actions)**

随着时间的流逝,侵害令状又分为了很多独立的种类,它们都各具其名,因此,我们将它们称为“有名字”的诉讼。举例说明,比如上述提及的人身侵害之诉就叫做“使用暴力和武器的侵害之诉”(trespass *vi et armis*),“*vi et armis*”一词本来的意思就是“使用暴力和武器”。不动产侵害之诉则被称为“缘何侵入私地之诉”

(*trespass quare clausum fregit*),意思是破坏了"圈地"(close)。①货物侵害之诉则被称为"侵害财物之诉"(trespass *de bonis asportatis*),意思是拿走了货物。诉讼形式十分严格,它们只适用于有限的一些事实情形。

**(三)无特定名称的侵害之诉(The Innominate Trespass Actions)**

还有一些侵害之诉也得到一定发展,它们并无必须符合特定令状的限制性条件,但是被设计用来反映某一具体案件的真实情况,所以这些侵害之诉互不相同,我们称它们为"类案侵害之诉"(actions of trespass on the case)。② "类案"表明令状没有严格的形式,而只是用来反映真实地事实情况。

到底哪些情形可引起"类案侵害行为"(经常简称为"类案")之诉? 这一问题的答案与人们对于《威斯敏斯特法Ⅱ》(1258年)第24章内容有着不同的学术看法有关。多年来,人们认为该法在衡平法院中创造了许多可供签发"类案侵害之诉令状"(writ of trespass on the case)的先例。但后来有一种理论认为,类案侵害之诉是侵害之诉的自然扩张,由密尔松教授提出的更为现代的理论则认为:侵害之诉运用于明显的案件——强制性侵害行为,如殴击、侵入他人土地等,而类案侵害行为则运用于不明显的案件之中。按照密尔松教授的观点来看,"类案"这一术语本身是在1370年以后才出现的。

---

① 圈地是指以围墙、篱笆等圈围起来,与他人土地或政府土地隔离开来的土地。未经主人许可又无法定事由而进入他人圈地,构成非法侵入他人土地(trespass *quare clausum fregit*)。参见薛波主编:《英美法词典》,法律出版社2003年,第239页。

② 也有人翻译为"例案侵权之诉"或"间接侵害之诉"等。

## 第二节　侵害令状下的责任理论

在历史研究上,人们最容易犯的一个错误就是猜想古时代的人和我们有着同样的想法。反过来讲,历史研究中最艰难的任务便是试着判断古时代人们的想法,特别是在他们并没有解释所思考的问题而我们知道的仅是他们所作的事情的时间。

今天,“遵循先例”(*stare decisis*)原则引得律师以及法官们按照司法先例去思考。即便得不到具体的规则,许多法律人仍愿意调查和分析先前的案例,以期得出指引这些案例的根本概念和原则。分析的结果是一个分门别类、富有逻辑的缜密结构,学者们希望能将它们运用到分析将来的事实情形之中。但是,如果逻辑是最终的目标的话,这样做的危险在于如此设计的法律会缺乏基本的正义概念。

中世纪的法律人还不会运用这一方法。中世纪的时候并无现代意义上的法官意见(judicial opinion)。因此,根本不可能存在遵循先例原则。陪审团的概括裁决(general verdict)掩盖了陪审团可能做出的讨论。法庭上讨论的仅是令状以及程序。中世纪法律的目标是得出一个符合理性的结论,而法律人知道理性并非是法律职业者的垄断物。先前的判例可能合乎理性,也可能并不合乎理性。如果它们合乎理性,则先例并未作出什么补充;如果不合乎理性,则意味着先例是错误的。

结果是,侵害令状(The writ of trespass)下的一般责任理论并没有得到发展,甚至根本没有被想到。法律的目标是作出一个建立共识之上的正确判决。先例既不可能帮助人们达到共识,也不会妨碍这一探索。这样的结果是每一案例都建立在其各自的是非曲直之上,判决依靠的仅是理性而已。

侵害令状在 13 世纪中期在王座法院开始得到发展,该法院的管辖权涵盖了明显不法行为(如殴击)的民事方面,盗窃货物以及未经授权侵入别人土地等类型的诉讼。在王室法院,最古老的关于人身侵害的有特定名称的侵害之诉(即"使用暴力和武器的侵害之诉")规定,打破了国王的宁静的、引起直接损害结果的侵害行为实施者须被苛以责任。

没有打破国王宁静的侵害行为诉讼在地方法院审理。地方法院审理大多数的侵害行为诉讼案件。可在地方法院得到救济的不法行为的种类因地而异,因为不同地方的法律作出的不法行为的划分也不尽相同。但是,原告通过主张打破国王的宁静,可以获得进入王室法院审理案件的资格。如果原告选择地方法院,则无须做出这一主张。这样的主张常常并不真实,但是王室法院只顾这样的主张出现,而并不检查其真伪。

到 14 世纪末期,王室法院开始对即使没有主张打破国王宁静的侵害行为的案件也具有了管辖权。王室法院管辖的案件可能是侵害行为诉讼案件,通常主张打破国王宁静,也可能是类案侵害之诉,后者并不主张打破国王的宁静。主张打破国王的宁静能给原告带来一定救济的优势。这一事实使得侵害之诉与类案侵权之诉仍然泾渭分明,即便它们之间并无理论上的差异,在大多数情形下,案件或者可以以侵害之诉提起,或者可以以类案侵害之诉提起。

因为类案侵害之诉一般不以打破国王宁静为由提起诉讼,因此,在 16 世纪,法院书记官开始以下列方式对案件进行归类。违反国王宁静的侵害行为案件与不违反国王宁静的侵害行为案件。

侵害行为诉讼中的陪审团负责裁定被告人是否有罪。基本上,"无罪"答辩的意思是"我没有犯罪"。1617 年的"韦弗诉沃德"(*Weaver v. Ward*)一案增加了"不可避免"(inevitability)免责事由,韦弗的侵害行为"完全没有他的过错"(utterly without his fault)。陪审团的裁决最终只表明了他们对事实的裁定,但并未解释他们的想法。

在18世纪，一种新的主张认为侵害之诉对应的应是直接伤害，而类案侵害之诉对应的应是间接伤害。1773年著名的“斯科特诉谢泼德案”（*Scott v. Shepherd*）给法官提出了这样的问题——侵害之诉是否属于合适的诉讼形式。人们记录了法官们对这一问题的意见。

在这一案例当中，谢泼德把一炮竹抛入了人群。炮竹落到了威利斯（Willis）附近，威利斯为避免自己受到伤害，又将炮竹扔了出去。炮竹又落到了瑞尔（Ryal）旁边，瑞尔又将炮竹扔了开来，但这次炮竹在斯科特的脸上爆炸了，而且还炸飞他的一只眼睛。该案最终以“非法侵犯”（battery）为由而被提起了侵害之诉。斯科特选择不起诉威利斯以及瑞尔，而对谢泼德提起了诉讼。

著名的布莱克斯通大法官认为，损害结果同侵权行为间存在因果关系，但并非是直接（immediate）因果关系，依据侵害令状，斯科特只能起诉瑞尔。他推理认为引起斯科特伤害的是瑞尔的行为，而不是谢泼德或威利斯的行为。总之，他认为被告并没有实施引起斯科特伤害的行为，引起伤害行为的人是瑞尔。

但大多数法官并不同意布莱克斯通的观点。他们认为“谢泼德……是唯一给了爆竹危害力的人。这一危害力在爆竹爆炸前一直存在。威利斯以及瑞尔都没有传给这一危害行为任何新的力量。举个例子，这好比在人群中放脱一头疯牛，放脱疯牛的人应对疯牛带来的一切危害负责”。大多数人认为危害结果是谢泼德的行为所带来的不可避免的结果，是因谢泼德的“引起不特定的加害故意”（intention to cause indiscriminate mischief）而造成的。他们同布莱克斯通大法官的意见并不一致，他们认为威利斯以及瑞尔只是不得已的传递介质，因为他们只是在紧急避险的情形下为避免自己的伤害而做出了这样的行为。

同时，类案侵害之诉也正以我们可以称为“过失”的理由而被提起。铁匠未能恰当地钉马掌,而将钉子钉入了马蹄之中。马因得败血症而死亡。在14世纪,这样的案件有时是以侵害之诉提起,原告的诉由通常是被告使用了"暴力和武器"或称被告打破了国王宁静,而不会提及马实际上已由其主人委托给了铁匠这一事实。陪审团接下来负责判定被告人是否有罪。对于判决,陪审团不会说明理由。当王室法院对"使用暴力和武器"以及"打破国王宁静"等诉讼主张不做要求之后,原告以类案侵害之诉就可以提起这种诉讼,原告可以凭被告违反了注意义务、过失等为由说明被告的过错。这种形式的诉讼可以对医生、承运人、受委托人、旅店老板,以及由于其疏忽大意给顾客财产带来损害的其他人提起。

到18世纪,侵权诉讼的种类已经变得十分清楚。如果引起伤害的行为出于故意,则适用侵害之诉。如果并非出于故意,而是属于意外事件,但假如伤害由此行为直接引起,则同样适用侵害之诉。过错并不十分重要。只要被告引起伤害,则要负侵权责任。需要确认的问题只是:被告否确有侵害行为。

在类案侵害之诉中,过错则是基本要件。原告需要陈述并证明其指控过错的性质。如果原告并未说服陪审团相信了被告有过错,则陪审团会认为原告受到的伤害同被告的行为之间毫不相关。

以通常的道路交通事故为例。假定两辆马拉四轮车相撞,而且被告的辕杆刺穿了原告的马。在侵害之诉中,需要认定的问题是,被告的马车是否撞着了原告的马,或者是否系原告的马冲向了被告的辕杆。倘若属于第一种情形,则属于侵害行为,如果是第二种情形,则不构成侵害行为。过错问题与此并无关系。如将之套在现代的汽车交通事故上,则陪审团需要裁定的问题是到底谁撞着了谁,而不是谁存有过失。

道路案件中的原告可能会选择以类案侵害之诉的方式提起诉讼。这样,他便必须主张并且证明被告的过错。但因为这样做十分困难,因此大多数人倾向于选择侵害之诉。程序性的规则使得人们必须选择两种诉讼方式中的一种，它并不允许某一案件以侵害之诉和类案侵害之诉两种方式交替进行。如果律师选错了诉讼形式，则其当事人就十分不走运了。因为，同一案件的诉讼不可以以正确的形式被再次提起。

尽管“过错”在侵犯人身权、财产权案件中属于构成要件，但是在侵占他人的动产以及侵犯他人土地案件中，“过错”并不属于要件。在这些案件之中，人们可以使用有特定名称的侵害令状，且他们所要解决的唯一问题只是被告是否侵占了涉案动产或者侵犯了他人的土地。

## 第三节　过　　失

在 19 世纪，侵权行为法在英、美两国的发展区别很大。在英国，无须主张“过失”的侵害诉讼直到 1959 年后才变得有可能被提起。

在 19 世纪的美国，“过错”理论仍然是侵害行为责任理论的基础。1850 年，马萨诸塞州最高法院审理的一则十分重要的案件与两只狗之间的厮打有关。在“布朗诉肯德尔案”（*Brown v. Kendall*）中，原告布朗是一只狗的主人，而被告肯德尔则是另一只狗的主人。他们在试图将厮打的狗分开的时候，被告为了达到这一目的使用了一根棍子，在围着两只厮打的狗转的时候，将木棍举过了头顶并意外地碰着了原告的眼睛，并使得眼睛严重受伤。原告以侵害之诉方式提起诉讼，依据传统理论，原告本可以打赢这场官司。很明显，这一事件由被告的主动行为而引起，被告的行为直接给原告带来了伤害。传统的抗辩事由只能是此次意外事件不可避免，但这一意外事件并不属于不可避免的范畴。尽管法院认为原告在这起案件中提起侵害之诉是恰当的，但还是作出了有利于被告的判决。法院的判决依据是，侵权责任的理由只能是侵害行为或者是故意的,或者是因过失而引起的。①

大法官萧(Chief Justice Shaw)的判决意见后来被广为引用,其他州亦效仿了他的观点。这一判决结果使得侵害之诉同类案侵害之诉之间存在的唯一重大区别就在程序之上。受到直接伤害的行为人可以提起侵害之诉,但无论是侵害之诉还是类案侵害之诉,他们都要求原告举出被告存有过失的证据。

当然,这一观念的传播离不 19 世纪 40 年代开始于美国的一场运动。这场运动就是要废除掉从英国继承来的古老的程式诉讼(forms of action),运动的结果旨在要么只使用一种诉讼形式,要么只保留少数几种诉讼形式,例如(适用于契约领域的)"简式契约之诉"(assumpsit)、(适用于所有种类侵权案件的)"侵害之诉"(trespass)以及(用于取回动产的)"收回非法扣留动产之诉"(replevin)等。

我们是可以猜测美国为什么会在这一历史时期强调"过错"的理由,但是猜测的结果最多还是推测。有人可能会讲这是美国史上的一段"危险时期"(hazardous age)。这一时期,人们遭受各种各样的危险——暴风雨、火灾、瘟疫以及经济恐慌。但是,这些危险同人的生命可能会遭受到的、不可避免的意外事件——被马撞倒、被降落的物体砸倒、或者被工业机器致残等——又如何区别呢?人的生命中有很多来自自然的风险,但是我们从中不会得到任何救济。那么,为什么一个人应该从另一个没有过错的有罪之人(person who was guilty of no fault)那里获得补救呢?从另一种

① 那么,在该案中被告到底有没有过失呢?在一般人来看,他肯定是有过失的。实际上,该案的初审法院认定被告是要负责任的,但是美国马萨诸塞州最高法院的首席法官萧在判决该案时认为,被告当时只需给予"通常的谨慎"(ordinary care),故驳回了下级法院认定被告有责任的判决。这个案子确立了过失责任原则,法官认为评判一个人是否有过失时应该采用"通常的谨慎"或"一般谨慎"标准。"ordinary care"有时也翻译为"普通注意"或"一般注意"等。

角度来看，为什么一个人要在其根本就没有“过错”的情况下负赔偿责任呢？很明显，如果被告有伤害的意图，或者如果他再小心一点就可以避免伤害的发生的话，则他应该承担赔偿责任。但是，如果这样的行为不可避免，或者必然会发生，则他的行为就不十分重要了，因为他只是某种必然发生之事的促成者而已。一位权威学者普拉克内特教授(Professor Plucknett)[①]曾说，术语“不可避免的意外事件”(inevitable accident)的意思在19世纪时已经“由通过任何办法都不可能避免的意外事件变成了通过任何合理的办法都不可能避免的意外事件”。这样的解释颠过来倒过去还是在说，如果人们没有尽到合理注意义务，就应承担责任。

从诉讼当事人角度来看，这种区别可能看上去很偶然或很随意。为什么在侵害之诉中，行为人对自己没有过错、但又因自己使他人直接受到了伤害或承受了损害的行为必须承担责任？而在类案侵害之诉中，行为人除非存有过错，否则他对自己引起的间接损害不承担责任呢？为什么这两种情形不能用相同的方法来对待呢？

经济方面的考虑可能在这中间起了较大的作用。当时，美国本国工业刚刚崭露头角，正在蹒跚学步阶段。所以，资本的积累便是首要之需。道路运输体系刚刚得以起建，筑路的这门学问才刚刚起步。铁路在运输货物以及旅客方面十分必要。如果仅因为看上去偶然的事情，而给这些事业以任何毁灭性的责任负担的话，这就变成了一件严肃的事情。如果人们因为一次的意外事件就可能被清除出去，人们还会从事商业活动吗？在雇员对雇主提起的类案侵害之诉中，法院通常倾向于支持企业。在19世纪50年代前

---

① 英国著名法史学家普拉克内特(Theodore F. T. Plucknett)，著有《简明普通法史》(*A Concise History of the Common Law*)等。

的一段时期里，免责事由“三部曲”[①]的建立，使得雇工不可能从其雇主手中获得任何救济，即便是雇主存有过错。类似的，在19世纪70年代，侵权行为法也给予医院、学校以及其他慈善机构以完全的侵权责任豁免权。（但是）在交通运输领域，因一些自己不能控制的事情，人们愿意将他们的货物运送出去而使自己遭受财产损失吗？铁路能受得了古老原则所带来的经济压力吗？

所有这些问题的答案在于，责任不应该只因为人们做了某事就设定于其身上，而且还应考虑行为人在做此事时是否有过错。在无法找到过错的意外事件中，损失仍由自然带至的人——即受害者——来承担。

至于针对个人以及企业所提起的人身损害赔偿，法律采用的是一个折中的观点。如今，法律规定的责任的不是简单的比如在古老的侵害之诉中设定绝对责任原则，或是比如在医院或其他慈善机构的案件中法院偏向于这些机构而设定无责任原则，而是采用一个中间路线，只看被告是否有过错。

我们需要注意的是，在这一时期，风险的转移方法，换句话说即保险业，正处在它的成长初期。尽管火灾保险已经在很早以前就存在，富人们也早享受到了人寿保险，不过后来，老百姓通过慈善机构也可享受人寿保险，但是意外及责任保险商（casualty and liability insurer）还十分罕见。根据一位叫约翰·班布里奇（John Bainbridge）的作者，第一个真正意义上的互助意外保险公司[②]是

---

① 免责事由“三部曲”指19世纪美国侵权行为法中逐步出现的适应保护自由资本主义发展需要的新责任原则，它们分别是：“与有过失原则”（doctrine of contributory negligence，一译“共同过失原则”）、“自愿承担风险原则”（doctrine of assumption of risk）以及“工友（过失）原则”（fellow servant doctrine）。

② 互助意外保险公司是保险公司的一种组织形式。这样的公司没有股份资本，公司成员既是保险人又是被保险人，目的是为保护保险单持有人的利益，并不以营利为目的。

1877 年成立的波士顿互助锅炉保险公司(Mutual Boiler Insurance Company of Boston);第一家发行意外保险单(accident policy)的公司是 1850 年的马萨诸塞州富兰克林健康保险公司(Franklin Health Assurance Company of Massachusetts)。没有保险,个人责任(personal liability)恐怕还是一件可望而不可即的事。

## 第四节　现代过失理论

当然,上述论述只将人身伤害案件中的一般过错理论开了一个头。至于"过错"的概念,则有其独立的发展史。"过错"概念的产生于一般性词汇"过失",后者曾被用于类案侵害令状的最初措辞之中,后被赋予了专门的、法律上的含义。"过失"一词含义的形成与英国法上的案例和美国法上的案例都有很大的关系。

1833 年的英国案例"希文诉彭德案"(*Heaven v. Pender*)可说明这一情况。该案以下述方式陈述了法律问题:"对于非由合同或欺诈建立关系的两人,如果该种关系使得一方须对另一方遵守某一义务,比如说人身义务或财产义务等,即一方须给予"通常的谨慎"(ordinary care)或"通常的技能"(ordinary skill),从而使另一方的人身或财产免受损害,怎样才能确切地描述他们之间的关系?"法院回答了自己的问题。

> ……无论何时,行为人因情势处于须这样的位置,即任何一个具有普通理智的人确实能够立刻认识到,假如他在自己的行为中,如不给予通常的谨慎或技能,便可能给他人的人身或财产带来损害的危险的,(对于该行为人而言)这时即产生了使用通常的谨慎和技能以避免危险的义务。

1928 年,纽约州上诉法院裁决的经典案例"帕尔斯格拉夫诉长岛火车公司案”（*Palsgraf v. Long Island Railway Company*）[①]更为简单明了地表达了这一理念。大法官卡多佐在其判决意见中说，“寻求法律上的救济之人，如仅证明其人身受到了损害，尚没有将诉讼理由阐述清楚。如果伤害不是故意的，他还必须证明对他构成伤害的行为有着明显的很大的危险可能性，因此，即便该伤害行为是非故意的，他仍然有权不受该行为带来的伤害。”

当过错责任被作为有关人身损害案件的主要基础后，主要的问题成为被告是否对原告负有义务。在上述希文和帕尔斯格拉夫的案例中发展形成的观点当然不会自动适用。从一个角度来看，它的作用就在于确定被告是否本可以预见到实际上已经发生了的事件。往最好的方面说，可预见性（forseeability）是一个模糊的概念；往最坏的方面说，它是一个无法适用的概念。它究竟怎样，要依逐渐积累的案例而定。但是，因为被告有无过失的问题是通常是由陪审团来认定的，所以，可预见性的概念在不同案件中的运用情况并不相同。

## 第五节　结　　语

在整个侵权行为法中，过错责任的这一变化只是全部变化中的一部分而已。它的作用在于使直接的人身伤害、财产伤害案件

① 该案的案情大概如下：帕尔斯格拉夫买票后在站台等车，此时，有一列火车开始在车站慢慢移动，一名带着包裹的男子跳上车厢，但是又似乎没有站稳就要掉下车来，于是车厢上的一名列车员（guard）倾身向前来帮助他，此时，另一名站台上的列车员又在他的背后推了一把。这一推不要紧，把他身上的包推掉了地。由于包内装有炮竹，它在掉地的时候发生了爆炸。爆炸的震动震掉了站台另一端的几杆秤，很多顾客逃离了现场。秤砸到了原告的身上，原告由此受伤并起诉了铁路公司。著名大法官卡多佐认为原告离爆炸地太远，超出了被告可预见的合理范围，因此被告不必担负过失责任。

可以适用确立过错责任原则的法律。

在其他领域，也发生了一些改变。我们可通过以下四点来加以说明。第一，雇员在工作时受到的伤害由雇主承担责任；第二，行为人对其爆破所引起的人身、建筑物损害承担责任；第三，慈善机构对其工作人员引起的侵权行为承担责任；以及第四，生产商需对其生产的瑕疵产品造成的人身伤害承担责任。

如前文所述，事实上，若依照19世纪初期的法律，雇主并不需要对其雇员在工作时遭受的损害承担责任。法律通过确认三大原则实现了这一目的。第一个原则是普通而又古老的“与有过失原则”[①]。只要雇员存有过失的，即使雇主本人也存有过失，雇主便不会对损害承担赔偿责任。雇主的第二个抗辩理由是雇员“自愿承担风险”。雇员在从事危险工作的时候，自愿承担这一工作的风险。第三个原则是“工友（过失）原则”（fellow servant doctrine）抗辩。如果损害系因工友的过失造成（区别于上级人员过失），则雇主不承担损害赔偿责任。这一系列规定的初衷在于不使起步阶段的工业受到这些侵权责任的束缚。

美国在经历内战后，一场运动伴随国家大规模工业化的进程展开了，这场运动旨在制定《工人赔偿法》，以确保工人在“其工作过程中”受到的所有意外事件责任由雇主负担。这一立法支持者的口号是“让产品的价格承担工人的鲜血”，它在本质上是经济性的口号。人们认识到这种设定责任的方法会增加成本。但是，持这一观念的人们认为，这一成本应该在使用增加了成本的商品的消费者中间分摊开来，而不应被强加在某一碰巧受到伤害的个人身上。工业的意外事件不可避免。每当人们听到要修建某一桥梁的时候，也是人们伤心的时刻，因为我们知道可能有一名或更多名工人会受伤甚至失去生命。如果死亡不是任何工业发展中必然发

① contributory negligence，也翻译为“共同过失原则”。

生的事,至少损害是。

1910 年后,这一运动有了结果,所有的法域均通过了《工人赔偿法》。这一结果并没有给工业带来灾难性的后果。不过,其中一个明显的后果是保险公司日益增多,它们愿意为设定于雇主身上的这一新的风险承担保险责任。

但在涉及爆破的土地案件中,几乎所有的州都保留了传统的绝对责任标准,这一责任原则仍然有效。比如说,爆破中发生了瓦砾或岩石砸伤原告身体或财产的事件,人们对此的看法很一致:不管侵害人在爆破中是否尽到了合理注意义务或使用了正确技术,都须承担绝对责任。这一原理在其他类型的案件中也使用,这是因为爆破是一项高度危险作业、是为个人谋利益,所以实施爆破的人应该承担所有的经济风险。这和设定于危险动物饲养人之上的古老责任不无相似之处。这也体现出另一种观点:即针对土地的侵害行为一般不能得到宽恕。

在慈善机构(如教会、医院、学校等)工作人员实施的侵权案件之中,法律采用的原则也发生了一定变化。在 19 世纪 70 年代,人们认为慈善机构不应对其工作人员在他们工作期间造成的侵权行为承担责任,尽管其他雇主此时已经必须为雇员的侵害行为承担责任,这一看法在此时出现于马萨诸塞州,并开始并迅速在其他法域传播开来。人们对此持有的理由是,这些我们十分需要的机构如不能被免除这样的责任,就无法生存。在 19 世纪 70 年代,真实情况的确如此,医院的大量工作就是照顾赤贫的病人,医院的收入所依靠的主要是富人的捐赠。人们认为,如果将这些捐赠用于支付赔付,而非用于照顾病人,会导致没有人继续捐赠。在当时的美国,教会的运转也是依靠捐赠维持的,而学校、大学的情况同样举步维艰。

这一理论的效力一直持续到 20 世纪 60 年代。而就在这一时期之前,因为医院还在接受州的基金支持,保险公司为慈善机构提供了各种各样的保险，所以法院仍然坚持该理论。法院认为免责观念已经深深扎根于法律制度之中，这需要立法机关新的立法才能改变这一情形，法院全然忘记了这一理论在最初实际是由司法机关所确立的。

但是到 20 世纪 60 年代，这一理论的围墙最终还是崩塌了。这些机构的责任发生了改变，与公司与企业一样，它们的身上也被设定了责任，它们一样也需要承担过错责任。

第四个也是最后一个领域是，生产商需对其产品的瑕疵造成的人身伤害承担责任。企业在最初发展的阶段并不存在这一问题。消费者直接从生产者手中购买物品，生产者的责任依据普通合同规定或侵权责任原则而确定。

但这一问题伴随着逐渐形成的市场制度——工业社会所需的一个主要构成元素——而出现。因为中间商、批发商、零售商等人的出现，消费者同生产者或生产商分了开来。人们可以向货物销售人主张权益并获得救济，但是其他方（特别是生产商）应该承担何种责任呢？

“相互关系原则”（doctrine of privity）在这一时刻应运而生。由于消费者并没有从生产商手中购买货物，因此消费者与生产商之间并不存在“相互合约关系”（privity of contract），所以消费者不可以以违反担保（breach of warranty）为由起诉生产商。在侵权之诉中，生产商同样免除了责任，因为它无须对其根本不知道的人承担任何责任。

不过，上述原则仅适用过不多个案件。美国内战后，这一领域的法律开始发生改变。最初的突破口在于如下理念，人们认为如果生产商的产品因瑕疵可能对人的生命会构成危险，则生产商应负有“注意义务”（duty of care），不能因其产品对第三人购买者造成人身伤害。但是，如果产品如无危险，则生产商无须负此义务，而且，生产商对生产中的“过失”并不承担责任，即便发生损害的结果也如此。在1916年的“麦克弗森诉别克汽车公司案”(*MacPherson v. Buick*)中,大法官卡多佐对“义务”作了这样的解释:“如果人们合理地认为,某一事物只要是在粗心大意的情形下生产的,就会使人们的生命、肢体处于危险之中,则这一事物在本质上属危险物。危险物的性质预示着人们可预料的后果。如果(生产商)对该危险元素有足够的认识,明知该物可能会由购买者之外的第三人使用,且会不加新的测试即使用,则无论有无合同,生产这一危险物的生产商都须负有安全制造该物的义务。①”

在接下来的50年里,消费者对生产商提起了成千上万个案件,有些胜诉,有些则不然,但这些诉讼在总体上是在增大生产商的责任。在食品生产领域,法律经常会设定企业承担责任。人们最为喜欢使用的一个责任原则是“不言自明原则”(doctrine of *res ipsa loquitur*),它的意思是“案件为自己说明”。如果某人在下列情况下受到了伤害,即受害人并不清楚他的行为有何不正确的地方,然而所有的控制以及知识都在生产者或其他被告掌握之中,则法官可以认为被告存有过失,除非被告可以证明自己并无过失。以瓶装且盖好的饮料中发现异物为例。假如原告不知道饮料中有异物存在,他饮用了饮料,并受到伤害。因为原告并不清楚自己在什么地方有错,而所有的控制方式又均在生产商手中,则生产商必须解释其怎么没有过失。当然在大多数情况下,生产商也不清楚怎么会这样,所以,这种诉讼的结果通常是生产商须承担绝对责任。

产品责任案件在20世纪的数量、种类十分繁多,它们在这样

---

① 在著名的“麦克弗森诉别克汽车公司”(1916)一案中,著名大法官卡多佐提出了一个影响了现代各国产品责任法或消费者权益保护法的原则,即产品制造商和产品购买个人之间存在一种隐含的安全保证,无论有无合同关系,有过失即应负责的原则。如果消费者因使用产品而受到伤害,就可以对产品制造商提出诉讼。

简短的文字中实际上很难得到全面的论述。但我们足可以这样说，人们逐渐认识到，像《工人赔偿法》等事件所带来的成本，或者应被直接地加入产品的成本之中，或者应通过保险金的形式而被加入产品的成本之中。正如工人可能会在工作中受伤一样，消费者也可能会因产品的瑕疵而受到损害。个人不应承担全部的损害结果。这种损害赔偿应被视为企业运行成本的一部分。

这一问题的最终结果是，1964 年的第二次《侵权行为法重述》中增加了第 402A 条规定。这一条文的起草人建议：无论生产商是存有过失还是过错，只要生产商的瑕疵产品给受害人带来了人身伤害或其他损害，法院都应裁定生产商承担绝对责任。这一条文不仅保护产品购买人本人，而且还保护任何使用产品之人或消费者，由此保护他们的家人、客人以及朋友。对于任何“处于瑕疵状态并对使用人或消费者或者他们的财产构成不合理的危险”的产品，只要该产品引起了人身伤害，只要销售者销售这样产品的，且产品在到达使用者或消费者手中时没有发生变化的，都可适用该条文。生产商不能以自己已经尽到了正当注意（due care）义务作为免责事由。

这一解决问题的方法是对工业时代出现的新问题而准备的老答案。它与那句古老的德国法谚遥相呼应：*wer unwillig getan hast*, *muss willig zahlen*，翻译过来就是“勉强行事之人，必会勤快地为此事付出代价”。不用说，保险业是这一新的责任原则的绝好回应。

**（一）汽车事故与过错责任**

法律中的绝对责任、无责任、过错责任经常在变化。在过去 20 年中，其中一个最为重要的变化就是，在汽车事故案件中，赞成确立过错责任原则的一方与赞成确立无过错责任原则的另一方之间一直在持续斗争着。

直到 20 世纪 70 年代早期止，汽车事故案件仍依据过错责任原则审理。原告必须证明被告方存有过失。但是,如果(法院)发现原告在某种程度上也存有过失,即构成"与有过失"的话,则原告的救济请求就会遭到否决。

近些年来,几乎所有确立了过错责任的州都拒绝了"与有过失原则",相反,它们继受了"比较过失"规则(rule of comparative negligence)。根据比较过失规则,如果原告也存有过失,则他的损害赔偿请求并不会被完全拒绝,但会依据事故发生时原告的过失比例而减少赔偿。

损害赔偿金包括经济损失,例如医疗开支、康复开支以及财产损失。损害赔偿金还包括非经济损害金,基本上指身体受到伤害的原告因被告的过失而受到的"痛苦与创伤"(pain and suffering)。[①] "痛苦与创伤"补偿通常会大大超过经济损失补偿。所谓的"拇指原则"(rule of thumb)是指,假定原告完全康复的,"痛苦与创伤"补偿应该至少是经济损失的四倍。

在这些案件之中,律师的酬劳模式曾经建立在"胜诉酬金"(contingent fee)基础之上(在采用过错责任原则的州现在仍然如此)。换言之,如果没有救济,律师同意不收取费用;但合同会规定,如果有救济,则律师酬劳通常会是救济费用的1/3,有时甚至高达1/2。比方说,在一起人身伤害案件之中,原告已经从身体伤害中完全恢复过来,且他(她)的经济损失是10,000美元。如果陪审团判定痛苦与创伤补偿费为40,000美元,则全部救济所得为50,000美元。依照1/3胜诉酬金合同,如暂不考虑法庭费用或诉讼费用的话,原告律师可以得到16,667美元,原告可以得到33,333美元。在英国以及其他西欧国家,胜诉酬金是非法的。

**(二)关于无过错保险中的一个问题**

在汽车事故案件中,保险公司是第三方。通过保险单(insur-

---

① 一译"精神损害赔偿"。

ance policy)条款,保险公司需要为事故案件的被告方提供律师。与原告的律师要获得最高限额的赔偿一样,被告方的辩护律师(他们是保险公司的律师)需要做的是寻求最低的赔偿或不赔偿。

大约仅有百分之一的汽车责任索赔案件最后在法庭上解决。这种案件的大多数会通过协商得到解决。因而,原告方获得的赔偿数额并不好预测。(原告可能会要求)保险公司多付,即支付一笔比原告提起的小额索赔数额更大的赔偿额,因为诉讼的成本可能会导致还要更大的费用。如果原告的索赔数额巨大,则他可能会要求提前了解此案,尽管被告的实际索赔数额可能并不会达到他最初的索赔额。

受过错制度的影响,原告经常会提起不诚实的诉讼。“痛苦与创伤”救济的诱惑常常刺激原告夸大其遭受的损害结果,甚至会凭空捏造。律师和医生也常因为同原告串通证言而被起诉,也就是说,他们之所以被起诉是因为他们向法庭反映的并非是原告的真实身体状况,而只是试图反映当事人(虚假)的法律地位。保险公司的理算师,即确定保险赔偿的工作人员,有时也会因拖延或恐吓受害方而被起诉。

一份早期研究表明,在每一美元保险金中,意外事件受害人得到14.56美分的“完全的经济损失”(net economic loss),还有21.54美分用于支付“痛苦与创伤救济”。至于剩余的部分,一部分会用于为其他方式造成的经济损失而已发生的支付,例如住院保险以及雇主续薪计划(employer wage continuation plans)等。

因此,人们建议改变汽车事故责任,将“过错责任”改为“无过错责任”。无过错责任意味着,在(行为人)缺乏故意时对他人造成的伤害案件,或者是在醉酒或吸食毒品的司机对他人引起的伤害的案件中,对于汽车事故中任何一方或双方的过错或相对过错,都不予以考虑。每一名机动车所有人都需购买保险来支付被保险人的“完全的经济损失”。司机与乘客间的诉讼不再存在。

依据这一计划，保险公司可迅速支付医疗账单。根据最初的建议，对于这些医疗支付、康复费用或是收入损失的上限数额不做限定。人们不可以提起“痛苦与创伤”诉讼，除非事故造成严重的、永久性的毁容，身体机能的严重损害，或是死亡。这就是所谓的“字面门槛”(verbal threshold)。

这一计划可以带来的结果是，拖延、协商、不完全支付、超额支付等不再发生。不过，这一计划的损失是原告失去了再提起“痛苦与创伤”救济的机会。对于那些专门从事汽车事故案件的律师来讲，这无疑是很大的损失。根据这一原则，原告很显然不可再依靠“痛苦与创伤”救济，而只能获得较低的保险金赔付。

但是，当这一救济方案提交到各州立法机关时，它受到了从事庭审辩护的律师们的强烈反对。在一些州，他们成功地挫败了这一立法建议。在另一些州，他们通过新增加一条规定：医疗开支超过某一很低数额费(如200美元或500美元)即可提起“痛苦与创伤”诉讼，便使得这一救济方案几乎完全失去了效力。这就是为人们所知的“美元门槛”(dollar threshold)。

在1989年，15个州继受了某种形式的无过错责任制度。密歇根州有着最彻底的无过错责任制度，但其他州都有着允许提起“痛苦与创伤”诉讼的从20,000美元到50,000美元不等的“美元门槛”。“美元门槛”使得原告以及他们的律师猛增他们的医疗账单，以达到这一门槛；但是密歇根的“字面门槛”是按照最初的方案制定的，因而无法被规避。

侵权行为法正面临着如何才能实现合理分配损害费用和损害赔偿金的问题。保险在受害人口(affected population)中间分配费用。理论上的问题是，保险应该分配什么样的费用，以及什么样的费用应该由受害方承担。在现实层面上的问题是，非经济损失是否应该给予救济，或者如果应该予救济，对于较低的保险费，被保险人是否应被允许放弃那一权利。

侵权行为法并非静止不动的。新的发展产生出新的问题。有时,法院会发展法律,例如在产品责任案件方面。有时,立法机关会发展法律,例如《工人赔偿法》的制定。有时,政治也发挥着重要的作用,例如它在过错责任以及无过错责任原则之上发挥的作用。

美国的优点在于这个国家有着50个实验室,人们在那里可以进行不同的试验。即便是灾难性的试验,它也只能影响一个州,而且它还可以被终止。而一个成功的试验,却可以为其他州所效仿。

# 第十章 合 同 法

"合同"是一则法律术语。它须包括待履行的、具有可强制执行性的一个允诺或相互允诺，所谓"待履行的"是指在将来履行的。合同法①调整的对象（之一）就是具有法院可强执行性的允诺的构成要件。

我们必须区别两种类型的合同。第一种是目前的"买卖合同"(contract of sale)，是一种相对简单的交易事项。我们每日完成的交易事项就是买卖合同的例子。人们购买一份报纸或一管牙膏，然后马上支付现金，交易即告结束。这种合同通常并不包括允诺。第二种是一种复杂的交易，通常与贸易或商业情境联系到一起，它包括一个或多个在将来履行的允诺。例如，我同意以某一既定的价格购买你的房子，房款的支付日期、契据和占有的转移日期均已约定在了未来的某一特定日期或某一特定日期以前。这就是后一种意义上的"合同"，是一种出售允诺(a promise to sell)，本章所要关注的正是这一意义上的合同。

若要回顾盎格鲁－美利坚法中的合同法历史，我们还必须区分"要式合同"(formal contract)和"不要式合同"(informal contract)。要式合同是指书面合同，主要是盖印合同。不要式合同可以是依事实成立的默示合同，也可以是以言语或文字形式成立的明示合同。要式和不要式合同有着不同的源起。普通合同或不要式合同源自"类案侵害令状"，其中经历过曲折的发展。要式合同

① 合同法在我国台湾地区称作"契约法"，在我国港、澳地区称作"合约法"。

的历史更为古老，它大概产生于某些庄重的行为被赋予法律意义之时，特别是在这些行为伴有某种仪式要素之时。

## 第一节　早期有合同性质的格式文件

早期王室法调整的对象主要是影响中央政府的问题，而非单纯的私人纠纷。到后来的13世纪早期，王室法院仅对大多数土地纠纷和重要的犯罪行为具有管辖权。对于土地案件的管辖权源自土地在封建制度中的重要性，而之所以要对犯罪具有管辖权，这是因为它是建立有秩序的社会所必需的。但是，地方法院和领主法院对于普通性质的私人纠纷拥有管辖权，所谓的“买卖的预约合同”（contracts to sell）[①]也包括在内。对于未履行类似于现代合同义务之人，法院可作出对他不利判决——或命令其支付损害赔偿金或扣押他的财物。

**（一）教会法院及允诺**

部分是基于罗马法，部分是基于神学理论，总之，教会法院承认正式作出的允诺，并认为“违反允诺”（breach of promises）就是“背信弃义”（breach of faith），教会因此对这类行为具有管辖权。教会法院认为，假如一个允诺的作出哪怕是伴有像握手这样的仪式，那么该允诺就是有约束力的。

王室普通法院并不干涉地方法院审理地方纠纷的权力，只要该纠纷与中央政府的权益无关即可。但是，王室法院并不赞成教会法院拥有审理这类案件并作出“民事处罚”（civil penalties）的权

① 本书译者在翻译《英国1919年货物买卖法》时曾将 contract of sale 译为“买卖合同”；将 sale 译为“买卖协议”；将 agreement to sell 译为“出售协定”。

力。1164年的《克拉伦登宪章》[①](*Constitution of Clarendon*)对此作出了明确规定,该法规定这类案件的管辖权仅限于普通法法院,即国王的法官,它无视协议的作出有无"信义担保"(pledge of faith)的相伴;所谓"信义担保"就是指人们希望获得拯救的担保。但是,如果伴有这样的担保,而行为人虚假地否认了他曾经作出这一允诺的,则该行为人犯有伪证罪。伪证罪是一种对于道德的触犯(moral offense),而教会对此是具有管辖权的。教会法院可在此基础上命令允诺的履行,这从而成为绕开上述限制的一条道路。王室法院不断签署禁止令状(writs of prohibition),要求教会法院停止对于这种允诺的强制执行。这种做法直至15世纪才正式停止。

**(二)担保(pledges)**

早期法院最接近于利用"担保"这一观念来强制执行合同。如果行为人作出允诺并提供担保物保证履行该允诺的,则受允诺人可在允诺人未履行其允诺的情况下,没收该担保物。但是,这种做法同允诺本身的执行毕竟不完全相似。

这种"担保"在当时被称为"典押物"(wed)或"质物"(gage),即便在现代法中,仍有它们的痕迹。其中一个痕迹就是正在逐渐消失中的典当铺。当行为人将他的动产拿到当铺以换取"当铺贷款"(loan)时,他并不会作出偿还该笔"借款"的允诺。相反,假使行为人果然未偿该还贷款的,则当铺的老板会将典当物据为己有。

---

① 1164年,在经过同主教贝克特一段时期的激烈政治斗争后,亨利二世在克拉伦登召开了议事会,并作出"宣言"。"宣言"旨在限制教会特权和宗教法庭的权力,并最终形成一份书面文件,被称为《克拉伦登宪章》。该文件将自身描述为"对祖先即外祖父亨利国王的某些习惯法、特许权和荣耀以及其他应在王国内得到遵守和奉行的事项的记录和认可"。参见屈文生:"试论亨利二世法律改革",载《贵州社会科学》2009年第11期。

这也是人们对于“抵押”(mortgage)或“死质”(dead pledge)[①]的最初理解。借方以不动产为担保,可转移不动产的占有权至贷方,借方只有在偿还全部借款后方可恢复对不动产的占有。当然,旧时的抵押法早已发生了变化。这种“担保”的痕迹还可在传统的基督徒婚礼仪式上看到,新郎用名誉担保,并将此作为照顾妻子之允诺的保证,新郎在说完“向你保证我的誓言”(and thereto I plight thee my troth)后,妻子的监护权就转移到新郎。

我们须将上述这些“担保”同现代意义上的“质押担保”(pledge of security)区别开来,在后者之中,担保物(比如说贷款担保物)是供强化“偿还允诺”之用的。“偿还允诺”是合同之债的基础。

**(三)契约性质的普通法诉讼**

对于早期的法官和律师而言,他们首先考虑的并不是现代意义上的“合同”和“侵权”之分。他们首先考虑的是依据令状制度可以有哪些救济。有些普通法令状同现代的合同很相似;普通法令状作为先于合同存在的制度,为后者的发展提供了它自己的组成元素。

今天,“合同”最为人们接受的定义见于《合同法重述》(*Restatement of Contracts*)第1节。“合同是一个或一系列允诺,违反该允诺将由法律给予救济,履行该允诺是法律所确认的义务。”但是,普通法令状并不直接强制执行任何“允诺”,因此,普通法令状并不符合合同的现代含义。与现代合同相似的普通法令状概有金钱债务令状(debt)、违反盖印合同请求赔偿令状(covenant)、请求返还扣留财物令状(detinue)及账目令状(account)。这些令状的运用开始于12世纪,在接下来500年的大部分时间一直被使用。在这一漫长的时期,它们本身经历过相当大的变化。因此,下面的

---

① 指质物的孳息(租金、利润等)并不用于清偿债务的一种质押。

讨论将仅停留在一般层面之上。

**(四)违反盖印合同请求赔偿之诉**

盖印合同(covenant)的核心意思就是“协议”。在违反盖印合同请求赔偿令状之下,该协议若要具有可强制执行性,则必须是书面形式的。违反盖印合同请求赔偿令状最早出现于13世纪,它的初衷就在于为土地租赁人提供救济,并使租赁人能依此对抗违反了自身义务的土地出租人(landlord)。因为“回复占有诉讼”仅保护完全保有地产,而定期地产并不属于完全保有地产,所以这种救济是人们需要的。起初,如果租赁人对出租人的起诉获胜的,它的结果就是租赁人会回复占有“未到期的定期保有地产”(unexpired term of the lease)。但到后来,出租人也可确定出损害赔偿的金额(来替代回复占有这种救济方式)。由于(救济的获得)仅限于使用盖印合同,所以它开始涵盖各种形式的书面协议。如果胜诉的,法院判定被告遵守协议。如果被告拒不遵守协议或不能履行协议的,则由法院确定损害赔偿金数额。

这种协议就是在将来去做某事的允诺,因此它与上述合同的定义较为类似。但是,到14世纪时,王室法院要求该种形式的书面协议必须盖印。“印章”(seal)是指任何被人们采用的符号,用以作为人们的身份证明。印章可以是个人图章的蜡模印,盖到书面文件之上,因为这些图章的制造独特,因此是可辨别的。今天,印章可以是“印章”这个字加上括号,通常位于个人签名之后的位置。

盖印要件改变了合同法理论。在盖印要件被运用之前,书面文献仅算得上合同双方达成协议的证据。但是,这一要件具备后,书面文献本身就是协议。一旦契据(盖印文书)被作出,它本身就可以说明契据是由被告作出的,被告因此不可否认他的义务,也不可采用共誓涤罪的方法对契据不负责任。但是,被告可以主张盖印文件有瑕疵,比如说因为它是伪造的、受胁迫签署的,抑或说由于被告是文盲，故而文献的内容有不实陈述之处。被告不可将合同债务的履行作为辩护事由来答辩，除非被告可以出示其债权人提供的一份债务免除证书(acquittance)，且该证书也需盖印。

盖印要件意味着“违反盖印合同请求赔偿令状”不可被用于强制执行不要式协议。相反，合同法的发展亦发生在其他一些令状之中，而它们可以用于强制执行不要式协议。这反过来意味着法律思维主要表现为创设、解释及扩大其他令状之范围的形式，它延缓了合同法理论的发展；合同法理论直到16世纪后才取得一定发展。

在美国的一些法域，盖印文件诉讼一直持续到了今天。在这类案件中，合同(被称为要式合同)的执行并不考虑对价的存在(或者说要约与承诺等技术)。尽管盖印文件的成立是建立在古老的实践之上，但在某些情形下，它确实具有很实用的功能。例如，假如在美国的一个法域中，有人作出了未来赠与的允诺，如果此人希望自己的允诺能受到法律约束，则他只需写明：“本人允诺在2000年6月1日支付张三500美元。(签名)李四(盖章)”即可。

**(五)金钱债务之诉**

金钱债务之诉(action of debt)是最早的令状，它大概源于地方法院的先有实践。格兰威尔时期(约1187年)曾提到过一种早期的、昂贵的令状；在接下来的50年中，该令状发展出一种相当确定的形式。

债务之诉的理论就是：任何人依自己的请求而获得利益的，就应当支付约定的价格。假如A从B处借了一笔钱，但并未按照约定归还；则A在金钱债务之诉案件中负有责任，不是因为他曾经作出的归还的允诺，而是因为他曾依自己的请求从B处获得了利益，而该利益的数额是一个确定的、协商好的数目。该种形式的诉讼还用于出售和运送货物的约定价格。它同样建立在这样的事实上:买方,即接受货物方,因为他已经从卖方处获得了利益,因此应当为该利益而支付协商好的价格;而不是说他必须遵守付款的允诺。它还可被(权利请求人)用于从土地的保有人处重新获得到期的租金、因提供役务而应得的金钱及依“回复占有之诉”而判定的金钱损害赔偿金。

在很早的时期,债务之诉既可在地方法院也可在王室法院提起,案件的标的额也没有限制。但到13世纪90年代,新的规则规定,王室法院只能审理标的额为40或超过40先令的债务之诉案件。在当时,40先令大概等于一年的劳动收入。

这并不意味着超过40先令的债务之诉案件不可以在地方法院审理。标的额低于40先令的诉讼可以在地方法院提起(39先令11便士变得很流行),但是如果债务之诉案件的标的额是40或超过了40先令的,则原告必须从文秘署处购买一种“特别授权审判令状”(a justices writ)。案件因此可以在地方法院审理,只是主持审判的将不是地方法院法官而是郡长。因此,40先令的案件既可能在地方法院审理,也可能在王室法院审理。

金钱债务之诉的诉讼请求可以依契据提出。契据是原告债务之诉的证据。没有契据的,金钱债务之诉的诉讼请求也可以提起,原告的证据还可以是“封臣裁判官”(suitors)的举证,因为他们是交易的证人。原告或其代理人可以在诉状中陈述其诉讼请求,而封臣裁判官的职能在于证实该陈述。法庭不允许原告为自己作证。

谨慎的债权人可通过提前计划来避免(浪费)时间、困难及风险等。许多金钱债务诉讼是借贷程序中的一个部分。诉讼可在金钱借贷之前就针对未来债务人提起。借贷额的判决作出后,金钱即可转手。

还有一种更为常见的做法。贷方和借方都要到法庭之上,借方在法庭上承认债务并允诺在将来某确定的一天归还该金钱债务。债务人同时还订定假如自己未按允诺归还的,郡长可以扣押他的土地或动产。伦敦的商人在 1283 年《商人法》(*Statute of Merchants*)颁布后也可以使用类似的方法,他们到伦敦市长面前或其他官员面前,承认所欠的债务并在副本上登记。这种程序被称为"具结"(*recognizances*),该术语源于拉丁文"承认"。

与依义务提起的诉讼和依承认提起的诉讼之间,还有依"附条件保证"(conditional bond)提起的诉讼。在借钱之前,债务人须签署一份保证,并允诺假如在规定日期前未还清债务的,他将偿还双倍的借款。但是,如果债务人在规定的日期或规定日期前还清实际债务数额的,则该保证无效。双倍额度并不被视作利息(当时几乎在所有的情形下,收取利息都是违法的)因为借方是可以选择按时偿还债务而避免双倍清偿的。

"附条件保证"同样是用于强制执行要式合同的,它可保证当下的争议能被提交仲裁。保证书会规定,一方当事人如不按照仲裁人的裁决履行义务的,则需支付金钱罚金。若无正式的保证书,则仲裁人的裁决须经金钱债务之诉来确保执行。在后一种情形下,审判将以宣誓断讼的形式展开,因为仲裁人的裁定在当时并不同于今日,它并不可由法院自动执行。

金钱债务之诉同现代的合同类似,但是因为它的诉称中并无"允诺"要件的要求,它只要求"确定数额"要件,再加上因为债务的构成要素在各个郡之间又有差异,所以,它并不能被归于现代合同理论中去。

**(六)请求返还扣留财物之诉**

在格兰威尔时期(约 1180 年),金钱债务之诉既可用来提起金钱诉讼,也可用来提起动产诉讼。到 13 世纪时,这两种诉讼变成了两个独立的程式诉讼(forms of action)。金钱债务之诉用于提起金钱诉讼,而请求返还扣留财物之诉主要用于提起动产诉讼——曾寄托在被告处但如今无法恢复占有的财产。

起初，请求返还扣留财物之诉的前提就是先有寄托（bailment），然后（受托人）拒不将该动产归还；所谓“寄托”就是暂时转移动产的占有。例如，假如 A 给 B 借了一具耕犁，本应在周末归还，但假如 B 未按约定日期将此耕犁归还的，A 可对 B 提起请求返还扣留财物之诉。A 要求的是 B 返还自己的财产而非强制执行允诺。但是，后来请求返还扣留财物之诉也可用于动产的恢复，即使没有寄托也可，它也因此丧失了原先可能包括的合同要件。再后来，它还被用于依买卖合同而应当支付之价款的收回；但是这发生在现代合同法得到发展之后，因此它亦可在此基础上来解释。

**（七）账目之诉**

最后一种“先合同诉讼”（precontract actions）是账目之诉。账目之诉大概在 13 世纪早期得到发展，原告可以利用这一诉讼对被告——为原告的利益从原告处获得财产之人——提起诉讼。正是从这一点来看，我们可将账目之诉同上述请求返还扣留财物之诉区别开来；后者中的“寄托”是为了被告的利益。账目之诉起初是土地所有权人用来对抗“管家”（bailiffs）的一种救济，这里的“管家”是指代表土地所有权人接受金钱和动产之人。从这一处着手，该诉讼后来还可被用来对抗更多的人，如（土地所有人的）代理人、合伙人以及保有投资基金之人。但是，这一诉讼不可用作对抗土地受信托人的救济方法。该诉讼要求被告归还他先前允诺归还原告的物，因此，在某种程度上说，账目之诉包含有合同的某些要素。然而，账目之诉基本上是建立在当事人之间某种正式的关系之上的，比如说管家、代理人或合伙人，这种关系产生了账目义务（duty to account）。

账目令状包含对郡长的一项命令，它要求被告出示原告的金钱的账目。如果被告不能证明已支付过款项（陪审团问题）或者无“责任关系”（accountable relationship）存在（法官判断的法律问题），则最终有利于原告的判决将命令被告出具账目清单。为履行审计义务,两位审计人既可由法官指定,假如被告愿意提交账目清单的,也可由原告指定。假如审计人裁定金钱系到期应支付的,则原告可通过金钱债务之诉收回。对于审计人的裁定,(被告)不可使用宣誓断讼法来反对,因为依据一部1285年的法律,审计人可将被告关押入狱直至他支付全部数额的金钱债务。

在14世纪时期,因为账目令状常被滥用,比如它被用于贸易账款的收回,再加上虚假审计人的使用,例如原告仆人冒充审计人,审计人基本上失去了对不履行债务之债务人的押交权。若要收回到期的债务,须提起金钱债务之诉,但是,审计人的裁定仍不受宣誓断讼法的辩驳。随着新的合同救济形式的出现,这一诉讼终因很少使用而灭亡。此外,大法官法院发展出一种审计程序,它更适合于对代理人和其他受托人而提起的诉讼。大法官法院既不使用宣誓断讼法,也不使用陪审团审判,大法官或大法官法院的法官助理负责监督审计程序。直至今日,衡平法程序仍被用来从代理人、受信托人及其他代表他人持有基金或财产之人等处获得账目清单。

**(八)上述普通法诉讼的命运**

违反盖印合同请求赔偿之诉、金钱债务之诉、请求返还扣留财物之诉及账目之诉是现代合同的前身,但是它们并未建立在可强制执行的允诺理论之上。基于这些诉讼各自的原因,它们都注定难逃被替代的命运。

违反盖印合同请求赔偿之诉要求有盖印文献,但是这一形式要件使得该诉讼难以在日常商业交易中得到运用,因为它太过于烦琐。

金钱债务之诉只有在起诉请求的数额确定时,才可提起。如果原告提出的确切数额最终不能被证明的,则将以败诉告终。只有出示了盖印契据,被告才可以采用共誓涤罪的方式来推翻别人对他的指控。因此,原告不可对死者地产之执行人提起金钱债务之诉,因为执行人无法代表死者采用共誓涤罪的方式来推翻别人对他的指控。此外,除应用于商人间的纠纷外,宣誓断讼法因常被滥用而不再受欢迎。金钱债务之诉被现代合同理论所取代。

请求返还扣留财物之诉也运用宣誓断讼法。如果动产是以毁损状态返还的,该诉讼不提供救济,被告可选择支付该动产的折价款而非返还该动产。请求返还扣留财物之诉后被“非法侵占之诉”(*trover*)①取代。请求返还扣留财物之诉的理论依据是,被告人不当扣留了原告之财产的事实,而“非法侵占之诉”的理论依据是,被告人将原告财产转为己用的事实。

账目之诉是一种复杂而又耗时的诉讼。它对于当事人需有特定关系的限制并不利于合同理论的发展。正如我们所看到的,它已被大法官法院中另外一个同名程序所取代。

## 第二节　因简式契约而引起的类案侵害之诉

尽管“侵害”和“合同”似乎是两个风马牛不相及的概念,然而它们却有着共同的渊源。将这两个概念维系到一起的是“义务”。侵权行为法最基本的一个要素就是义务存在与违反义务(existence and breach of duty),而承担义务(assumption)是每个合同的

---

① 非法侵占之诉是从“类案侵害之诉”发展而出的,是“类案侵害之诉”中的一种形态,大约到16世纪中期才发展成为一种独立的程式诉讼形式。从这一点来看,它与“简式契约之诉”十分相似,后者也曾是类案侵害之诉的一种。《哈佛法律评论》第11卷曾发表埃姆斯(Ames)专门介绍“非法侵害之诉”发展史的文章。非法侵占之诉自16世纪中期发展起来后,最早主要用于遗失物的返还。原告可向法院诉称,他曾经合法占有某物,如今遗失了该物,而被告在拾到该物之后,将其非法侵占并据为己用。就这样,它逐渐取代了请求返还扣留财物之诉(detinue)。到后来,原告在其动产被他人非法占有或毁坏之后,也可提起非法侵占之诉,请求法院审理,被告通常可以选择或者支付物之价值,或者返还原物。

组成部分。在侵权行为法中,义务是社会强加的;但在合同之中,义务是双方当事人依协议自愿承担的。

在王室法院中,早期的侵害令状宣称的是被告打破了国王和平。这一诉称赋予了王室法院对案件的管辖权;没有这一诉称,案件就只属于由地方法院审理的私人纠纷。侵害之诉是供原告在受到直接的、暴力性的伤害后提起的一种诉讼。国王和平围绕着针对国王本人、他的家庭、他的仆人、在国王公路上发生的暴力及在教会节日期间(如复活节期间)的侵害行为。直到 1328 年止,国王和平随着国王的去世而消灭,故某一侵害行为如果是在国王去世之前实施但并未在国王死亡前得到审理的,将不被视为侵害行为。

在 14 世纪期间,侵害之诉案件多有提起,原告在这类案件中会诉称被告打破了国王和平,而这样的权利请求明显是拟制的,其目的就在于使得案件能在王室法院得到审理。例如,在很多案件中,原告指控铁匠使用暴力和武器并杀死了原告的马匹,而真正的事实是该铁匠因"过失"而导致了马的死亡。①

在类案侵害诉讼的早期发展史上,有一个极为重要的案例,它就是 1348 年的"巴克顿诉汤森案"(*Bukton v. Townsen*),流传至今日,我们一般将该案称为"洪伯河渡船案"(*Humber Ferry Case*)。一位摆渡人接到一笔生意——将原告的一匹母马渡过洪伯河。但是,因为这位摆渡人超载,结果造成母马坠河淹死。这一判例的裁定有着机缘巧合的成分,因为王座法院刚好在约克郡巡回开庭,而未在其常驻地威斯敏斯特。假如王座法院没有在约克

---

① 我们可以看到,在不少有关"使用暴力和武器"伤害马匹的案件中,真实的情况甚至可能是,被告只是一名铁匠,而原告真正的诉因是铁匠引起的"钉马掌意外事件"。毋庸置疑,此时一定还有其他类型的"拟制",只是我们很难证实罢了。参见:Baker J. H., *An Introduction to English Legal History*, 3rd ed. London: Butterworths, 1990. p. 72。

郡巡回开庭，该案可能就会在地方法院审理，而在地方法院，侵害之诉和违反盖印合同请求赔偿之诉的区别不甚重要。该案最终以侵害之诉形式提起。而假定该案是以违反盖印合同请求赔偿之诉提起的话，它也不会在王座法院得到审理，而只能在普通诉讼法院审理。

该案的被告辩称，案件并未以违反盖印合同请求赔偿之诉形式提起，因为这是事实；而以侵害之诉形式提起该案是不当的，因为并无被告“使用暴力和武器”的指控。但是，法官认为，原告针对被告在渡船上超载的不当行为以侵害之诉形式提起诉讼是恰当的。原告是针对摆渡人的“允诺”（undertaking）[①]或“简式契约”（assumpsit）或“承担的义务”（assumed duty）而提起的指控，但是法官将之宣布为“侵害之诉”（trespass）。

学者们对于该案到底属于“侵害之诉”还是“类案侵害之诉”持有不同的意见。但这一问题实际上并不重要，因为二者的区分直到后来才出现。

又过了20年后，王室法院开始公开接受不包含“被告使用暴力和武器之指控”的侵害之诉案件。在1372年，“法里尔案”（*Farrier's Case*）就是依据侵害令状对一位铁匠提起的，原告在该案中诉称该铁匠将钉子错钉到了马掌上细嫩敏感之地方。法院支持了原告的诉讼。此外还有一些针对医生或外科医生提起的医疗不当诉讼，这些诉讼依据的也是事实，而非古老的（拟制）指控。

这些案件都被归入“因简式契约而引起的类案侵害之诉”（trespass on the case on an assumpsit）的范畴。“简式契约”一词的

---

① “assumpsit”是指作出承诺就必须履行的意思，比如说有些专门职业人员，例如医生、建筑师或理发师等，能使一般人相信他们具有相当的专业知识和能力，此种专业知识和能力的提供，即是专业人员的“承诺履行”——即“assumpsit”。“简式契约之诉”这一术语还常被翻译为“承诺之诉”、“违诺赔偿之诉”及“承诺履行赔偿之诉”等。

意思等同于“允诺”或“承担的义务”。它最早用于1387年的一则案例之中。“简式契约之诉”属于侵权之诉，它依据的基础是被告已经实施了违法行为，比如说，不当处置了一只动物或一个人。在中世纪时期，“粗劣的手艺”（bad workmanship）被认为既是一种公共违法行为，又是一种私人违法行为。在地方法院，外科医生自身有医疗不当行为的，可能被提起刑事诉讼，并可能被地方法院处以刑事制裁。但是在王室法院，这种案件属于私人性质的侵害之诉。

在类案侵害之诉中，不得使用宣誓断讼法。原告提起案件的依据在于被告的行为并未按照他自己的手艺标准作出，他未能照要求行事，而且原告或者已经向被告支付了报酬，或者已同被告协商好了有关事宜并即将向其支付报酬。被告可提出他已经达到了手艺标准的辩护意见。

如果被告的行为履行恰当，这种行为本来是合法的，只是这些行为并未得到恰当的履行；这些案件中涉及的行为恰恰如此。这就是所谓的“不当行为”（misfeasance），[1]它有别于“未履行职责”（nonfeasance），后者是指不去做任何事情。在15世纪，人们认为依简式契约的类案侵害之诉不应针对“未履行职责”提起。原告若要对被告人提起“未履行职责”诉讼的，须有被告曾作出履行职责的有效允诺这一前提。但是，“有效允诺”须以盖印的书面文献形式作出，而假如被告违反该允诺的，原告可通过提起违反盖印合同请求赔偿之诉来获得救济。15世纪时期的法学家们面临的概念困难是，如果允许原告对“未履行职责”提起侵害之诉，那么就等于允许侵害之诉为“未履行职责”提供救济，而该种救济实际上在违反盖印合同请求赔偿令状中就已经存在了。规则应是这样：

---

① misfeasance，也可翻译为“失职行为”，区别于nonfeasance（未履行职责）和malfeasance（违法乱纪）。

原有的诉讼形式已经提供了救济的，则原告应当去请求获得该救济。原有的救济要求盖印文件中包含一个允诺，但是该要求关心的主要是有无能够证明该允诺的证据，而非它的实质问题——即被告未履行职责的问题。

在15世纪，被告之所以需要负担义务，是因为他曾占有或控制过被伤害之物。“控制”就意味着他已经承担了注意义务。

到后来，有人认为这些被告的义务是社会强加于他们身上的，而非他们个人承担的，因为他们从事的是“公共职业”（common calling），[①]所以法律在他们身上强加了义务，即如有“不当行为”他们即需承担义务。假如行为人向任何人都显示出自己从事的是某种按需提供服务的行业或职业，例如医生、外科医生、摆渡人及一般承运人等，则他从事的就是所谓的“公共职业”。这一理论到底是真还是假，我们不得而知，因为在当时普通劳动者也可依法，并依法定工资受雇于任何人。

**（一）货物买卖**

到15世纪晚期，金钱债务之诉取得的一个发展同样推动了合同理论的演进。早期的金钱债务之诉要求卖方在提起价款诉讼前，买方须实际收到了货物。因为买方在收到卖方交付的货物之前并未获得任何利益，而这是金钱债务之诉的核心。但在当时，人们认为货物的所有权在协议敲定时就已转移至买方，即使卖方仍在等待买方付款而保留着货物。这里的“协议”也称为“财产转让协议”。因此，买方在协议敲定时即获得了利益，即货物的所有权。如卖方在之后交付货物而买方拒绝接受的，则可以针对买方

---

① 指在普通法上具有特定身份而负有特殊法律责任的职业，如承运人、旅馆老板和兽医，他们对自己从事的职业中产生的伤害负有法定责任，这种责任后来发展为无过失责任，即严格责任。参见薛波主编：《元照英美法词典》，法律出版社2003年版，第260页。

提起协定价款额的金钱债务之诉。必然地,如果买方支付价款而卖方拒绝交付货物的,则买方可对卖方提起请求返还扣留财物之诉。因为买方具有货物的所有权,所以如果买方已按约定价款支付了的,则货物属于买方。

在普通法法院,这一所有权转移理论并不适用于不动产。不动产的有效转让需要"转让封地占有权"仪式这一要件,至少在理论上如此。到15世纪,大法官法院发展出了"衡平法上的所有权(equitable title)在双方订立协议时转移"的理论。"衡平法上的所有权"指衡平法院承认的所有权。

**(二)担保(warranties)**

今天,我们将"担保"视作合同。我们有明示担保,即文字形式的(明确保证),还有默示担保,即由法律强加(于卖方)的义务。我们还可以将明示担保视作一种诱使当事人签订合同的虚假陈述,而不将其视作合同,这样一来,它就成了衡平法上因欺诈而订立之合同可被撤销的基础。

但是,在这一时期,我们可以称之为"担保"的却属于"欺诈"(deceit)的一部分。今天,我们认为"欺诈"是指说话人作出他自己明知是虚假的陈述,且目的就在于让受害人信以为真。但是,假如当事人是在善意的情况下对事实作了虚假陈述,而他自己也信以为真,这又该如何认定?从听者的角度来看,这种差别并不重要。不管当事人是故意地还是善意地作出陈述,对方受到损失的事实是一定的。今天,对于这样的陈述,人们会将其认定为"善意的虚假陈述"(innocent misrepresentation)。但是在中世纪时期,人们对于虚假陈述并不加以区分。法律关心的是结果,而不关心作出陈述之人的心态。欺诈就是对于重大事实的虚假陈述,与作出虚假陈述之当事人的意图无关。

因此,在15世纪时,假如卖方出售货物并就这些货物给出明示担保的,且假如他违反了该担保,则买方可因卖方的该"欺诈"

而提起类案侵害之诉并获得救济。这类诉讼与金钱债务之诉和请求返还扣留财物之诉并不相同。至于究竟什么样的字眼可以构成担保,这是陪审团需认定的问题。

在15世纪,明示担保并不是合同,而是单独的不法行为(a separate wrong)。将担保视为合同,无异于就是将担保等同于盖印合同,因此违反担保的就是违反盖印合同,或是违约。但是,在王室法院,一个可强制执行的盖印合同必须要满足盖印这一要件。因此,因欺诈而提起的类案侵害之诉所以能够提供救济,原因就在于它建立在当事人实施了一个不法行为(它是侵害之诉而非违约之诉的重要要素)的基础之上。但是,因为作出担保之人的意图或过错并不重要,又因为当事人因作出虚假陈述而需要承担的是绝对责任,所以,该种形式的诉讼尽管在形式上是针对不法行为而提起,但它又有着明显的合同要素。它是一个不法行为,仅仅是因为不法行为是构成侵害之诉之最重要的要素,而不是因为当事人的实际过错或过失。

**(三)因欺诈而提起的类案侵害之诉**

正是从这一"折磨逻辑"(tortured logic),即在并无不法行为的地方硬要找出一个不法行为,得出了一条规则——除违反盖印合同请求赔偿令状之外,对"未履行职责"并没有救济。

在15世纪后半叶,伦敦的地方法院开始通过"因欺诈而提起的类案侵害之诉"(action of trespass on the case on a deceit)对"未履行职责"提供救济。在一起案件中,有一位被告因在伦敦将一份"限嗣继承地产"按照"非限嗣继承地产"销售,因而被控欺诈。该买卖行为终被撤销,被告亦被监禁(适用于危害城市的一种刑事制裁)直至他返还了因出售该土地而得到的全部价款。在另外一起同样发生在伦敦的案件中,有一位卖方本已从买方甲处得到了出售财产的价款,但该卖方却将该财产又卖给了买方乙。他同样因此而被监禁,直至返还了全部价款。在伦敦,违反盖印合同请求赔偿之诉并未将盖印文献作为提出诉讼的必要要件,因此,有人认为在这一时期的伦敦,原告只能提起违反盖印合同请求赔偿之诉,而这种看法是不贴切的。

在这一时期,最为著名的王室法院案例是1442年的“多伊奇案”(*Doige's Case*)。案件涉及的交易发生在伦敦。被告接受了原告已向他支付的价款,且被告同意将某一土地转让给原告;然而,被告却将土地转让给了第三人。原告因此提起了欺诈之诉。被告辩称的理由是,该诉讼应以违反盖印合同请求赔偿之诉的形式提起,但是他们之间并无盖印文献。(此外,即使原告存有盖印文献,即使原告是以违反盖印合同请求赔偿之诉的形式提起了诉讼,也将无济于事,因为这一时期的违反盖印合同请求赔偿令状要求法院作出实际履行的命令,而被告是无法再实际履行该合同的,因为他已经将土地转让给了第三人)这一问题在法庭上得到详细的讨论。原告最终获得了“根据抗辩作出的判决”(judgment on the demurrer)。

这则案例并不属于“纯未履行职责”(pure nonfeasance)性质的案件。被告实施了不法行为;他在自己已作出允诺的情况下,将土地转让给了第三人。假设他留住土地且什么都未做,则依该裁定理由,原告将无法获得任何救济。因此,当事人使自己不具备履行合同能力的行为是欺诈行为,正是该欺诈行为引起了案件的发生。与伦敦的做法不同的是,在王室法院,欺诈之诉寻求的并不是价款的返还,而是(原告)因此受到的损害,损害赔偿金的数额由陪审团来确定。

密尔松教授已指出,当王室法院最终适用了已在伦敦法院应用的欺诈之诉后,法律思维可能发生了一种变化。在伦敦法院,原告要求法院审理被告的使自己不具备履行合同能力的行为(即欺诈行为)的目的就在于,他能够获得一个由法院作出的要求被告归还其已经支付的金钱的判决令,因为欺诈行为也被认为是一种危害城市的犯罪,欺诈人可能有受监禁的危险。但在王室法院,欺诈之诉的结果不是“返还原物(金钱)”。王室法院提供的救济是损害赔偿金,它的数额由陪审团决定。后来,因为“纯未履行职责”(未转让给买方,也未转让给第三方)的诉讼要求有欺诈要件(即被告使自己不具备履行合同能力的行为),所以法院对这种诉讼不再提供救济。在这类案件中,(被告的)律师坚决主张违反盖印合同请求赔偿之诉才是唯一合适的诉讼形式。而假如被告确已将土地转让给了第三人,那么原告可选择违反盖印合同请求赔偿之诉的事实则与该问题无关。买方的问题很清楚:如果在违反盖印合同请求赔偿之诉中“转让”不是重要的因素,那么它为何在侵害之诉中又是重要的因素?对于失望的买方来说,无论是有转让的交易还是无转让的交易,结果都一模一样。于他而言,被告没有遵守他作出转让的允诺。

此后还有一些与“纯未履行职责”很接近的案例。假如行为人承接了某一任务且开始实施了该任务,但却半途而废,如果该行为因此给原告带来损害的,则原告可以提起欺诈之诉。例如,某甲同意为原告养一段时间的马,但是他却没有喂马。从某种角度来说,这是一种未履行职责行为,因为被告没有喂马。但从另一种角度来说,这是一种不法行为,因为被告没有恰当地养马。假如被告没有允诺养马,那么他本来是没有喂马的义务的。

如上所述,若买方已为货物支付价款的,他有权对未履行职责的卖方提起诉讼,即使卖方并未将货物卖给第三方。这是对“纯未履行职责”的救济。但是,它与侵权法理论也保持一致,因为原告买方(plaintiff - purchaser)已为此遭受了损失,即他已支付了购买款。

到16世纪时,侵害之诉也被用于对那些请求原告将货物送至第三人却不向原告支付货物价款之人提起诉讼。卖方的损失或受到的损害就是原告应被告的要求向第三人交付的货物。在1535

年由王座法院审理的“霍利格拉夫诉奈特斯布里奇案”(*Holygrave v. Knightsbridge*)中,首席大法官菲次詹姆斯(Fitzjames)提出了一则假定案例。某甲想买一块布,卖方只收现金。卖方没有现金。另外一个人说“把布给他,我(在具体的某日)付钱。”法官解释说,在这种情况下不存在金钱债务之诉,因为允诺人并未接到任何物,相反,(原告)可以提起的合适的诉讼应是类案侵害之诉。

当事人也可提起简式契约之诉来成功对抗支付的担保人。如果B在听信了A的允诺(即假如C不支付货物价款则他会代其支付)后将货物卖给了C,则假如C确实未支付的,则B可以对A提起诉讼。A并未要求B将货物卖给C,但是B在出售货物时听信了A的允诺,且B的损失或受到的损害就是交付的出售货物。

虽然“未履行职责行为无救济”(no remedy for nonfeasance)的原则逐渐逝去,但当事人若依侵害之诉理论提起诉讼,还必须满足诸如受到某种伤害或损害等基本要件。在当时,“无对价契约”(nude pact)或当事人未受任何损害的“裸体允诺”(naked promise)除在违反盖印合同请求赔偿之诉外并不具可强制执行性。除被告的允诺外,还需有其他要件。这里的“其他要件”可以是价款的支付或货物的交付。“财产转让协议”签订时所有权从卖方向买方的转移,是卖方的“损失”(detriment)。这就是所谓的“对待给付”(quid pro quo),[①]也称为“一物换一物”或“以物易物”。外科医生、铁匠的简式契约(或承诺)成为描述允诺之效力的方法。然而,侵权行为或侵害行为是在破坏该允诺。不过,如要使允诺具有可强制执行性,则它还必须辅以当事人议定的“损失”。

普通法法院之所以为未履行职责行为提供救济,部分原因是这样的允诺在大法官法院已具有了可强制执行性。在大法官法

① *quid pro quo* 是拉丁文短语,意指契约的对价关系,英文对应词是 consideration。

院，口头的土地转让合同和担保合同都可被强制执行。法院之间的管辖权竞争刺激了普通法法院扩展救济类型的进度。因此，在某种程度上，简式契约之诉的扩展，即它对于未履行职责行为的涵盖，算不上一种新的救济；它是普通法法院同大法官法院展开竞争并争夺案件管辖权的一种途径。

从理论上讲，王室法院的简式契约诉讼归王座法院管辖，该法院对侵权行为案件具有管辖权。金钱债务案件归普通诉讼法院。但在实践中，王座法院凭借"拟制"亦对金钱债务案件实施管辖权，王座法院可假称被告是"宫廷侍臣法庭监狱"（Marshalsea）[①]的犯人，从而可对被告的全部事务行使管辖权。1585 年的一部制定法承认了王座法院的这一管辖权限；该法还设立了一个新的财政署内室法庭（court of Exchequer Chamber），后者由 6 名普通诉讼法院法官和财政署的贵族组成，负责审理王座法院的上诉案件（错误令状）。该法明确认同了王座法院主张的管辖权限，它规定王座法院的管辖权的种类具体有：金钱债务之诉案件、请求返还扣留财物之诉、违反盖印合同请求赔偿之诉及账目令状（它们在传统上都属于普通诉讼法院管辖的案件，但是王座法院也主张对它们具有管辖权），此外还有传统的侵害之诉和类案侵害之诉案件。在 1573 年，普通诉讼法院反过来允许原告在它那里提起简式契约之诉，作为金钱债务之诉的替代。因此，两大法院在这些案件之上具有了同样的管辖权。

然而，原告更倾向于在王座法院提起诉讼。王座法院的效率要高一些，而且与普通诉讼法院案件中"高级律师"（serjeants-at-

---

① 也翻译为"王室内务法庭监狱"。起初为王室内务法庭（Court of the Marshalsea）的监狱，关押债务人。始于 1300 年，一直沿用至 1482 年。1842 年与王座法庭监狱（Queen's Bench Prison）和弗利特监狱（Fleet Prison）一道合为皇家监狱（Queen; s or King's Prison）。参见薛波主编：《元照英美法词典》，法律出版社 2003 年版，第 898 页。

law)的垄断地位不同,王室法院并不要求当事人聘请高级律师。当然原告决定在何处提起诉讼。

分析到这一步,我们的眼前即可呈现出以下图景。第一,如果被告开始根据承诺的条款(既可是法律的默示规定也可是当事人的协定)履行自己的义务,但是被告履行义务不当(有不当行为),则他须在侵害之诉中承担责任。第二,如果被告已依协议从原告处收到了某物,且原告因此受到损失或损害的,则被告需因自己的未履行职责而承担侵害之诉之责。第三,如果被告已依协议从原告处收到了某物,被告因此受益的,依此理论被告需因其不履行协议职责而承担金钱债务之诉之责。

上述第二、三点就像是同一枚硬币的正反两面。它们都要求被告依协议从原告处收到了某物。但是,第二点(即侵害之诉)依据的基础是:被告是通过自己明确作出履行义务的允诺的方式来承担了义务;而第三点(即金钱债务之诉)依据的基础仅是"受益理论"(theory of receipt of a benefit)。

**(四)相互待履行允诺**

下面要谈的这一点发展,对于现代的"相互待履行允诺"(mutual executory promises)的可强制执行性原则的影响不可谓不大,它就是"直接损失或净损差额(out-of-pocket loss)是否由原告招致"的问题。它是通过王座法院的"债务人承诺偿还或履行"令状(indebitatus assumpsit)实现的。

一般而言,"债务人承诺偿还或履行"是依简式契约而提起的类案侵害之诉中的其中一个主张(或诉由)。我们不妨以一则普通的"财产转让协议"为例。P 同意从 S 处以双方议定的某一价格购买某一数量的专门货物。因为货物的所有权在交易时转移,所以,P 可对 S 的未交付事实提起请求返还扣留财物之诉,而假如 P 拒绝接收货物的,S 可对 P 提起要求获得货物价款的金钱债务之诉。但是,若欲将该交易纳入简式契约理论中,被告必须已明示地承担了义务。因此，如果 S 起诉 P 未支付价款，除了向法院证明起先的“财产转让协议”的内容，他还需向法院证明 P 曾经还作出一个支付约定价格的事后允诺。“债务人承诺偿还或履行”这几个字很重要，因为它们的字面意思是“负债状态，他承诺的”。这一诉讼形式出现于 16 世纪中期，它取代了金钱债务之诉。

到 16 世纪末期，王座法院放松了诉讼的程序，因此尽管原告仍然需要诉称被告的事后允诺，但是在法庭审判时，他只需向法院证明起先的债务就足以。当债务被证明存在后，它可以默示被告确实作出过支付的允诺。但是普通诉讼法院仍然要求原告要证明被告的事后允诺。因此，王座法院的简式契约之诉本身即可用于债务的收回，但是在普通诉讼法院，简式契约之诉不可用于债务的收回，它只能凭被告违反了其允诺的事实而被原告用来获得损害赔偿金的救济，而损害赔偿金的额度可能会同债务的数额有差异。例如，债务的数额可能是双方商定的出售及交付货物的价格，而因违反允诺而获得的损害赔偿金可能仅是间接损失。

试举一例。在 1532 年王座法院审理的“皮克林诉瑟古德案”（*Pickering v. Thurgood*）中，原告是一位酿酒商，他以货款一半预付一半在货物交付时付清为条件同被告签署了“财产转让协议”，交易的标的物是 40 夸脱的麦芽，协定的交付日期是在某一节日之时。被告然后允诺在该日期交付货物。带着这一期许，该酿酒商在后来（从别处）少进了一些麦芽，若非有此协议，他一定会进更多的货。然而被告却未在规定的日期交付货物。因此，酿酒商不得不以更高的价从其他处购买麦芽，而他的损害赔偿金大约是合同签订时麦芽协商价的两倍。法院之所以支持原告，是因为他受了被告的骗，并因被告未交付货物而遭受了损害。该诉讼以“债务人承诺偿还或履行债务之诉”的形式提起，而该简式契约依据的是“财产转让协议”签订后被告作出的交付允诺。

## （五）斯莱德案

当事人需要证明“事后允诺”的问题在1602年的“斯莱德诉莫利案”（*Slade v. Morley*）[①]中发展到了紧要时刻。该案的事实经过十分简单。斯莱德诉称，他在莫利的要求下，同莫利签订了协议并向其出售了在自己一片地上生长的谷物，他声称，被告在协议一敲定后就立即允诺在某一特定日期向其支付16英镑的价款，但被告没有履行允诺，他因此请求被告向他支付40英镑的损害赔偿金。被告辩称他并未像原告所诉称的方式作出过允诺。

斯莱德案于1597年在王座法院开始审理。在本案中，有关各方约定陪审团仅需作出“特别裁决”（special verdict），[②]换言之，陪审团不负责回答哪一方当事人胜诉的问题（这属于“一般裁决”），陪审团在本案中仅负责作出特别的裁定，即被告是否确实做出过“事后允诺”。陪审团认定被告从原告处购买了谷物，但是在双方当事人间除存在“财产转让协议”外，并无其他允诺或义务的承担

---

① 斯莱德案的原被告代理人分别是家喻户晓的法学家爱德华·柯克和弗朗西斯·培根，该案的大胆判决标志着英格兰的契约诉讼摆脱了古老的侵权理念的束缚而开始独立发展。该案的最终结果是“简式契约之诉”可以代替“金钱债务之诉”，由原告自行决定选用哪种诉讼方式。法官的陈述是“所有待履行的契约本身就内含了承担义务的允诺，因为当一个人同意支付金钱或交付某物时，他其实就作出了支付或交付的承诺，所以，当某人卖东西给他人并同意在某一天交付，而作为卖方的另一方同意在约定的那一天支付款项，双方都可能提起‘金钱债务之诉’或‘简式契约之诉’，因为相互的待履行协议本身就内含了这两种诉讼。”斯莱德案是“简式契约之诉”发展的顶峰，也宣布了有数百年历史的“金钱债务之诉”事实上的终结。参见陈融、刘庆飞：“论早期普通法的契约诉讼形式及其演进”，载《华东师范大学学报》（哲学社会科学版）2007年第5期。另参见 Edward Jenks, A Short History of English Law: From the Earliest Times to the End of the Year of 1919, third edition, Methuen & Co. Ltd., 1924. pp. 141－142。

② verdict 是陪审团裁决的意思。陪审团裁决有一般裁决（general verdict）和特别裁决（special verdict）之分。前者是指陪审团就提交其审理的事项进行裁断，即确定原告胜诉还是被告胜诉（民事案件中）或被告人有罪还是无罪（刑事案件中）的裁断；后者是指陪审团仅对案件中的特定事项作出裁决，而将对该事实适用法律的问题留给法官解决。通常只有在很特殊的案件中才作出特别裁决。

（promise or assumption）。陪审团裁定被告应支付 16 英镑的损害赔偿再加 20 先令的审理费用。①

当然，这一特别裁决提出了关键的问题。对于原先的谷物买卖合同，原告很显然可提起金钱债务之诉。假设被告确实做出过事后允诺，则原告还可提起"债务人承诺偿还或履行债务之诉"。本案中，因为陪审团裁定被告并未作出事后允诺，这就（给王座法院）出了一道棘手的难题——对于"债务人承诺偿还或履行债务之诉"而言，（王座法院）是否一定要像普通诉讼法院所坚持的一样，将事后允诺作为当事人提起该诉讼的核心要件。

为解决这一难题，英国的所有的王座法院法官、普通诉讼法院法官和财政法院法官②组成了一个非正式小组；但在他们组成小组前，这一问题已至少被讨论过 3 次。这一"非正式小组"就是"财政署内室法庭"，但是它并非指那个依 1585 年制定法而创立的同名法庭。它并非正式意义上的法庭，倘若是正式意义上的法庭，那么它的判决将具有可强制执行性。它是一个相对不太正式的会议，法官们可在会议召开时给出他们的集体意见。假如该小

---

① 根据译者的检索，该案的具体情节可简述如下。斯莱德同意以 16 英镑的价款将其位于 Rack Park 一片地上的小麦和黑麦全部卖给莫利（Morley）。莫利允诺在"施洗者圣约翰节"付款给斯莱德，但最终未能履行允诺。斯莱德日后追偿时，亦遭到莫利的拒绝。陪审团裁定：在本案双方当事人之间有效的只有最初的那份口头协定，莫利在此之后并未作出付款的允诺。尽管有陪审团的这个裁定，法院仍然认定斯莱德有权选择通过"金钱债务之诉"或"简式契约之诉"（*indebitatus assumpsit*）任一一种方式来起诉莫利。我们发现，在 1602 年这起英国契约法制史上具有标志性意义的斯莱德案中，最终"待履行的协议"被置于保护之下，未加封契约也可诉讼于普通法法庭。参见 Michael Bridge，"The Overlap of Tort and Contract，27 *Revue de Droit de McGill*"，1982. pp. 873 – 874。高春常："英国历史传统与北美奴隶制的起源"，载《历史研究》2001 年第 2 期。

② 此处的原文是"all the justices in England and Barons of the Exchequer"，应翻译为"所有的王座法院法官、普通诉讼法院法官和财政法院法官"。原因是，英格兰在 1873 年前，justice 即指王座法院和普通诉讼法院的法官。

组作出了一个有力的判决意见,则没有人可能去抗议该意见的。

在斯莱德案中,被告极力反对原告提出的诉讼,他的理由是,在"债务人承诺偿还或履行债务之诉"中,他无法使用宣誓断讼的方法,而假如原告提起的是金钱债务之诉的话,他原本是可以使用该方法来答辩的。案件转录了被告的主张"该诉讼的提起剥夺了被告使用宣誓断讼法的利益(或特权),因而使被告丧失了法律赋予他的这一与生俱来的特权;也许被告在私下,即只有他们两人在场的情况下,已经向原告支付或清偿了价款,因而无人能为该支付或清偿行为作证,因此,假如被告在这种情况下无法使用宣誓断讼的方法,这太不利了……"

在1602年,经过这些讨论后,该案有了最终的判决。该案的判决意见主要如下,它成了现代合同法的基础:

> 决议认为,任一待履行合同均在自身引入了承诺(assumpsit),因为当一方同意支付价款或交付货物的,则他由此承担了支付价款或交付货物的义务,或者说作出了履行上述义务的允诺,因此,当一方向另一方出售任何货物并同意在将来的某一日交付该货物,且另一方亦同意在将来的某一日支付货款的,在此情况下,各方都可提起金钱债务之诉或者依上述"承诺"的类案侵害之诉,因为双方当事人之间存有相互待履行协议,这就使得当事人不仅可以提起金钱债务之诉,还可以就案件交互诉讼。

**(六)斯莱德案的影响**

在斯莱德案中,最有影响的字眼莫过于"……任一待履行合同均在自身引入了承诺……"事后允诺不再是必需的要件。斯莱德案产生的影响至少有以下四点:

第一,原告可以提起简式契约之诉来获得间接损失的损害赔偿金和债务本身。提起了简式契约之诉,便不可再提起金钱债务之诉,反之亦然。简式契约之诉最初只是金钱债务之诉的补充诉讼形式,但最终取代了后者。

第二,简式契约之诉标志着宣誓断讼法的实际终止(effective end),尽管它于1833年才被正式废除。

第三,尽管宣誓断讼法被取代有利于原告,因为原告再无须担心被告会征募那些对他言听计从的宣誓帮助人,但是它却为"伪证"(perjured testimony)敞开了大门。作为这一现象的结果,《反欺诈与伪证法》(*Stature against Frauds and Perjuries*)终在75年以后(即1677年)被颁布,该法要求某些合同只有采用书面的形式才能被强制执行。这些合同包括土地买卖合同及超过一定数额的动产买卖合同。直至今日,该法中的一些条文仍以各种形式在美国被加以适用。

第四,除了在某些一直延续下来的古老的诉讼(如违反盖印合同请求赔偿之诉)之外,民事陪审团(它是从王座法院古老的刑事陪审团发展而来的)开始在普通法法院案件中起主导作用。

斯莱德案并未回答在因立遗嘱人的合同而提起的简式契约之诉中遗嘱执行人的责任问题。遗嘱执行人拒绝承担责任,他们认为在斯莱德案判决之前,原告是不能够收回死者之债务的,因为遗嘱执行人对相关事实并不知情,因此他们无法采用宣誓的方法提出辩护意见。但到1611年,遗嘱执行人开始在简式契约之诉中承担责任。

## 第三节　事实上默示的合同及准合同

尽管若从历史发展的角度来看,斯莱德案有着里程碑式的意义,但若从当时来看,它仅解决了一个相对较小的问题:对于本身已经约定好了价格的协议而言,当事人无需再有(对方的)事后允诺,即足可提起简式契约之诉。但是,对于没有明确约定价格的协议而言，对于此种情形下已将货物交付给另一方的未受偿卖方来说，仍然存在尚未解决的问题。在这种情形下，当事人不可提起金钱债务之诉，原因是买卖双方缺乏价款支付的约定（即无“确定的金额”）。当事人也不能提起简式契约之诉，因为缺乏支付的允诺。到17世纪时，这一问题开始有了救济形式，当买方在自己的要求下已经接受卖方的货物或服务时，法院开始默示买方应当支付合理的价款。这就是所谓的“事实上的默示合同”（contract implied in fact）。

但是，对于那些除了没有约定确定金额，此外还未交付货物的买卖合同而言，法院仍然拒绝执行之。法院认为这类合同属于不确定合同，因此不具有可强制执行性，或者说它仅是一种“有协议意向的协议”（agreement to agree in the future）。在美国，1952年的《统一商法典》第2－305条为这一问题提供了救济。对于“当事人确有订立合同意图”的未明确价款的货物买卖合同，该法规定可以执行。这一条文被称为“待定价格条款”（open price terms）。但是，它仅适用于货物买卖，而不适用于土地或服务买卖。

在另外的一些情形中，虽然默示的支付允诺很难找出，但是几乎可以肯定的是被告的行为一定构成了不当得利。这些情形包括依制定法而对于到期金钱债务科以责任的案件。被告虽然并未做出允诺；但他需承担法定责任。这种案件与合同义务相似，因此被称为“准合同”（*quasi contract*）或“法律上的默示合同”（contract implied-in-law）。准合同的用途可被延伸到金钱的返还诉讼，比如说无权获得金钱之人因种种原因（例如债务人重复还债）接受金钱的案件。

## 第四节 对价原则

合同法的核心内容是什么，如果想要用最简短的字词来概括这个问题，我们可以这样表述："在所有人们做出的允诺中，哪些是法律应该强制执行的？为什么？"

在简式契约之诉得到发展之前，这一问题的答案相对清楚。在金钱债务之诉中，当你实际上接受了某一应你的要求而交付的有价之物时，你必须遵守交换之的允诺。这就是所谓的"对待给付"(*quid pro quo*)概念。在违反盖印合同请求赔偿之诉中，当该合同的形式是书面的、经过正式、认真制定的，且它的证据也是不容置疑的时，则该盖印合同中的允诺是可强制执行的。但是对于相互待履行允诺的执行，如果一方当事人既未接受任何货物，也未有过任何不当行为，他只是在此情形下未履行允诺的，这无疑会引出一个问题——法律到底该如何界定应当给予救济的被违反的允诺与不应当给予救济的被违反的允诺之间的界限。

所有的社会都得解决这一基本的问题。罗马在其高度发达的债法中回答了这一问题。现代大陆法国家对这一问题的答案与英美两国对它的答案依据的理论基础不同，即便是在普通法国家之间，它们的依据也有差异。

在法律理论学界，特别是在从事法哲学研究的学者中间，这一基本问题仍然是人们热议的论题。法律执业者采用的是传统的分析，因为他们关心的主要是打赢官司。本文的讨论主要是从法律执业者的角度出发，笔者将展示过去约 100 年间发展变化的传统观点。

现代的对价原则有两大要素，允诺的代价(price of promise)可以是(1)允诺人的法律受益(legal benefit)；或者是(2)受允诺人的法律受损(legal detriment)。允诺人是指作出允诺之人，而受允诺人是指允诺的对象。“法律受损”是指行为人实施或允诺实施在法律上其本无须去做的事；或者是限制自己或允诺限制自己不去做其在法律上有权利去做的事。

单务合同就是一个最简单的例子。假定A允诺，如果B在两个月之内刷白A的房子，则支付B 500美元。如果B遵守约定，A的法律受益就是房子得到了粉刷。B的法律受损就在于粉刷房子这一劳动。

但是，假设A允诺在2周内给B 500美元。这里就没有对价，因为A并未在允诺的基础上获得任何法律受益，而且B亦没有应A的要求蒙受或允诺蒙受任何法律受损。这里并无允诺；仅有赠与允诺。在普通法上，赠与允诺只有落实到一份书面的、盖印的文件（即盖印合同）之上时，才是可强制执行的。

双务合同分析起来更为复杂，在双务合同中，一方允诺去做某事或限制自己做某事，以换取另一方的允诺。在理论上，两个允诺互为对价。每一方都作为允诺人，从另一方的允诺上获得法律受益，同时，每一方又作为受允诺人，允诺遭受某一法律受损以换取另一方的允诺。但是，只有另一方的允诺有约束力时，双方的允诺才都有对价支持。

假设B是买方，S是卖方，双方签订了一份将在未来履行的双务合同，我们接下来判断一下B的允诺在何时具有约束力。B的允诺只有在得到对价支持后，才是有约束力的。而该对价可以是S方的有约束力的允诺。但是只有在B方的允诺是有约束力时，S方的允诺才是有对价支持的且具有约束力的。这就是我们能够判断出来的结果。

因此，要想确定B的允诺是有约束力的，我们首先须依照某种理论来判断出S的允诺是有约束力的。有人认为，假如允诺的履行对于B而言构成法律受损（比如说支付价款）；或者对S而言构成法律受益（比如说接受到价款）；或者对B而言构成法律受益

(比如说接受到货物);或者对 S 而言构成法律受损(比如说交付货物);则对价就是允诺的履行(promised performance)。假如这一说法是正确的,那么我们为什么不直接说"相互允诺"(mutual promises)是有约束力的呢?这其中的原因是,这种判断会将我们带回到最基本的问题中去,即"什么样的允诺是有约束力的?"一般而言,受允诺人换取允诺人的允诺的,他是否遭受或允诺遭受法律受损是确定该允诺是否具有可强制执行性的标准。

法律受损问题是一个令法学理论者绝望的问题。有些学者使用这一术语,但并不加以界定,还有一些学者并不使用这一术语,他们更倾向于使用"充分对价"(sufficient consideration)一词。用最简单的话来说,法律受损问题旨在明确双方当事人均意在受到法律约束的交易,或者说为避免不公而应当被双方当事人认定为有法律约束力的交易。然而,因为交易的类型多种多样,所以这个定义无法被确定下来。

由于受益和受损受到强调,这使得很多法史学家从古代法中寻找对价原则的起源。一些学者拿金钱债务之诉作类似推理,因为它要求"对待给付"。金钱债务之诉中的"对待给付"就是被告的某种受益是建立在原告的受损之上。

还有学者认为,法律受损的理念蕴涵于简式契约之诉之中,后者从侵害理论中发展而来。他们推论认为,原告对于被告允诺的信赖导致了自己的损失或受损。

从上述第一个论据,即建立在金钱债务令状之上的论据来看,在事实上,被告在许多的简式契约诉讼(assumpsit actions)中会辩称,他的支付允诺是"鉴于"先前之债(antecedent debt)。但是,先前之债是支付允诺的动机或原因,而非引起金钱债务之诉的受益。在现代的对价分析中,先前之债不可能是后来的支付允诺的对价,因为它无异于允诺去做行为人本来就受到法律约束而应去做的事,因此,它并不构成法律受损。先前之债是后来允诺的动机或原因，它不可能是后来允诺的交换。

从上述第二个论据，即拿简式契约之诉来类比的论据来看，我们可以注意到，尽管欺诈之诉要求伤害或损害，但是提起简式契约之诉并无这样的要件。有位评论者曾这样讲，第二次允诺限制了原告提起债务之诉。因此，对于第二次允诺的违反是对受允诺人的伤害，因为该允诺已诱使原告放弃了行使其提起债务之诉的权利。这一提法虽然十分新颖，但却是建立在推测的基础上，现有的案例尚无法支持它的正确性。原告并未放弃或并未允诺放弃他提起债务之诉的权利。即使在事后允诺被作出后，他仍可以选择提起债务之诉。他选择提起简式契约之诉，完全是因为他自愿放弃了提起债务之诉的权利。事后允诺给原告另一种他之前并不拥有的选择。

因此，对价原则更可能起源于大法官法院的用益权案件，它涉及有关用益协议的原因或对价。金钱、役务、婚姻，甚至爱和关心都被视为是“有效对价”（good consideration）。[①]

美国最早的合同法案例书（1871 年，克里斯托弗·哥伦布·兰德尔著）收录了几则英国早年涉及对价的案件。第一则案件是 1583 年由女王座法院审理的“史密斯和史密斯案”（*Smith and Smith's Case*），这则类案之诉案件称“……被告在任何方面都没有得到受益，即法律上的对价，而使他作出该允诺……”在 1595 年的一则案例中，法院认定以较小数额的金钱支付来清偿较大数额的债务是有对价支持的，因为“……获得较小数额的金钱对他而言是受益，他无须再提起诉讼……”（我们应当注意的是，这一内容如今已经不再有法律效力。被告允诺支付一笔较其应当支付的数额而减少的数额，它仅是被告本来就应当去履行的一个允诺，因此不应被视为是法律受损。）1600 年的另一则案例认为，尽管爱和

① good consideration 还有“道德对价”、“情感对价”的意思。

关心在普通法上不是“充分对价”，但是支付儿子伙食费的允诺是由“情感对价”支持的。

这些说法（包括其他一些类似的说法）当然并不能展示出一个全面成熟的对价原则。但是，它们确实含有对价原则的种子。前两个案例承认允诺人的受益构成充分对价，而第三个案例承认遭受法律受损的允诺构成充分对价。

18 世纪时期最为杰出的“商业法官”（mercantile judge）曼斯菲尔德勋爵（Lord Mansfield）本来是会限制非书面合同中的对价要件的。对于他而言，对价只是证据，只有在人们需要证明合同确已被缔结时才会需要。如果是书面合同，他认为该协议本身就是有约束力的。然而，除几种专门的允诺外，例如支付在破产程序中已被清偿的债务，他的观点并未得到广泛认同。

现代合同法的技术性要件大约在 19 世纪晚期和 20 世纪早期才得到了发展。布莱克斯通和衡平法院大法官肯特分别于 1756 年、1826 年稍稍论及了合同法。在工商业得到发展之前，商事法（mercantile law）在重要性、精细性和受关注程度上均远不及不动产法。但是到 1871 年，兰德尔的《合同法案例选编》（*Cases on the Law of Contracts*）用约 1/4 的篇幅（全书约 1000 页）讨论了对价原则。小奥利弗·温德尔·霍姆斯在其 1881 年的名著《普通法》一书中，用 3 章的篇幅（全书共 11 章）讨论了合同法的内容。到 1920 年，塞缪尔·威利斯顿（Samuel Williston）出版了鸿篇巨制的合同法著作。因为完整的理论构建需要作者对案例进行解释、对案例未涵盖的空白进行补充，此外他还要剔出与自己提出的理论不相符的案例，所以，理论研究者制定的法律同他们从案例中寻找到的法律一样多。

随着法学院取代学徒制教学成为法律教育的主要途径，一代代律师和法官都被灌输了这种学术化的知识。在近些年，有些人批评这种祖传教义；还有一些人甚至宣称契约已死。

对于对价原则的批评主要建立在下列事实之上:许多案例在无法找到对价的情况下,仍将允诺视为是有约束力的。经典教义的拥护者们或者认为这些案例脱离了常轨,或者干脆称这些案例的判决不当。但是另外一种理论在解释它们的道路上走得很远。这种理论认为,人们因正当地依赖于某一允诺,但如果该允诺未被遵守的,人们因此受到损害。它是古代的侵权概念的复兴。带有对价要件的合同理论,从它的侵权法背景中创造了新的一种法律。但是,信赖理论将合同带回到了基本的侵权法概念"侵害"之上。

在美国的合同法中,信赖理论被包括在"允诺禁止反言"①(promissory estoppel)总的制度之中。"禁止反言"的理念很简单。它指如果一方当事人通过某行为或允诺,故意引诱另一方不能挽回地改变他的立场的,则允诺人必须保持原有的允诺不变。在合同法中,它意味着如果一方作出允诺,且他知道或应当知道受允诺人将充分信赖他的允诺的,则假如不公只有通过强制执行该允诺才可以避免时,该允诺将有约束力。正式的对价,即法律受益或法律受损,并不需要。

允诺禁止反言原则最早用于非商事情形之中,例如向慈善机构作出的赠与允诺。如今,它也用于商业交易之中。

## 第五节　经济力量

在上述合同法发展的概述中,我们已经穿越了从英国普通法的肇始直至20世纪这一历史时期。对合同法的需要是商业社会而非农业社会的需要。当商业的重要性相对较小时,当庄园制是社会的生产中枢时,相互待履行允诺的强制执行的需求很少。古老的金钱债务之诉、违反盖印合同请求赔偿之诉还有在定期集市

① 也翻译为"允诺的不容否定"、"允诺禁反悔"、"不得自食其言"等。

上、特定市场上还有在某种程度上在市镇法院被实行的商人法，就足以满足社会的经济需求了。

案例的出版为合同法的发展提供了机会；案例出版始于15世纪，到16世纪时显著增强，到17、18世纪时，它引起了近乎全面的法律反应。这一演进过程完全与英国庄园制的瓦解和重商主义经济制度的发展（到后来是资本主义经济制度）几乎完全吻合。

尽管在13世纪前庄园基本上属于自给自足的经济体，但该时期已经隐约显现出圈地运动的苗头，地主已经有了将之前公用的牧场变为他们自己的牧羊场的趋势。贸易开始上升，羊毛成为商业中能够赚取利润的物品。在接下来的几百年中，随着传统农业组织被抛弃，圈地运动开始兴起。为了一个更为先进的农业组织能够代替古老的庄园，佃农们被从土地上驱赶了出来，来到了规模逐渐增大的城市，这些事件都发生在为满足有产阶级（propertied classes）日益增长的需求的资本寻找过程当中。

这反过来造成了劳动力的大量蓄积，他们需要在城市和乡镇就业，他们受雇于新兴的制造者阶级，这一阶级与古老的同业工会者（guildsmen）的竞争，最终导致了新型经济秩序的形成。封建制度（最初表现为军事制度后又转变为建立在土地所有权之上的社会制度）被大规模的贸易和制造业等新的财富生产模式摧毁。这些发展与变化呼吁着合同法的发展。

合同法是经济变化的回应。合同法的核心就在于保证协议的可强制执行性，而协议中的价值交换是对价原则的精华。

到20世纪时，大部分变化都已由法院实现并得到了法学理论家们的理性化修葺。普通法方法由于一方面处于在这一趋势之下，另一方面还要受到先例的束缚，所以变得无法紧跟时代的脚步。成文化于是成为这种现象的结果，美国于1952年制定了《统一商法典》，这部法典及其修正案成为立法的模范。该法典仅适用于货物和证券的买卖，并不适用于土地交易。因此，我们可以依土地能否成为交易的标的物为标准来对法律进行分类。

变化反映出变革中的商业实践和期待。选择权合同(option)是一种使要约一直开放的允诺,它在过去须有对价支持。如今,选择权合同中的无偿允诺(gratuitous promise)是可强制执行的。在过去,对于合同的任何修改都要有对价。如今,只要是双方同意的修改,且只要它的做出是善意的,则再无需其他条件,它即具有约束力。《统一商法典》中的许多条文赋予了那些依照商业标准而制定的协议以有效性,而无须再墨守成规。早在 18 世纪时期,曼斯菲尔德勋爵曾经常光顾那些商人们乐于消费的咖啡店,他依此从商业实践中积累了自己大量的真知灼见,如果他在地下有知,也会同意这么做的。

# 第四部分
# 法典中的普通法

# 第十一章 法律与商业

——作用与反作用

虽然普通法常常对社会的压力作出反应，但要说对这种压力反应最明显的领域则是商法。商法包括调整动产权利转让的法律（买卖法）和无体财产权利转让的法律（转让法和商业票据法）、商业组织法（合伙法和公司法）、商业代理法（代理法）、航运法和保险法。

贸易要等到社会发展到一定阶段才会存在，比如说某些地区有了剩余产品，其他地区对这些剩余产品有需求且也拥有其他一些能够用以交换的物品。然后还要有把货物从一地运送到另一地的交通工具，以及愿意从事这一行业的人。只要是在一个基本上属于农业的、自给自足的社会中，贸易的地位肯定不会十分重要。但是，社会一旦开始城市化时，商业就要发挥最为重要的作用了，因为市民的全部需要很少能够在当地就得到满足。

从这一角度来看，商业的发展依赖于下列对商人必不可少的条件：道路和船舶、交易的媒介、商事规则或商事法律。除此之外，还须有规范的度量衡标准、信用体系以及资本积累的制度设计。代理人成为代理行为不可或缺的角色，还有，每个人都须遵守职业伦理，只有这样，后者才会反过来促进贸易的发展并为贸易提供某种政治上的稳定。

## 第一节 早期的商法

在西方世界,这些条件在许多时候许多地点都具备过。最早的贸易文明之一在地中海的克里特岛上发展形成,约在公元前1500年被毁灭,大概是因为附近的锡拉岛(Thera)上的巨大火山爆发使然。颇具战略性地,克里特岛位于地中海,作为一个岛屿,它几乎不会受到外来侵略,但若通过海上航行,它距离如欧洲、小亚细亚和北非等大陆陆块也不过几天的距离。古希腊当然更为著名,更为人们熟知,但是它却未能发展出值得一提的贸易业,这部分是因为古希腊政治不稳定,部分在于古希腊无意将外国市场发展成它的供给来源。

罗马的贸易虽然在很大程度上得到了发展,但是罗马商人的地位和声誉却从未高到可以影响法律的形成。如果法律制度要达到的不只是贸易的初步要求,那么这样的影响一定是必要的;因为法律如果是由对商人持不友好态度之人制定,那么它几乎不可能是一部能够反映贸易需要的法律。

我们可以通过下列地区中的有利法律氛围来证明上述理论的正确性。罗得岛(Rhodes)是一个以贸易而闻名的地区,这里曾在公元前3世纪到公元前2世纪时期诞生了基本的海法,并成为后世海商法典的楷模,这之后千余年的海法就被称为"罗得岛法"(Rhodian law)。继罗马被征服和衰落后,意大利和欧洲南部的商人经常获得对城市政府的控制权,这些城镇各自都创设了它们自己的基本商法。比如说,靠近那不勒斯(Naples)的阿玛斐(Amalfi)早在11世纪时期就有了这样的法典,巴塞罗那(Barcelona)在12世纪时期也有了这样的法典。奥列隆岛(Oleron)位于比斯开湾(Bay of Biscay)(当时属于英国所有)在12世纪时期也有一部这样的法典。地中海地区的这些法典在15世纪时期被汇编到一起，称为《康梭拉多海商法典》(*Consolato del Mare*)，[①]它成为该地区最主要的法典。

在欧洲北部，人们遵循的是另一种模式。他们与南方城市的商人并不一样，他们没有通过实际控制城市来表达自己的权力，相反，商人的权力主要通过特许权(franchises)来表达，特许权是从政府获得的，它授权商人们创设他们自己的法律规则，并通过商人们自己的法院来实施这些规则。举行集市的特许权是暂时性的；但是特定市场的特许权则是永久性的，特定市场主要被授权经营某些特定的基本商品。因为意大利法的发展早于欧洲北部法律的发展，所以欧洲北部地区的人主要是效仿意大利法制定了自己的法律。因此这些地区出现了维斯比法和汉萨同盟的法律(14 到 17 世纪期间存在)。到现代的贸易扩张初期，最有影响的法典就是上述的奥列隆法典、维斯比法典、汉萨同盟法典和《康梭拉多海商法典》。

虽然为这些法典的发展提供理论模型的是罗马法，还有，尽管这些法典继受和使用的很多概念也来自罗马法，但是从特定的细节来看，罗马法中有关贸易的法律确实没有这些制定于 17 世纪的城市法典那样高度发达。事实上，这一时期罗马法在意大利的尝试性复兴可能延缓了某些特定法律领域之中现代规则的发展。

英国商法仿效了欧洲北部的做法，但它依赖的主要是奥列隆的法律。商法被用于集市的特许法庭(franchised courts)和市镇的单独法庭之中。许多贸易城镇(trading towns)都有经过它们自己改编的商法，比如《南安普敦橡书》(*Oak Book of Southampton*)、《布里斯托红皮书》(*Red Book of Bristol*)以及确立海事案件管辖

① 也拼为 *Consulat de la Mer*、*Consulado del Mar* 等。参见[英]梅特兰等：《欧陆法律史概览：事件、人物、渊源及运动》，屈文生等译，上海人民出版社 2009 年版，第 191～193 页。

权的《海事黑皮书》(*Black Book of the Admiralty*)。

17 世纪时期的"中央政府至上运动"(movement toward national governments)导致单独的商事特许权和商事法院的衰落,例如,特定市场已经逐渐失去了它们的价值。当商人法逐渐被融入国家法律体系并被具有一般管辖权的中央法院执行时,上述地方法典最终退出了舞台。但是,国家法律体系必然仍会依赖于原先的法典以汲取它们丰富的理念,它还会依赖于变化中的商人习惯以图能有新的进展。

## 第二节　贸易的发展

从罗马帝国衰亡起到 11 世纪止,欧洲很少有贸易存在。第一次后罗马的(post-Roman)贸易复兴出现于约 8 世纪时期,它是阿拉伯商人努力的结果,伦巴第商人(Lombards)紧随其后,后者是将商业带到整个欧洲(包括英国)的第一个欧洲贸易团体。十字军东征给欧洲带来了产自东方的异域货物,这进一步刺激了贸易的增长。

直到 14 世纪晚期止,英国的贸易一直为外人(aliens)掌控。基本上属于自给自足的庄园制在黑死病(1348 ~ 1349)过后开始瓦解,随后城镇的扩大和劳动力的富余反过来又引起了带有限制性的同业公会的解散,与此同时,还引起了一个本土商人阶层的壮大,这一阶层有着自己的需求。中产阶级最终在下议院中有了自己的政治代表,再加上议会通过的刺激商业的立法,这些因素为商业的发展创造了有利的气氛。在普通法的确立过程中,商业实践发挥了积极作用,这一事实获得了很多重要法官的认同,他们带头实现了这二者的融合。

商法是普通法法院和从事贸易的人群相遭遇后的产物。英国当时正在结束农业社会,而逐渐成长为世界上最有支配权的贸易中心。普通法不能容许商法继续沿着独立的道路发展,但是它又没有能力完全与商业需求保持一致。那么,在可流通票据法和商业组织法领域,它们是如何实现调和的呢?我们将在接下来的两章详细讨论。

# 第十二章　可流通票据法

广泛存在的调整商人间行为的法律通常被称为商人法或商法(*lex mercatoria* 或 law merchant),它又可被分为两大部分:海商法(admiralty law)和陆商法(commercial law);前者调整的对象是海上商业,而后者主要调整的是陆上商业行为。限于篇幅限制,本书不讨论海商法部分。本书将讨论部分陆商法的内容,如可流通票据法、合伙法和公司法。

## 第一节　可流通票据的种类

可流通票据主要有两种,即本票(promissory note)和汇票(draft),尽管它们的用途截然不同,但是它们有三大不可或缺的共同特征。第一种可流通票据是本票,它是一种负债的证据(evidence of indebtedness)。本票表明一方(即签发人)于另一方(即受款人)负有金钱债务。第二种可流通票据是汇票,在英语中之前还称为"bill of exchange",它是一种支付命令。一方即出票人(drawer)命令另一方即受票人(drawee)[①]向第三人即受款人(payee)支付一笔确定数额的金钱。最常见的汇票就是简单的银行支票。

这些票据具有的三大共同特征是:(1)它们可随时从一方转移或流通至另一方;(2)最终持票人能以自己的名义起诉;(3)有

① drawee 还可译为"付款人"。

偿取得票据的善意持票人对真实票据享有完整有效的权利(good title),不受票据先前瑕疵的影响。试举两则实例说明之。

**例1:**出票人签发了一张见受款人命令可支付的本票,作为受款人承诺在未来交付货物的对价。受款人将此本票转让至持票人,该持票人是一位有偿取得本票的善意购买人,但是受款人并未向该本票的出票人交付货物。持票人要求出票人付款,出票人拒绝支付并辩称原允诺交付的货物尚未交付。尽管出票人的辩护理由可以对抗受款人,但是这一辩护在此时却是无效的。出票人必须向持票人作出支付。

**例2:**如果购买人向受款人签发的不是本票,而是一张付款行见受款人命令支付的支票,而该支票最终流通到了一位有偿取得票据的善意持票人手中,则还会是同样的结果。

我们须知道的是,对于见仅指定的受款人才可支付的票据,如果它不再提及其他任何可能的持票人(通过增加“或命令”字样或在受款人名字后面增加持有人),则它并不是完全的可流通票据。上述三大特征并不适用于不可流通票据(nonnegotiable instrument)。

在今日,本票和汇票可以放到一起来讲,但是它们有着不同的(又有联系的)发展路线。因此,我们将对它们分别展开论述。

## 第二节 汇 票

在英文中,汇票过去主要拼为“the bill of exchange”,如今主要拼为“draft”;汇票是一种基本的、不可或缺的商业票据。商人之间有贸易往来时,就会产生借项(debits)和贷项(credits)的问题。它们可通过现金往来得到解决,但是很显然,每一个有着大量贸易业务的贸易集团都认为,通过某种商业票据(如汇票)来结账更为有利和安全。

比方说,假如甲是中世纪时期的一位法国商人,他欲从乙处购买货物,乙是意大利商人。我们可以想象到,甲可能会通过镖师将硬币或金条护送到乙,但是假如甲到另一家法国商人丙处(丙在意大利商人丁处有存款),并请求丙签发一份证书命令他的债务人意大利商人丁向乙支付所需的数目,则事情会更为简单。

上述甲乙丙丁就是汇票最初的当事方。甲是购买方,乙是受款人,丙是出票人,丁则是受票人。需要注意的是,这一交易中有四方当事人,与现代汇票的三方当事人不同。

**(一)早期的强制执行**

汇票早在14世纪时期就已在欧洲出现,并于16世纪或17世纪早期时用于英国。它源于一个更早的、与代理人的使用相关的程序。因为中世纪时期大多数的贸易是在定期的地方集市中进行,商人们经常选择在那里结账。他们的代理人于是会随身带上商人们给他们签发的结账授权书到集市办理手续。因为集市上会有来自各地的商人,所以这些集市成为了欧洲商人的大型票据清算所(clearing houses)。集市对于中世纪时期贸易的重要性不言而喻,大约到16世纪之后,它们才被更为现代的制度所取代。

在整个欧洲,在17世纪法律国家化之前,这些票据都是在特别商人法庭被强制执行的。在英国,经常审理商人案件的法庭有以下几类:集市法庭、自治市镇法庭、特定市场法庭以及海商法庭(该法庭设立于14世纪,但是有关它们的记录是从16世纪中期开始的)。集市法庭和自治市镇法庭主要审理国内贸易案件,而特定市场法庭则主要审理涉外案件。海商法庭的角色时有变化,直到它对陆商案件的管辖权于17世纪中期被普通法法院取代后,它的地位才逐渐确定了下来,它主要负责处理海事案件。在17世纪中期,集市法庭基本上被废弃,而特定市场法庭对于涉外案件的垄断也走到了尽头。

在可流通票据的发展过程中,自治市镇法庭和集市法庭在17

世纪以前一直十分重要，在此之后，普通法法院取代了这一管辖权。集市通常由领主或教会举行，但有时也会在市镇举行。举行集市的特许权一般包括了在集市上开设法庭的权利。这些在集市上设立的法庭被称为“泥足法庭”（Piepowder courts）①或“小贩法庭”，这一名称有可能是源自法语短语“小贩”（*pieds poudres*），或许是源于商人们的“泥脚”。这些法庭的临时性特征使得快速司法变得很必要。它们可以审理各种各样的案件，包括囤积居奇、使用虚假的度量衡工具、扒窃、殴击、强买强卖、诋毁信用、违反明示担保、未按样品交付货物，等等。这些集市的一个有趣的特点是，货物的善意购买人在这样一个公开市场中获得的是货物的有效财产权，不管该货物之前是否是偷来的赃物。

市镇法庭审理的案件对象主要是国内的连续性贸易，因为市镇也是同业工会的中心，所以市镇法庭还审理与学徒有关的案件及商人在其代理人签订的合同中应当承担何种责任的案件。如果诉讼当事人是外国商人的，则使用外国商人组成的陪审团；如果诉讼当事人一方是英国人另一方是外国人的，则陪审团的成员一半是英国人另一半是外国人。市场法虽然只是市镇法的一小部分，但十分重要。

到15世纪，英国的涉外贸易主要掌握在了英国商人的手中，很自然地，英国商人接受了欧洲大陆中使用的汇票，它主要是由意大利人发展形成的。从现有的一些散碎记录来看，这些汇票得到了海商法庭（Court of Admiralty）和伦敦市长法庭（Mayor's Court of London）的承认，但是直到1602年止，普通法院中并无有关汇

① *pieds poudres* 可翻译为“泥足法庭”，有时还译为“小贩法庭”。其名称来由大概有三：（1）诉讼当事人“泥足”（dusty feet）；（2）如柯克爵士所认为的，审判像尘土从脚上落下一样迅速；（3）法语“小贩”（pied puldreaux）一词。该类法庭已久不采用，并已为1971年《法院法》正式废除。参见薛波主编：《原照英美法词典》，法律出版社2003年版，第1054～1055页。

票的案例。到这一时期,欧洲大陆已经基本确立了汇票可强制执行和可背书转让的规则。

**(二)普通法法院中的汇票类案件**

普通法法院在处理这些票据时遇到了重重问题。普通法法院的程式诉讼与这些票据对接的不是很好,普通法法院需通过使用简式契约之诉才能作出救济。从理论上讲,如果四方当事人汇票的受票人没有付款的,则汇票的购买人可很容易对受票人提起诉讼,理由就是由于受票人未尽到自己的承诺从而使他遭受了损害。但是,当受款人欲起诉拒绝承兑汇票的受票人时,受票人认为受款人并未给自己的承兑汇票允诺付出任何对价。(对价从汇票的购买人移了开来。)这时就出现了问题。为了应付这一难题,在最初,原告(即受款人)须诉称当汇票购买人从出票人处获得汇票时他是汇票购买人的代理人。因此,为了能够找出对价的存在,汇票购买人和受款人成为汇票的一方当事人。汇票的购买人假称自己是为了受款人而支付的购买汇票的价款。当然,这完全是拟制。

**(三)普通法中引入了商法**

如果法律取得进展,这种曲折费事的策略很显然无法一直存在下去,普通法法院因此转而要求原告依据商人的习惯法来获得简式契约令状。这就要求提起诉讼的商人在其诉状中详细阐明他依据的商事习惯,然后还要证明该商事习惯在案件审判时仍然存在。到1666年,商人法被宣布成为英国普通法的一部分,因此,原告无须再以特别的方式提起诉讼。只要商人习惯在一则案件中被证明是有效的,该习惯就成为法律的构成部分,所以在接下来的案件中,该习惯就无须再被证明有效力,这一规则被确定了下来。

到1651年,现代的三方当事人汇票(出票人、受票人和受款人)开始被使用,它或者可见受款人的“命令”支付,或者可见受款人的“受让人”支付。见票即付持票人(payable to bearer)的汇票可通过如下方式确立:将受款人处的姓名留作空白(不同于现代的做法,即明确说明见"持票人"即付)。对于这些商业票据而言,普通法法院对于上述商人习惯的继受创设了普通法上的一个例外规则,因为依据普通法规则,合同权利是不可以被转让的。

**(四)普通法上的权利转让**

允许将某一种"债"(obligation)从债权人转移至他的受让人的做法会遇到两大难题。第一大难题是,债务被认为是属于私人的。这一概念的价值在某一时期(即债权人可将其未偿还债务的债务人监禁时期)体现得淋漓尽致。尽管债务人的最初债权人可能是一个心软之人,他可能并不会如此严苛地对待债务人,但是最初债权人的受让人则可能是一位毫无仁慈之人,他可能毫不懊悔地将债务人关入监狱之中。

第二大难题是,普通法认为所谓的权利转让实际上并无什么可转让的。所有类型的货物是可以出售和转让的,这是因为它们是"可实际交付的对象"(subject of manual delivery)。但是,起诉权则仅是一种无形的"权利动产"(chose in action),①它并无实际物质形态,因而被认为是不能被转让的。虽然反映合同内容的纸张是有形的,但是它仅是权利的证明而非权利本身。(比如说,如果合同在一次事故中被毁,它能证明的权利仍然存在,尽管证明起来可能会更难一些。)在普通法中,这种对于物理状态(physical form)的强调直到当代为止都十分重要。

但是,通过背书转让可流通票据的习惯早在17世纪时期就已在商人中间得到确立。当法律发展到了最终承认了商人习惯的时期,法律承认的也只有背书转让,它仍拒绝承认交易中的合同权利

---

① chose in action 与 chose in possession 相对,前者翻译为"权利动产",表示并未实际占有,而只能通过诉讼才能取得的金钱或其他动产的权利;后者翻译为"占有动产",表示已由权利人实际占有的动产。如税收和关税,如已缴纳,则为占有动产;如尚未缴纳,则为权利动产。参见薛波主编:《原照英美法词典》,法律出版社2003年版,第224页。

转让是商人习惯的一部分。

因此,到17世纪中期,汇票即可通过背书的方式从一方转移到另一方,而持票人可以自己的名义起诉。这些成就的取得似乎主要应归于普通法对于商人习惯的继受。

尽管至此现代的可流通性的两个要素已经确立,在17世纪中期,法院仍然不愿意给汇票的被转让人比原转让人持有的权利更有效的权利。比如,(被告)可能会提出诸如这样的答辩:该票据的对价无效(failure of consideration),[①]或者它是因支付赌债而被转让来的。

第一则使有偿获得票据的善意持有人不受被告答辩约束并由此可对抗受款人的案例是1699年发生的案件。这则案例认为,任何人丢失汇票的,一旦该汇票属于一位善意持有人,则他不可再索回该汇票。这则判例的做出标志着汇票之现代发展的开始。

## 第三节　本　　票

现代本票的前身是古老的"债务证书"(writing obligatory),它是一种先于汇票存在的票据,但是它的后继者本票是在后来才在英国法中受到认可的。

最早的"债务证书"有两类:(1)正式的盖印债务证书,和(2)非正式的不盖印债务证书。通过违反盖印契约请求赔偿之诉,正式的盖印债务证书在普通法上是被承认的,而非正式的盖印债务证书是不被承认具有法律效力的。

到17世纪,在欧洲大陆,盖印的证书可被债务人制作成见债

① 对价无效不一定表示合同或票据缺乏对价,而是指缔约时当事人所期待的合同的对价因事物内在的瑕疵或当事人的全部或部分不履行而变得全部或部分无价值或不存在了。参见薛波主编:《原照英美法词典》,法律出版社2003年版,第526页。

权人支付或见持件人支付(的证书)。但是在英国,这样的证书只能是见债权人或债权人的私人代理人支付的证书。因此,债权人可将该证书转让给他人,但是此人只能以债权人的代理人的名义起诉,所以他还需接受所有的针对债权人的有效答辩。他不可以自己的名义起诉,而且他不可能获得比他的前手更有效的权利。这些证书中的一些证书是付款给债权人或证书的"制作人"的,这显然是为了创造"无记名票据"(bearer instrument)的,但是当它们被掌握在制作人手中时,它们的有效性是值得怀疑的。

**(一)金匠活动的重要性**

金匠(goldsmiths)是英国银行家的先驱,他们在很大程度上带动了非正式债务证书或者说本票的用量增长,英国内战期间的不稳定、共和与摄政政体时期(the Commonwealth and Protectorate, 1649~1660)的不稳定使得人们将他们的黄金委托给了金匠,这一次人们并没有像过去许多人的传统做法一样,把金子制作成金器皿并以这种方式来保存,也没有将它们存在伦敦塔。金匠将这些财富贷给政府和商人,向储金户支付利息。存储以本票来证明。金匠还开始应储户的请求,用储户留在金匠那里的钱支付储户的债务。

在17世纪后半期,普通法法院审理了几起与上述本票有关的案件,但是这些本票并未显示出明显的可流通性。不仅如此,在1702年的"克拉克诉马丁案"(*Clerke v. Martin*)中,法官的判决意见还认为这些本票是不可流通的。该案的判决意见认为汇票是可转让的,因为这是商人的习惯,但是本票是不可流通的(不可转让的),无论它是凭指示付款的本票还是以无记名票据形式存在的本票。这一观点在1703年再次得到确认。

霍尔特勋爵(Lord Holt)的这一裁决建立的理念依据是:本票是金匠的发明创造,因此他们不应被允许为法院创造法律。霍尔特认为,金匠通过签发见出票人命令支付的汇票也完全可实现他们的目标(比如人们可以向自己开一张支票来获得现金),因此本票在商业上并非不可或缺的。

**(二)《安妮法案》**

这些判决意见导致了可流通票据法确立史上的第一次立法干预。尽管霍尔特勋爵的裁决的适合性在学者中间引发了争议,但是似乎很明显的是,该裁决与商人们的需要和合法需求是相悖的。1704 年的《安妮法案》(*Statute of Anne*)因此被制定了出来,该法的目的就在于赋予本票以可流通性,从而受转让人可以依汇票一样的方式起诉本票(无论是凭指示付款的本票还是无记名本票)的签发人。

## 第四节 普通法的后续发展

直至 19 世纪晚期的法典化时代为止,可流通票据法的历史是一个逐步完善的历史,在曼斯菲尔德勋爵(1705 ~ 1793)任王座法院首席大法官期间(1756 ~ 1788),它的发展最为迅速。曼斯菲尔德特别胜任于去完成重新定义商法的任务,因为他有着这方面的背景和禀赋。作为一名苏格兰人,他对苏格兰法十分感兴趣,同时他对苏格兰法亦有深厚的研究;苏格兰法建立在大陆法原则之上,而这些原则也是欧洲大陆商法的基础。他个人倾向于从商人处寻求有关商事实践的意见,然后再将它们吸收为法律。在那些无明确的法律可适用的案件之中,他会采信商事习惯的证据。此外,曼斯菲尔德还让商人担任他的陪审团成员。

我们需要解决的一对基本对立体就是正义和确定性之间的冲突。绝对正义的路径一定会要求每一则案件都能考虑到商事习惯,因为商事习惯能够反映出商事实践的变化。但确定性则位于另一端,它势必会要求法律不去考虑什么习惯。曼斯菲尔德采取了折中主义,他在法律不确定之处将习惯采纳为证据;但是一旦某一问题得到了解决,他在此后就将习惯排除在证据之外。第一则案例决定了法的内容。

曼斯菲尔德的主要贡献在于他对术语的完善和诠释,还在于他对案件当事人权利的明确。先前的案例虽有一些稀少的评论,但他对这些案例添加了分析和推理并增强了它们的逻辑性。尽管1699年的一则案例已经判定有偿获得汇票的善意持有人对该汇票有优于失主的权利,但是曼斯菲尔德又在1758年的"米勒诉雷斯案"(*Miller v. Race*)中为这一判决增加了形式和逻辑,从此该原则常被人们追溯并提及。他做出完善的还有另一则著名的案例,即1762年的"普莱斯诉尼尔案"(*Price v. Neal*),该案认为付款人如已对某一张虚假汇票承兑了的,不可再收回金钱。就这样,可流通票据各方当事人的义务和权利在曼斯菲尔德任期之内的一系列判决中被确定了下来。

## 第五节 法典化运动

大约到1875年,一些原本尚未明确的方面在英国和美国均得到了逐步完善。到这一时期,案例的裁决越积越多,这就呼唤着人们对它们的简化处理。在美国,这一问题更为复杂,因为不同的州对某些同样的问题早已作出了不同的回答。

法国于1673年通过一则条例,组织整理了该国的可流通票据法,大概可流通票据法还只处于早期的发展状态。这则条例后经扩大,终被收入1818年的《法国商法典》(*French Code of Commerce*)。

可流通票据领域的法典化运动肇始于英国。1878年,麦肯齐·查默斯爵士(Sir Mackenzie Chalmers)发表了他的《汇票法汇纂》(*Digest of the Laws of Bills of Exchange*),这部著作不同于他人先前的同类著作,它的内容是287个系列提案。这一形式可能与查默斯的经历有关，他曾对先前18世纪的英属印度法典非常熟悉，在英属印度，简式制定法的存在必不可少，因为印度没有可依赖的判例法背景。

1881年，查默斯向英国银行家学会(British Institute of Bankers)提交了一篇关于可流通票据法法典化能够带来的优势的文章。他收到了肯定的回复。后来，查默斯在自己著作的基础上整理出了一份议案，议会通过了这部议案，并将之命名为《1882年汇票法》(*Bills of Exchange Act of* 1882)。在美国，统一州法全国委员会于1896年提议制定一部《可流通票据法》，它在很大程度上依据的就是英国的《1882年汇票法》，但是它还反映出了美国不同于英国的商业实践之处。该法是统一州法全国委员会成功制定的第一部法律，到1924年，所有的州都继受了该法。

不过，该法并未解决正义和确定性之间的基本困境。20世纪时期见证了票据法的两大发展：(1)商业实践不断发生变化；(2)各州对某些问题有着不同的解释。因此，到20世纪40年代，票据法很显然已与时代无法合拍，还有，这些不同的解释不得不被归整到一起了。此外，人们觉得，这些商法的不同领域的单独制定法如能被汇集成一部大型制定法，一定是一件有益的事。

在1945年，美国法学会和统一州法全国委员会开始制定《统一商法典》，它涵盖8部先前颁布的商法中的各个部门法，其中包括可流通票据法。该法典的第一次正式修改稿于1952年印发，它包括的制定法主题有1896年的《流通票据法》、1906年的《统一仓库单据法案》、1906年的《统一买卖法案》、1909年的《统一提单法案》、1909年的《统一股票交易法案》、1918年的《统一附条件买卖法案》及1933年的《统一信托收据法案》。

《统一商法典》第一次修改稿出炉后经历了几次修改，它吸收了无数能人志士的批评意见，如今已被所有州继受为法律，其中路易斯安那州采纳了它的大部分内容。

当然,我们没有理由去相信《统一商法典》能够解决正义和确定性之间的基本困境。商业实践肯定会发生变化,同样肯定的是,为了能够反映市场条件和促进商业活动,商法也一定会发生改变。在某种意义上说,该法典融入了一个允许法典改变的因子,它不只在一个地方说,法院在作出裁决时应当考虑商业准则。类似于"善意"、"合理"、"事实上的诚实"、"遵守合理商业准则"以及"商业合理性"等术语被用来确立特定领域的准则。这些准则一般是市场中的客观准则,而非个人的主观准则和私人意图。有人曾对该法典有过透彻的评论,该评论认为通过使用上述术语,法典将自己"作为定分止争的法律规范和真实的商业交易中应被各方遵守的各种行为规则的集合"。就这样,当商业实践对特定商业准则的性质或内容有所改变时,商业实践的变化在某种程度上说即可自动被融入到法律中去。

因此,商法永恒的使命是:能将调整商事交易的方法和规则确定下来;能反映商事实践的情况,即把商业实践中有利于商法发展或者至少能有良性效果的部分反映出来,以实现营造一个适合商业之花盛开的法律气候的目标;同时不忘自身肩负着打击对公共利益有害的商业实践的使命。

# 第十三章　商业组织法

现代商业需有积累商业发展所需的大量资本的方式,而现代商业公司①正是这种经济需求的法律应对。现代商业公司由 3 个要素组成,即法人实体属性、合股属性和有限责任属性,这三大要素各有各的渊源。

法人实体属性是指公司是一个法人(legal person)。它有权以自己的名义提起诉讼及作为被告应诉、拥有和转让财产、订立合同、成为侵权行为或犯罪行为的主体以及做其他一切其非物质属性允许其完成的事。因为公司是一个法人,所以它是可以被建立并永久存续下去的。

合股属性能使股东在他们活着时或死后转让他们自己的股份。正是这一属性使得公司的所有权可以分为若干小的股份,也因此能使其从众多相对较小的投资者身上集聚它的资本。

有限责任属性能保护股东在公司破产时不至于个人也完蛋。股东损失的只有他们最初的投资承诺,或者至多是超过该投资额的某一依法规定的、确定的数额。

只有第二点,即合股属性,是积累大量资本时不可或缺的要件。法人实体理论虽然不是必不可少的,但也绝对是值得具备的,因为若要在提起诉讼、订立合同以及从事其他公司业务时,想要将全部股东汇合起来不说是一件绝对不可能完成的事情,也绝对是一件不具可操作性的事务。但是,即使如此,这种事务还可以通过

① 一译“现代商业法人”。

信托或代理等代理理论实现。同样，有限责任属性也不是绝对必要的。如果股东们仅仅是在公司资产被穷尽之后才承担任何个人责任，那么在实践中（如果说不是在理论上的话）他们将享有一种很高程度的责任豁免权。

## 第一节　早期的法人概念

公司有明显的法律人格（legal personality）。作为法人，公司有3个基本特征：可以自己的名义购买、持有和处理财产；可以自己的名义订立合同；可以自己的名义提起诉讼和应诉。公司既不必是有限责任的也不必是合股的。它们是商业公司的属性；大多数慈善性公司和所有的市政公司和政府公司[①]在不具备上述两种属性时，亦可很好地运转，因为这种公司并无股东。

### （一）罗马法中的法人概念

由国家的明示行为创立的法律实体在罗马法上被称为“社团”（*universitas*）。[②] 城市、殖民地、牧师兄弟会以及手工业者团体都取得了这一地位。在特定情形之下，有些初级形式的商业协会，特别是盐矿开采企业、矿石开采企业以及税务协会，也被给予了法人地位。

### （二）教会和大学

法人实体概念的另一个来源是中世纪教会。波洛克和梅特兰认为，作为“基督奥体”（mystical body of Christ）的教会，它的神学概念是法人理念发展形成的重要因素。

普通法很早就认定捐赠给教会的财产不再归捐赠它的赞助人。但是，在教会内部该财产归谁控制，则是一个问题。最早的学

---

① 这里都可依次翻译为“慈善性法人”、“市政法人”和“政府法人”。

② 有时也翻译为“法人团体”、“集合体”等。

说曾公开表示该种财产归上帝所有或者归教区的保护圣徒(patron saint)所有。因此,负责的神职人员就是教区长(rector)或代管教区的牧师(administrator),但他并不以自己的头衔对财产拥有所有权,相反,他代表其继任人对教会负责。比如说,如果修道院院长或主教将其控制下的土地不当转让的,修道士们是不能要求恢复该土地的,他们在法律上已死(legally dead),而该土地必须由他的继任人才可主张恢复。

但问题是,从教会负责人死亡始到他的继任人就职为止的这一段期间,财产的所有权归谁所有?在一段时期中,人们认为财产的所有权归"教会的围墙"(walls of the church)持有,或者归"救世主的身体或新娘"(body or the bride of the Redeemer)[①]持有,但是这种说法后来被另一种观点所代替,持该种观点的人认为教会是"普世教会"(*ecclesia universalis*)的一部分,故财产的所有权应归教会本身;普世教会表明教会成为"人"(person)。普世教会理念还与英格兰早期大学(牛津大学、剑桥大学)的地位有关,这些大学依传统习惯被视为法人实体。它们之间的关系并不体现在它们的功能之上,而在于罗马的"社团"(*universitas*)概念,后者作为非物质上的、拟制的实体,无论在哪一个世界中都不会遭受肉刑的惩罚。

源于这一教会理论,普通法不得不设计出一个关于教会世俗财产的概念。法院明显利用了"代表理念"(idea of representation):牧师与他们的财产、教会及全体教徒的关系使得他们成为神父、代理人或者监护人。从这一位置来讲,教会就像一个未成年人,它受法院的庇护和保护。这一概念不完全是"法人",但是它显然有着"法人性"(corporateness)的某些元素。

---

① the body or the bride 是一则常见于基督教文献的短语,翻译为"身体或新娘"。

### （三）自治市和城镇

在14世纪之前，自治市就是依命令或古代习惯而建立的社团；在此之后，它们则主要依靠王室的特许状来确立。自治市有许多法人属性，包括举行自治市法院的权力、强制推动自治市市民须在自治市进行买卖活动的权力、（适度）治理自身的权力、建立商人同业公会（guilds）①的权力和拥有土地（还可能包括某些动产）的权力。

### （四）同业公会

从事商业活动的同业公会有两种类型：同业商会（merchant guilds）和手工业行会（craft guilds）。同业商会垄断着零售贸易；手工业行会是手工业者的协会，它有着规制其成员的权力。

**同业商会**。当自治市商人的生意能使其有足够的财力作保成为同业公会的一员时，他会加入同业商会。同业商会是一个独立于自治市或城镇政府的组织，不过同业商会中的一些重要人物可能同时还会在政府中担任职务。同业商会的内部规章调整的对象不限于该组织的成员，还可用来规定处理整个自治市的贸易行为，同业商会可在自治市外购进商品并在当地进行销售以获得利润。

在13世纪到15世纪时期，同业商会的力量强大。这一时期过后，其力量逐渐减小，因为贸易不再为城镇所垄断。同业商会对于公司理论的贡献在于它们对自治市商业的规制和为追求共同利润而进行的商业交易。

**手工业行会**。12世纪的第二个25年见证了手工业行会的诞生。在亨利二世统治时期，手工业行会有时会得到王室颁发的特许状，它们可凭此在行政上从城镇独立出来。但是，到亨利的继位者理查德一世时期（1189~1199），手工业行会再度归城镇管理。

手工业行会的作用与同业商会的不同，它们主要作用体现于

---

① 也有学者翻译为"基尔特"、"行会"等。

经济之中而不在行政方面。手工业行会的目标是形成一支工匠阶层,并有能力服务公众。每个手工业行会在各自的行会中负责监督学徒的训练、规范工作标准并对各自的成员进行有效的管理。

15 世纪之后,随着同业商会权力的丧失以及自治市对自治市商业监管的崩溃,手工业行会开始壮大。行会中的师傅成为企业的经理。他们离开了原先的工作台,并在实际上成为了他们各自行业的垄断集团的成员。谁是一线工匠(working artisans),谁是拥有资本的师傅(capital-owning masters),在"(有特殊制服的)伦敦同业公会"(livery company)中完全可以通过服装区别开来。所谓"伦敦同业公会"是指一种师傅才在其身上穿戴特殊服装的公会。师傅们在经营他们自己的生意的同时,还依靠对行会所有会员有约束力的规则来对贸易实现控制。

许多伦敦同业公会经国王允准而被组建成法人实体或类似的法律实体。将这些公会设立为法人实体的实践最早可追溯至 1407 年,当时亨利四世给缝纫用品商(haberdashers)授予了特权。随着 1433 年鱼商、1437 年葡萄酒商(vintners)、1466 年裁缝店业、1477 年木匠业相继设立法人实体,这一运动取得了蓬勃发展。在 16 世纪,外国商人的公司也得到设立。在这些公司中,公司成员在独立交易关系的基础上从事贸易,但是作为全部成员的集合体有"公司权力"(corporate powers)。这种组织是现代公司的雏形,这表现在它的设立是自愿的、它有一个共同的公司印章(common seal),以及它可以作为提起诉讼和应诉的单位等几个方面。

**(五)康枚达和索塞特**

在欧洲大陆,有些国家还使用其他一些企业组织形式。康枚达(commenda)和现代有限合伙极为相似。它通过金钱投资、利润分成的方式将资本和管理结合到一起。投资者并不管理企业,而且他们仅承担有限的责任;企业由实际合伙人(active partners)控制。但是,康枚达尚不是法人实体。

索塞特(societas)具有公司法人的某些特征,例如以自己的名义订立合同的能力等。但是,索塞特的成员须承担无限责任;每一位成员都可作为集合体的代理人,但索塞特并不是完整意义上的法人。

## 第二节　合股公司

到16世纪,英国的海外贸易达到充分的发展,这就要求有巨大的资本结构。合股公司就这样应运而生。严格来说,最早的合股公司是"规约公司"(regulated company)。它们依据王室授予的特许状从事海外活动,但是,该种公司的成员从事贸易是为了给自己带来利润,公司本身并不进行贸易活动。它们同同业公会有着许多相似之处,包括它们对成员具有的规制权力。此外,它们还对它们自己进行贸易活动的海外地区具有政府权力。英国最早的公司之一俄罗斯公司(Russia Company)创立于1555年。持续更为久远的是创立于1600年的东印度公司。在最初阶段,投资者分别为每次航海投资,但到1613年,投资者开始认购为期一定年限的股票;到1657年,投资者可认购"无期限的股份"(permanent joint stock)。伴随这些变化,公司成员凭各自单独的交易来从事贸易的权利消失了。到18世纪,当股份在公司贸易中具有了可转让性之后,英格兰的合股公司就完整形成了。

大约就在同一时期,贸易中的特许垄断(chartered monopolies)延伸至了英格兰本国的公司。皇家矿业公司(Mines Royal)于1568年获得特许状,矿物与电池公司(Mineral and Battery Works)也获得了特许状。在17世纪时期,王室还向英格兰铜矿保管人公司(Governor and Company of Copper Mines in England)、渔业公司、英格兰白纸制造公司(Company of White Papermakers in England)和皇家亮绸公司(Royal Lutestring Company)等授予了特许状。这些公司与海外贸易公司并不相同，它们不具有“政府权力”。此外，特许权仅能保证它们的垄断权不会受到其他公司的竞争；但是，个人是可以同它们展开竞争的。

合股公司有多种类型。从事海外贸易的合股公司需统一依据王室特许状开展业务。国内的合股公司常常是自愿组成的团体，它们成立的依据是合同而非特许状。特许状能实现公司的永续，很可能还包括公司的有限责任。然而，有些特许状并不授予公司永久存续的特权，而且，这里所谓的“有限责任”也同其今天的含义不完全相同(下文将提及这一问题)。若无公司的设立，起诉和应诉等烦人的问题一定会出现，因为公司将会被视为合伙企业，而在合伙企业，所有的成员都必须参加这样的诉讼。一些早期的美洲殖民地就是被作为“特许合股公司”(chartered joint stock company)而建立的。

## 第三节 有限责任

今天，有限责任的意思是股东对公司债务承担的额度以他们认购的数额为限。通常这亦被认为是法人实体理论的具体体现。但是，该理论仅支撑下列命题的成立，即公司的债务与公司股东的个人债务是分开的。早在1441年，英格兰就有人认为公司之债应是独立的(separateness of corporate obligation)；在1680年的一则案例中，有人认为倘若不把公司之债视为是独立的，将有违公司法人的基本属性。

但在当时，公司成员是可被稽征的，而且，(法院还可)命令公司还可要求其成员替工司偿还债务，否则公司将被处以藐视法庭的处罚。这就是所谓的“稽征”(leviation)程序，它是1671年一则案例的争议主题。

在18世纪之前，公司的创立并非以商业为目的的。与商业公司最为接近的是“特许合股公司”,它们有时仅需承担有限的责任。与合伙企业类似,“非特许合股公司”(nonchartered joint-stock company)的所有人需承担无限责任。

但是,在普遍的反对合股公司运动中,诞生了一个新的制度设计,而促使这一设计出台的就是声名狼藉的“南海泡沫”(South Sea Bubble)。南海公司(South Sea Company)是一家特许合股公司,它为了获得大多数的国债,以它的股票换取政府债券。因为整个投机市场的存在和南海公司股票的投机买卖,股价大幅上扬,这样一来,南海公司发行越来越少的股票来换取定值的政府证券。其他公司(尽管它们法律的目的不同,有的是特许合股公司,有的是非特许合股公司)看到股市上获得利润的机会后,也发行股票来换取政府证券。结果,南海股票股价下跌。南海公司接着获得了国会于1720年通过的《泡沫法》(*Bubble Act*),该法禁止各公司在没有特许状的情况下具有行为能力,即便是在已获得特许状的情况下,其行为能力亦不得超出许可的范围。《泡沫法》本来意在保护南海公司的贸易垄断,然而,结果却因对其竞争者的司法调查引发了股市崩溃。所有合股公司的股票价格无一避开了全面跳水的命运。

《泡沫法》给合股公司的发展蒙上了巨大的阴影,在这种情形下,人们开始寻求新的公司组织形式。其中一个模式就是创立一种旨在允许转让合伙人收益的合伙公司。另一种更为成功的模式是设立信托契据(to draw a deed of trust),并将基金交至特定受托人(经理人)手中,以实现契据中写明的目的。在有些情形下,契据中会插入某些条文,从而使投资人的收益可被转让。此外,有些信托基金机构(trusts)还规定投资人不对信托机构之债务的第三方负责。在衡平法上,如第三人知晓这种免责声明并为信托机构提供了信用贷款,又试图从该信托机构的投资人处收回该贷款时,这一条文是具有效力的。这一免责声明就是英格兰公司名称之后使用的“有限”(limited)一词的来源。

人们认为,以公共利益而非个人盈利为目的而设立的公司组织并不在《泡沫法》的立法宗旨之内。因此,在接下来的几个世纪里,为避免构成对《泡沫法》的技术性违反,有的公司在名称上会加上某种字词,以显示其公益性或惠益的宗旨。

《泡沫法》最终在1825年被废除。但是,废止该法的新法(repealing act)规定只可设立无限责任的公司。公司不可只承担有限责任的压力和无特许状的情况下合股公司无行为能力的压力直到1834年时为止仍然存在;在1834年,《贸易公司法》(*Trading Companies Act*)通过后,该法正式承认了对它们的需要,并规定合股公司可通过其负责人提起诉讼。该法案和1825年法案的部分条文于1837年被废止,新的条文被确立,这些新条文赋予各个公司承担不同程度的有限责任,但该有限责任不以投资额为限。但是,行使管理之责的商务部(Board of Trade)仍然只向那些在实际运行中可以体现出某种公众利益的组织授予特权。

在经历过中间一系列的法案之后,1862年的《公司法》(*Companies Act*)最终成为公司立法发展到一个极盛时期的标志。它规定了设立有限责任公司或无限责任公司的正式办法。如果组织成员超过20人的,则必须设立为公司;而如果成员少于7人的,则必须设立为合伙企业。

## 第四节　美国的公司

在很大程度上说,美国的商业公司法并非起源于英国法。事实上,美国的公司法在很早就得到了发展,并成为英国人向英国议会提交议案时加以援引的典范;美国公司法是现代英国(公司)法的促成因素之一。

美国大革命过后,人们认识到,有限责任成为正式设立的商业组织的一个特性,而无限责任是合股企业面临的一大风险之一。在1800年之前,美国大约授予了330份设立公司的特许状。这些公司主要集中在新英格兰,而且它们大多都是公益企业(public-interest ventures),比如说收费公路公司、自来水公司及保险公司,而非完全私营的公司。在该时期,人们对公司这种营业模式很少形成偏见,这显然是因为公司的终止并未给投资人带来伤害。

在1819年,有限责任原则(除非公司创立依据的立法另有规定的)通过例案"斯皮尔诉格兰特案"(*Spear v. Grant*)被明确确立了下来。但是,这一原则适用于完全属于私营性组织是否合适?实际上在立法上遭遇到很多质疑。比如说,从1809年到1830年,马萨诸塞州对待完全私营的公司问题上,继受并坚持适用一项无限责任原则。债权人首先须穷尽公司财产;如果该财产无法满足其主张的权利,则他可扣押股东的个人财产。在银行领域,这一时代见证了股东须承担其最初认购额两倍的责任规则,该规则一直适用到20世纪30年代。

其他州就有限责任主题有过不同的立法原则。1816年后,康涅狄格州和新罕布什尔州在所有案例中都允许公司承担有限责任,缅因州在1823年后也如此。罗得岛直至1847年后才放弃了无限责任原则。纽约倾向于适用"双倍赔偿责任原则"(policy of double liability),但是宾夕法尼亚州则倡导适用有限责任原则(有一年除外)。但是,因为早年的宾夕法尼亚州立法机构只向非工业目的的组织授予公司特许状,所以这一问题就变得相对不重要了。

从总体上看,有限责任原则的继受需等待某种对公司债权人保护(之理念的形成)。法院发展出了预防公司资本在股东之间提前分配的措施。立法部门通过在宣布分配股息环节上设置限制来禁止资本入侵。对于未能全额支付其持有的股份的股东,他们会被科以责任。公示制度开始试行,其目的在于使债权人能够知晓他们欲与之往来的公司在经济方面的强势何在,弱势何在。这些金融保障措施和其他一些类似的制度在19世纪的第二个25年期间被设计了出来,它们的实施旨在实现既保护债权人又使公司仅承担有限责任的双重目的。有限责任的代价就是需要公司对股本账户有足够的尊重。

在美国,设立公司的古典模式是,国会需为每一个欲设立的公司通过一则特别立法法案。而以一般法案的方式来允准公司设立的运动始于1811年的纽约。通过这一方式,公司的设立仅需遵守制定法条文,而无须向国会呈递单独的申请书,如果某一企业组织的资本总额不超过10万美元,且只要该企业的营业期限不超过20年(包括20年)的,可自动成立公司。到1870年,所有的州都制定了一般的公司设立法案,而对于公司成立目的和最高资本额的限制直到20世纪初才被取消。直到这一时期止,只有立法部门计划促进的那些活动领域才会被授予公司特许状。

现代商业公司法都是统一建立在详细的州制定法基础之上的。从美国内战结束开始到20世纪30年代为止,许多地区都试图吸引公司发起人(promoters)到它们的州内设立公司。它们提供的优惠条件,包括降低纳税额度、减少对企业管理决策的限制等,使得各州的公司法出现了越来越多的差异性。到20世纪30年代,一场建立在合理的法律原则之上的公司法统一运动展开了,先是1933年的《伊利诺伊州商业公司法案》,接着又有同年的《宾夕法尼亚法案》。到1946年,美国律师协会的公司法专业委员会颁布了《模范商业公司法》(*Model Business Corporation Act*)草案,该法最终为35个州继受,它还影响了其他许多州的法律。目前的《模范商业公司法修订版》颁布于1985年。

但是,在某种程度上说,公司法在数个州内仍然存在着差异。如同其他所有的统一法案一样,同一或者类似的法案被各州继受的事实并不意味着各州的法院也会以同一种方式来解释制定法。

因此,除了要考虑制定法本身外,我们还要考虑到制定法在每一个不同州已经作出解释的案件,假如没有这方面的案件,那么我们必须对几个重要的州公司法的判例法(比如特拉华州和纽约州的)加以仔细研究。

## 第五节　公司地位的特权

从本质上来说,国家决定着某一特定的集合体是否应当被视为一个法人实体或公司。但是,该地位的授予历来是有代价的;而代价就是公司能把自己的收益部分回报给国家。收益的种类则是有所差异的,这主要看授予特许状之国家的价值观。我们在上文已经谈到,罗马向那些从事盐矿开采、金银矿开采以及税务征收等集合体授予公司地位。盐在近代以前是一种非常稀少的商品,是人类生活的必需品。金和银则可为国家增加财富。在该理论的影响下,西班牙从新大陆攫取了大量贵金属以图增加国家的财富,然而该理论却给西班牙带来了动荡,直到现代经济学得到发展后,人们才逐渐认识到这一理论是错误的。英格兰拒绝了这些商品,通过刺激贸易业、商业和制造业,从真正意义上增加了国家的财富。税务征收,无论是在过去还是现在,对于国家发展而言都是离不开的。

英国的公司同样给英国带来了利益。"(有特殊制服的)伦敦同业公会"在推动制造业的发展过程中起到了不可或缺的作用;"特许合股公司"则培育了对外贸易。但是,英国人的错误在于,他们在16世纪时设立个人的公司时仍坚持认为"公司性"(corporateness)与垄断相连。正是由于公司具有这一特征,它使得亚当·斯密(Adam Smith)在其《国富论》(*Wealth of Nations*)一书中对公司大加指责,他认为在需要大量的资本或者扩散风险时是例外(即公司的设立只有在如下两种情形才有必要)。

在美国，直至19世纪晚期为止，公司的设立一直有立法部门的防范。（企业组织）只有满足特定的目的后才被允许设立公司，凡是被许可设立的公司一定是立法部门欲培育或促进的领域。公司的规模在资本方面有限制。第一批以商业为目的的美国公司是在新英格兰设立的。其中的原因不难找出，因为美国的中大西洋地区和南部各州在农业上获得高额利润，而新英格兰地区[①]的土壤多岩石，所以不大可能从农业上获得利润。就这样，贸易成了新英格兰人的生活方式。纺织业最先应用了工厂体制，它需要大量的资本，且由于该产业可为新英格兰地区各州增长财富，所以它得到了立法部门的支持。直到19世纪早期止，公司仅在有公共需要的地方和州政府经济过于贫弱而无法提供服务的领域（如收费公路、水厂和银行等）设立。

但是，在19世纪末期，人们开始将商业本身视为一种美好的事物。商业创造了财富、工作、货物及服务，而这些明显是人们愿望得到的。美国开始向西部平原扩张。美国制造商正在将美国建成一个货物的出口国而非进口国。立法部门的反应是，消除原来的限制，允许公司在拥有"合法目的"的前提下资本总额不设上限。在今天，法律保持未变，但是人们困惑的问题是商业公司对公众究竟该承担何种性质的责任。

## 第六节　合　伙

合伙是最古老的企业经营方式之一。我们可以在古巴比伦

---

① 新英格兰地区是位于美国大陆东北角、濒临大西洋、毗邻加拿大的区域。新英格兰地区包括美国的6个州，由北至南分别为：缅因州、新罕布什尔、佛蒙特州、马萨诸塞州、罗得岛州、康涅狄格州。马萨诸塞州首府波士顿是该地区的最大城市以及经济与文化中心。

法、古犹太法、罗马法中找到它的存在,它在整个中世纪时期亦存在。然而,它仍然给我们制造了很多概念性和现实性的难题。

合伙是指人们在商业活动中共同组成的、以营利为目的的联合;我们可从这句简短的判断句中提出一大堆问题。合伙能否以自己的名义起诉和应诉?谁拥有合伙财产,是合伙人还是合伙?合伙的债权人能否直接起诉合伙人以追偿合伙的债务?合伙人能否出售他们在合伙财产中的权益?合伙人能否以个人目的使用合伙财产?合伙是否要承担因合伙人的行为而引起的合同责任或侵权责任?新合伙人是否要对入伙前的债务承担责任,以及合伙人退出合伙的是否要对退伙前的债务承担责任?

**(一)合伙实体论与合伙集合论①**

对于任何一个法律体系而言,它都需要回答一个简单而又根本的问题:合伙是该被视为一个法人实体呢还是应被视为一个个体成员间的集合?如果合伙是实体,则它可以以自己的名义起诉和应诉,拥有合伙财产,可单独对其债务负责(尽管此处可能适用"稽征"程序),以及对合伙财产拥有独占权。在这种情形下,合伙人是合伙的代理人。因此,依照代理原则,合伙须对代理人的行为承担侵权或合同责任。

如果合伙是个体成员间的集合,则它不可以以自己的名义起诉和应诉(所有合伙人都必须参加诉讼),拥有合伙财产的是合伙人,合伙人可以出售他们在合伙财产中的权益。还有合伙人对合伙债务直接负责。

这两种理论均不是完美的。只要不是有限合伙,没有人会认为法人实体的有限责任属性应当是合伙的特征,而且,对于债权人

---

① Entity and Aggregate Theories。合伙实体论(entity theory of partnership)和合伙集合论(aggregate theory of partnership)相对,后一理论认为,合伙并不具有像公司那样独立的法律地位,而只是组成合伙的各成员之间的一个集合。

而言,“稽征”这一收款模式过于烦琐,但是,如依照合伙集合论,单个合伙人是可以出售他在特定合伙财产中的权益的,则他可能会使合伙无法再使用其最关键的资产,并由此损害其他合伙人的利益。

直至20世纪初止,合伙法一直处于一种混乱状态。比如说,早在1693年,(法官)裁定合伙人可作为共同保有人(joint tenants)对合伙财产共同拥有所有权。后来人们认为,既然每一合伙人在每一份合伙财产(包括动产和不动产)上都拥有一种“未分割权益”①(undivided interest),那么单个合伙人的债权人可以在合伙财产上稽征属于其债务人的权益。尽管普通法上的共同保有人可以自愿出售他们在共同拥有的财产中享有的权益,但后来确立的原则认为,合伙人不可以自由出售其在合伙财产中的权益。换言之,普通法上的共同保有财产制度不适合解决由合伙带来的问题。其他同样难以解决的问题还包括:如果合伙解散的,单个合伙人的债权人和合伙的债权人在单个合伙人资产和合伙资产上的“相关权利”问题;合伙人死亡的,其遗嘱执行人是否有权参加合伙清理程序的问题;合伙经营期间,合伙人之间的权利分配问题;以及新合伙人的责任问题等。

**(二)《统一合伙法》**

在1902年,美国法律统一州法全国委员会开始考虑制定一部“统一合伙法”。该法的第一稿采纳的是合伙实体论,而非合伙集合论。实体论不仅是商人法采用的路径,而且它还有望成为解决难题——即合伙人在特定合伙财产中的权利问题——的方法:通过将合伙视作法人实体,合伙本身对合伙财产拥有所有权和占有

① 也翻译为“共有权益”,指由两人或多人基于同一权利基础共同享有的权益,不论这些人各自在该项权益中所享权益在价值或数量上是否相等。参见薛波主编:《元照英美法词典》,法律出版社2003年版,第1371页。

权,这样一来,单个合伙人的债权人就不能扣押合伙财产。

1910年,宾夕法尼亚法学院院长威廉·德雷珀·刘易斯(William Draper Lewis)承担了起草法案的任务。他相信实体论带来的新问题将与其能够解决的问题一样多,在合伙人的责任方面更是如此。在实体论中,人们遇到的问题是,合伙人如何承担合伙债务的责任。有3种选择方案:第一,将合伙人视作所有合伙合同中的"共同主债务人"(co-principals);第二,将他们视作保证人;第三,将他们视作默示合同中的一方当事人,向合伙提供充足的资金以满足第三方。

但是这3种做法(courses of action)均无法令人满意。共同主债务人理论纯属虚构。保证人理论无法做到让合伙人去承担合伙的侵权责任。默示合同理论则意味着"稽征"程序的回归,而该程序在合同法中已遭受了约百年的批判。

上述的方法被代之以一种折中的思路后,这些问题即刻可迎刃而解。该法案草案在必要的时候将合伙视作法人实体,在其他一些情景下又将之视为各成员的集合。但是,集合论占主要地位。

依据该法案,合伙可以以自己的名义应诉,这是实体论被加以运用的体现。但是,它还规定除非合伙人个人也被起诉并被送达了诉讼书,否则合伙资产不可被动用。对于合伙财产的处理,该法案还采用了一个类似的理论,法案最终规定合伙财产的所有权归合伙所有。因此,任何合伙人都不可销售合伙财产,或者在合伙财产上设定负担,而且合伙人个人的债权人也无权对合伙财产主张权利。合伙人的权益只存在于合伙企业之中,并不存在于合伙企业的资产之中。为了赋予单个合伙人之债权人以某种追索权,以使该债权人能够得到作为其债务人的合伙人在合伙中的权益,债权人可以申请获得一份法院命令,法院可命令债务人将其在合伙中的利润份额移交至债权人,直至债权人得到清偿或者合伙自然终止为止,直至此时,债权人才可直接扣押其债务人在合伙财产中的权益。

该法还采纳了集合论，这体现在该法规定合伙人可因合伙的合同债务而被直接起诉，而且合伙人须对合伙的侵权行为直接负责，该法同时还规定合伙人承担的赔偿额超过他们应承担的比例的，他们保留同共同合伙人（co-partners）分摊赔偿数额的权利。

《统一合伙法》对法的发展进程产生了深远的影响。一方面，该法表明以下事实，即直接适用普通法原则去解决企业问题往往会困难重重；另一方面，它还告诉我们，法制的发展和巩固离不开我们以审慎而明智的方式去构建普通法的基础，对那些已经过时或无法加以适用的法律原则必须摈弃，对那些尚可塑造的法律原则需加以改变，以及在有需要的领域还要发展出新的法律原则。

**（三）有限合伙**

有限合伙有两种类型的合伙人，即有限合伙人（limited partner）和无限合伙人（general partner）。有限合伙人缴付资本但是不对合伙债务或侵权行为负责。他们损失的最大限度就是他们的出资。无限合伙人负责经营企业，并对合伙债务或侵权行为个人负责。有限合伙人不允许从事企业的管理事务。如果他们参与管理企业事务的，则变成无限合伙人并须承担无限责任。

对于英、美两国的普通法而言，有限合伙是一种未知（的法律制度）。有限合伙起源于中世纪时期的欧洲，并以一种被称为"康枚达"的表现形式为人们所熟知。一组人员负责认缴资本，另一组人员负责经营。出资人获得丰厚的回报，但他们无须对债权人个人负责。1673 年的一则法国条例承认了有限合伙（*la Société en commandité*），然后它被引入了路易斯安那州，该州继承了法国的民法。

纽约是第一个（主动确立）有限合伙的州，它在 1822 年通过制定法批准了有限合伙。后来有 14 个州效仿了纽约州的做法。大法官肯特在其 1826 年的《美国法释义》第 3 卷中注意到这些制定法是"……应当得到很好的计划,以使闲置资本得到有效的、良好的利用……"

有限合伙满足了需求。州立法者可在他们制定的公司设立法案中控制公司的设立目的和规模。任何企业都可被自由地设立合伙,合伙的规模受合伙人的财富规模限制。在这两种模式中间还有很多人欲在大量的"非公司性企业"(non-corporate business)中投资,然而他们并不想参与管理,而且他们也害怕承担无限责任的概率。有限合伙恰指出了一条道路,它为上述人群提供了投资的门路,也消除了他们承担无限责任的恐惧。

在公序良俗方面,有限合伙并无创造大规模的恐惧氛围。有限责任是被容许的,因为至少会有一位负无限责任的无限合伙人。

第一部《统一有限合伙法》的草案制定于1916年;如今的《统一有限合伙法修订版》的草案制定于1976年。该法如今正逐步被各州普遍采纳。

有些州就"封闭型公司"(close corporation)有专门的制定法条文。"封闭型公司"是指具有有限数量股东的公司,人数通常少于30人,且他们的股份并不在公开市场上交易。它们经常被称为"公司型合伙"(incorporated partnerships)。它们具有特定的优点,例如能使投资者更容易地将他们的权益传给他们的继承人,而且依照税收法规,这种类型的公司也能享受到一定的有利政策。

# 案例索引表

# 术语表

**ACTIONS 诉讼**

*See* Writs，见令状

**ALIENATION OF LAND 土地的转让**

Alienation，see Real Property，转让，见不动产

**ANGLO－SAXON LAW AND INSTITUTIONS 盎格鲁－撒克逊法及制度**

*See also*，Legislation；Real Property；Shires；Vills；Wills，另见立法；不动产；郡；村；遗嘱

Basic values，基本价值观

Blood feuds，血亲复仇

Boroughs，市镇

Commercial，商法

Crimes，犯罪

Custom，习惯

Dooms，法令

King's powers，国王权力

Norman law relationship，诺曼法同其他法的关系

Witan，贤人会议

DEFINITIONS 定义

*See* also, Writs, and pertinent topic headings 另见令状及有关标题

Absolute liability, 绝对责任

Active trust, 积极信托

Advocacy, 辩护

*Agnati*, 父系血亲

Aids, 援助

Alienation, 转让

Appellate court, 上诉法院

Attaint of jurors, 调查小陪审团的裁决是否虚假的令状

Barrister, 出庭律师

Beneficiary, 受益人

Bill distinguished from a writ, 诉状区别于令状

Bookland, 书田

Borough English, 幼子继承制

*Bot*, 赎罪金

*Cestui que* use, 保有地受益人

Civil law system, 大陆法系

Code, 法典

Common law, 普通法

Community property, 夫妻共同财产

Contingent fees, of lawyers, 风险代理收费,律师

Contract to sell and of sale, 买卖的预约合同和买卖合同

Copyhold, 副产权

*Cwide*, 遗嘱继承

Determination of an estate in land, 终身地产权终止

Dry, or passive, trust, 名义信托或消极信托

Equitable principles，衡平原则

Escheat，土地复归

Estoppel，禁止反言

Fee estate in land，可继承不动产

Feoffor and feoffee to uses，用益让与人和用益受封人

Feudalism，封建主义;封建制

Folkland，民田

Forfeiture，剥夺

Formal and informal contracts，要式合同和不要式合同

Frankmarriage，免役陪嫁地产

Frankpledge，view of，十户联保制,十户联保审查制

Freehold estate，自由保有地产

*Gage*，质物

Gavelkind，男子均分地

*Gens*，宗族

Hundred，百户区

Information，distinguished from indictment，检察官起诉书,区别于大陪审团公诉书

Judgment by peers，同等地位者审判

*Judicium Dei*，神裁

Laen land，暂借保有地

Legislation，成文法;立法

Leviation，稽征

Livery of seisin，转让封地占有权

Marriage right，婚姻权利

Ordeal，神明裁判

Parage，共同平等继承制

Particular estate，先行地产权

Patrimonium，财产物
*Peine forte et dure*，酷刑折磨
Possibility of reverter，归复的不确定权益
Post obit gift，死后遗赠
Prerogative powers，特权
Primogeniture，长子继承制
*Quid pro quo*，对等给付
Recognizance，具结
Relief，继承金
Responsalis，代诉人
Scutage（Escuage），免服兵役税
Seisin，保有
Sergeants-at-law，高级律师
Sergeanty，tenancy in，侍君役，保有
*Servientes regis*，君役
Settlor，in trusts，信托人
Solicitor，事务律师
Special verdict，特别裁断
*Stare decisis*，遵循先例
Subinfeudation，次级分封
Succession，继承
*Sui juris*，自权人
Suitors，封臣裁判官
Tenants in demesne and in service，地上领主和受贡领主
Testament，遗嘱
Tithing，十户区
Tort，侵权行为
Trespass，侵害行为

Trial court，初审法院

Trustee，受托人

Trusts，active and passive，信托，积极与消极

*Universitas*，社团

Usufruct，用益权

Wardship right，监护权

*Wed*，典押物

*Wer* and *wite*，伤害罚金与伤害赔偿金

Writ，令状

DOCTRINAL WRITINGS 学说著作

Blackstone，布莱克斯通

Bracton，布拉克顿

Britton，《布里顿》

Coke，Institutes of，柯克，《英国法总论》

Fleta，《弗莱塔》

Fortescue，Sir John，福蒂斯丘爵士

Glanvill，格兰威尔

Hale，Sir Matthew，马修·黑尔爵士

Kent and Story，肯特和斯托里

Law merchant，on，商人法

Littleton，利特尔顿

Restatement movement，法律重述运动

Selden，John，塞尔登，约翰

St. Germain，Christopher，圣·杰曼，克里斯托弗

DOMESDAY BOOK 末日审判书

See Jury and Other Means of Finding Facts 见陪审团及其他裁

JUDICIAL REVIEW 司法审查



JURY AND OTHER MEANS OF FINDINGS FACTS 陪审团及其他裁定事实的方法

Prohibition, of, 禁止令状

Quaere eject infra terminum, 禁止租期内逐出承租人令状

Quo minus, 减少之诉令状

Quo warranto, 权利开示令状

Right, of, 权利令状

Subpoena, 传唤令状

Trespass, nominate and innominate, 无特定名称的侵害令状

Trespass, de bonis asportatis, 有特定名称的侵害令状

Trespass, on the case, 类案侵害令状

Trespass, on the case on a deceit, 因欺诈而申请的类案侵害令状

Trespass, on the case on an assumpsit, 因简式契约而申请的类案侵害令状

Trespass, quaere clausum fregit, 缘何侵入私地令状

Trespass, vi et armis, 使用暴力和武器的侵害令状

Trover, 非法侵占令状

# 后　记

《盎格鲁－美利坚法律史》一书是我在兰州大学读硕士时就选定一定要翻译之书。此书蒙刘艺工教授推荐,后成为我最喜欢读的书之一。本书的翻译得到博士生导师何勤华教授、李秀清教授的大力支持。恩师何勤华教授不但帮助我联系了法律出版社,成就了我一直想在法律出版社出版一本书的心愿,还慨然应允为译著写了推荐语。对恩师何勤华教授一直以来不遗余力的提携,借此表示我最诚挚的谢意。

在本书的翻译过程中,华中科技大学李红海博士、外经济贸易法学石伟博士、华东政法大学朱晓喆博士或帮我校对了部分章节,或帮我订正了个别字词,在此深表谢意。爱妻邢彩霞一如既往是书稿的第一读者,帮助我更正了不少错讹之处。我教过的学生耿文霞、徐雪芳帮助我校对了部分章节和承担了索引的英文部分打字工作。法律出版社贾菲编辑则为本书的出版付出了巨大心血,并给了我许多无私帮助,谢谢!

屈文生

于华东政法大学松江校区

2009 年 12 月

图书在版编目(CIP)数据

盎格鲁:美利坚法律史/(美)坎平(Kempin,F.)著;屈文生译.—北京:法律出版社,2010.3

书名原文:Historical Introduction to Anglo-American Law

ISBN 978-7-5118-0500-3

Ⅰ.①盎… Ⅱ.①坎…②屈 Ⅲ.①法制史—美国 Ⅳ.①D971.29

中国版本图书馆CIP数据核字(2010)第033567号



责任编辑/贾 菲　　装帧设计/乔智炜

出版/法律出版社　　编辑统筹/学术·对外出版分社
总发行/中国法律图书有限公司　　经销/新华书店
印刷/北京外文印刷厂　　责任印制/吕亚莉

开本/850×1168毫米 1/32　　印张/9.125　字数/215千
版本/2010年4月第1版　　印次/2010年4月第1次印刷

法律出版社/北京市丰台区莲花池西里7号(100073)
电子邮件/info@lawpress.com.cn　　销售热线/010-63939792/9779
网址/www.lawpress.com.cn　　咨询电话/010-63939796

中国法律图书有限公司/北京市丰台区莲花池西里7号(100073)
全国各地中法图分、子公司电话:
第一法律书店/010-63939781/9782　　西安分公司/029-85388843
重庆公司/023-65382816/2908　　上海公司/021-62071010/1636
北京分公司/010-62534456　　深圳公司/0755-83072995

书号:ISBN 978-7-5118-0500-3　　定价:25.00元

(如有缺页或倒装,中国法律图书有限公司负责退换)